Gittel
Neues aus Jogis Röhrenbude

Joachim Gittel

Neues aus Jogis Röhrenbude

FRANZIS

Bibliografische Information der Deutschen Bibliothek

Die Deutsche Bibliothek verzeichnet diese Publikation in der Deutschen Nationalbibliografie; detaillierte Daten sind im Internet über **http://dnb.ddb.de** abrufbar.

© 2005 Franzis Verlag GmbH, 85586 Poing

Alle Rechte vorbehalten, auch die der fotomechanischen Wiedergabe und der Speicherung in elektronischen Medien. Das Erstellen und Verbreiten von Kopien auf Papier, auf Datenträger oder im Internet, insbesondere als PDF, ist nur mit ausdrücklicher Genehmigung des Verlages gestattet und wird widrigenfalls strafrechtlich verfolgt.

Die meisten Produktbezeichnungen von Hard- und Software sowie Firmennamen und Firmenlogos, die in diesem Werk genannt werden, sind in der Regel gleichzeitig auch eingetragene Warenzeichen und sollten als solche betrachtet werden. Der Verlag folgt bei den Produktbezeichnungen im Wesentlichen den Schreibweisen der Hersteller.

Satz: DTP-Satz A. Kugge, München
art & design: www.ideehoch2.de
Druck: Legoprint S.p.A., Lavis (Italia)
Printed in Italy

ISBN 3-7723-**5365-7**

Vorwort

Seit dem ersten Buch zu Jogis Röhrenbude hat sich viel Neues getan. Dank der unermüdlichen Arbeit vieler Röhren-Enthusiasten gibt es zahlreiche neue Bauvorschläge für High End Röhrenverstärker, aber auch zahlreiche Schaltungen, die sich besonders für Einsteiger eignen. Vieles konnte man schon im Internet in Jogis Röhrenbude lesen, aber in gedruckter Form ist der Überblick oft leichter zu schaffen. Sicherlich wird mancher Leser Ideen und Anregungen finden, die er selbst umsetzen möchte.

Ein neuer Schwerpunkt ist die Hochfrequenztechnik. Ob Mittelwelle, Kurzwelle oder UKW, ob SSB, AM, FM oder DRM, mit Röhren gibt es die passende Lösung für einfache und effektive Empfänger. Die Entwicklung der HF-Technik ist eng mit der Röhrentechnik verbunden. Zwar werden heute in Empfängern fast nur noch Halbleiter eingesetzt und sogar große Sender werden zunehmend mit Transistoren aufgebaut, aber im Hobbybereich haben Röhren ihren Platz behalten und üben einen besonderen Reiz aus. Da gibt es nicht nur etwas zu hören, da gibt es auch etwas zu sehen!

Ich wünsche allen Lesern viel Spaß und gute Ideen!

Joachim Gittel, Mülheim im Juli 2005

http://www.jogis-roehrenbude.de

Inhalt

1	Einleitung	9
2	High End Audio-Verstärker	11
2.1	Das KT66-Projekt	11
2.2	Monoblock SE 6C33C	22
2.3	Röhren-Vorverstärker	29
2.4	SE-Amp mit der 6C33C	38
2.5	Gegentakt-Vollverstärker mit der 6C33C	44
3	Leistungsverstärker mit Senderöhren	55
3.1	Eintaktmonos mit RS282, RS291, 845	55
3.2	SE-Amp mit der GU50	64
3.3	SE-Amp mit der 6C19	67
3.4	Eintaktendstufe mit 811A	71
3.5	Der SYNOLA SE 509	73
4	Lowpower-Röhrenverstärker	78
4.1	Kopfhörerverstärker GI30	78
4.2	Pseudo-Gegentakt mit EL504	82
4.3	Stereoverstärker mit vier EL95	86
4.4	Der PCL81-Brüllwürfelersatz	89
4.5	Die EF95 als NF-Verstärker	91
5	Miniaturverstärker	102
5.1	Miniatur-SE-Amp mit Miniaturröhren	102
5.2	Darling-Amp mit 1626	103
5.3	Der Zwerg mit 1P24B in Gegentakt	106
5.4	Der Harddisk-Amp	112
6	Einfache Hochfrequenzschaltungen	117
6.1	EF80-Einkreiser	117
6.2	Kurzwellen-0V2 mit ECC81	125
6.3	Der Kleinempfänger Hercules	129
6.4	Mittelwellen-Audion mit der ECC86	135

6.5 Audion mit Abstimmanzeige 137
6.6 DRM-Audion mit EL95 139
6.7 AM-Sender für Mittelwelle 141

7 Überlagerungsempfänger 144
7.1 Mittelwellen-Super mit D-Röhren 144
7.2 MW-Superhet mit Abstimmanzeige 148
7.2 UKW-Radio mit Miniaturröhren 153
7.4 DRM-Direktmischer 166
7.4 Festfrequenz-Doppelsuper für DRM 169

8 Digitale Elektronik mit Röhren 173
8.1 Die Nixieröhrenuhr 173
8.2 Das Netzteil 176
8.3 100-Hz-Takterzeugung 178
8.4 Teilerketten 179
8.5 Dekadische Teilung 181
8.6 Rücksetzlogik 184
8.7 Dekodierung und Anzeige 185

9 Messen und Testen 188
9.1 Röhrenprüfgerät RPG 45/15 188
9.2 Testgerät für Magische Augen 191
9.3 Kondensatorprüfer C-Check 194
9.4 Messungen an Ausgangsübertragern 197

Anhang 204

Sachverzeichnis 223

1 Einleitung

Röhren und keine Ende... Müsste nicht schon alles gesagt sein, was es zu diesem Thema zu sagen gibt? Anscheinend nicht, denn es kommen laufend neue Leute hinzu, die sich mit Röhren beschäftigen. Während es allgemein mit der Hobbyelektronik bergab zu gehen scheint, erlebt die Röhrentechnik ein Comeback. Man muss sich nur einmal die lebhaften Diskussionen im Forum zu Jogis Röhrenbude ansehen um einen Eindruck zu bekommen, in wie vielen Werkstätten mit Röhren gearbeitet wird. Und so kommen auch immer wieder neue Projektbeschreibungen in Jogis Röhrenbude.

Wer sich für High End Verstärker interessiert, wird in diesem Buch viele Anregungen finden. Ob KT66 oder 6C33, ob Eintakt oder Gegentakt, ob Endstufe oder Vorverstärker, es gibt neue Projekte zu allen wichtigen Themen. Allein schon die optische Gestaltung macht Appetit auf eigene Bauprojekte. Hier findet man Hilfen für den Nachbau, aber auch Anregungen zu technischen Details, die auch in ganz anderen Schaltungen ihren Sinn haben können.

Zahlreiche große Senderöhren, aber auch Zeilenendröhren aus alten Farbfernsehern haben ihren eigentlichen Job verloren und warten auf einen neuen Einsatz. Und tatsächlich kann man aus jeder Röhre fast alles machen. Daher macht es Sinn, auch besondere Röhren für Audiozwecke einzusetzen. Für einige dieser großen Röhren sind hier die passenden Schaltungen zu finden.

Auf die Dauer hilft nur Power? Aber auch die Bescheidenheit ist eine Zier! Und auch Verstärker kleiner Leistung können Begeisterung hervorrufen, z.B. als Kopfhörerverstärker oder als PC-Lautsprecherverstärker für den Schreibtisch. Aber auch kleine Stereoverstärker mit geringem Aufwand und geringen Bauteilekosten finden ihre Freunde. Einsteigerprojekte müssen nicht kompliziert sein.

Ein besonderes Beschäftigungsfeld sind extrem kleine Röhrenverstärker. Der zweite Forumswettbewerb von Jogis Röhrenbude stellte die Aufgabe, möglichst viel Ausgangsleistung mit möglichst wenig Volumen zu erreichen. Dabei sind

Geräte entstanden, die nicht nur mechanische Wunderwerke darstellen, sondern auch schaltungstechnisch einiges zu bieten haben.

Das Audion ist nach wie vor ein beliebter und erfolgreicher Empfänger für AM-Rundfunk, aber auch für Einseitenband-Sprechfunk (SSB) und Telegraphie (CW). Hier ist der starke Einfluss des Amateurfunks auf die Röhrentechnik spürbar, denn lange Zeit war das Audion der eigentliche Stationsempfänger des Funkamateurs. Deshalb findet man in diesem Buch

Schaltungen, die nicht nur funktionieren, sondern auch genauestens erklärt werden. Und auch ein kleiner Sender ist nicht schwierig zu bauen. So kann man bei Bedarf sein eigenes Programm im eigenen Radio empfangen.

Die meisten Empfänger der Unterhaltungselektronik sind Superhets. Auf den ersten Blick scheint dieses Konzept zu aufwendig für den Selbstbau. Aber hier findet man Bauvorschläge, die sich in der Praxis bewährt haben. Sogar ein kompletter UKW-Super mit Batterieröhren ist machbar. Und auch der neue digitale Rundfunk DRM kann mit Röhren empfangen werden, wobei allerdings der Dekoder derzeit noch als Software auf einem PC läuft. Hier kommen alte und neue Technik zusammen.

Auch der Gegensatz Röhren- und Digitaltechnik ist kein ehernes Gesetz. Bekanntlich wurden ja die ersten Computer noch mit Röhren gebaut. So etwas ist auch heute noch machbar und wird hier am Beispiel einer vollständig mit Röhren bestückten Digitaluhr gezeigt. Dabei erhält man tiefe Einblicke in die Digitaltechnik mit Röhren.

Und schließlich kommt auch die Messtechnik nicht zu kurz. Mobile Röhrenprüfgeräte werden vor allem beim Kauf alter Verstärker- oder Anzeigeröhren auf Flohmärkten gebraucht. Dass man eine Anzeigeröhre auch als Messgerät einsetzen kann, zeigt ein Testgerät für Kapazität und Isolierung von Kondensatoren. Messungen spielen schließlich auch bei der Auswahl geeigneter Ausgangsübertrager in Audioverstärkern eine Rolle. Hier werden geeignete Messverfahren gezeigt.

2 High End Audio-Verstärker

Wer einmal mit dem Bau von High End Verstärkern begonnen hat, findet so leicht kein Ende. Es geht immer noch etwas perfekter. Ausgangsleistung, Klangbild und nicht zuletzt der optische Eindruck der Geräte lassen sich immer weiter verbessern. In diesem Kapitel findet man einige der neuesten Entwicklungen auf diesem Gebiet. Besonderer Dank gilt Klaus Barton, der gleich mit mehreren Projekten zeigt, wie es gemacht wird. Manch einer wird die folgenden Abschnitte lesen und spontan entscheiden, so etwas brauche ich auch! Wer ein konkretes Projekt dieser Größenordnung beginnen will, sollte sich vorher im Internet in Jogis Röhrenbude informieren, ob es Neuerungen zum Thema gibt. Oft werden auch weitere Hilfestellungen wie z.B. vorbereitete Gehäuse-Bausätze angeboten. Und es gibt auch die Möglichkeit, fertige Geräte der hier beschriebenen Baureihen zu bekommen. Aber natürlich kann man sich auch einfach inspirieren lassen, etwas ganz eigenes zu entwickeln und nur dieses oder jenes Detail übernehmen

2.1 Das KT66-Projekt

Dieser Röhrenvollverstärker von Klaus Barton ist zwischen Triodenschaltung oder Ultralinearschaltung umschaltbar. Durch die Umschaltung von 4 auf 8 und 16 Ohm kann man den Verstärker mit fast allen Boxen betreiben. Er erreicht eine Sinus-Ausgangsleistung von ca. 35 W an 8 Ohm. Die Maße sind: Breite 435 mm, Tiefe 400 mm und Höhe 88 mm. Das Gerät wurde mit der chinesischen KT66 aufgebaut, es können auch andere Fabrikate z.B. von Sovtek Verwendung finden.

Die gelbe Betriebs-LED links vom Netzschalter ist in einem Gehäuse mit Vorwiderstand eingebaut. Die Ruheströme der Endröhren werden mit zwei Instrumenten angezeigt. Ein Schalter mit drei Stellungen lässt die Betriebsarten TR = Triode und UL = Ultra-Linear zu. In Mittelstellung (Stand-By) ist die Anodenspannung abgeschaltet. Die beiden Schalter links und rechts neben den Anzeigeinstrumenten haben 5 Schaltstellungen. Die Stellungen 1 und 2 sowie 4 und 5 dienen zur Einstellung des Ruhestroms der Endröhren.

Zusätzlich gibt es zwei Alps-Potis mit 1×100 kΩ lin für Balance, 1×100 kΩ log für die Lautstärke.

Die Anodenspannung wird mit Gleichrichterröhren erzeugt. Der Netztrafo ist ein Ringkern mit 550 VA, die Ausgangsübertrager sind Ringkerntypen höchster Qualität. Der Verstärker wurde komplett handverdrahtet.

Abb. 2.1 Das KT66-Projekt

Der Verstärker kann in Trioden- und Ultra-Linear-Betrieb verwendet werden, er wurde mit der neuen KT66 von Sovtek, alternativ mit der chinesischen KT66-Tetrode bestückt. Um eine große Standzeit zu erreichen, sind 2 Röhren pro Kanal parallel geschaltet.

Die Anodenspannung ist moderat und liegt bei 425 V, der Ruhestrom beträgt ca. 50 mA. Insgesamt enthält der Verstärker folgende Röhren:

8 × KT66 von Sovtek oder die Chinesische KT66 in der Endstufe
2 × 5U8-C von Svetlana für die Gleichrichtung
2 × 6SN7GT EH von Elektro-Harmonix als Treiber
2 × E88CC (6922) für die Phasenumkehr
2 × E86C (EC86) im Vorverstärker

Die Gesamtschaltung kann nur in mehreren Teilschaltbildern vorgestellt werden, die hier beginnend vom Eingang beschrieben werden. Abb. 2.3 zeigt den Eingangs-Wahlschalter für einen Kanal.

An die ersten vier Chinch-Buchsenpaare lassen sich CD-Spieler, Kassettendecks usw. anschließen. Die Eingangsimpedanz beträgt 1 V an 100 kΩ. Das fünfte Buchsenpaar dient zur Aufnahme mit Kassettengeräten. Der Ausgang liefert 1 V an 10 kΩ. Die Umschaltung der einzelnen Eingänge wird mit dem Auswahlschalter ELMA Typ 04 ausgeführt. Um eine hohe Übersprechdämpfung zu erreichen, wird jeder Stereokanal mit einem fünfadrigen, abge-

Abb. 2.2 Die Verdrahtung

schirmten Kabel übertragen. Alle Leitungen sind einzeln abgeschirmt. Kanalgetrennt gehen diese vom Auswahlschalter zu den Eingangsröhren der aktiven Verstärkerschaltung.

Abb. 2.4 zeigt die Eingangsstufen. Als Eingangsröhre wurde der rauscharme Siemens-Typ E86C ausgesucht. Diese Röhre ist eine Spanngitterröhre und wurde früher in Fernseh-Empfängervorstufen verwendet. Die erste Röhre arbeitet in Trioden-Schaltung ohne Kathodenentkopplung. Dadurch geht zwar einiges an möglicher Verstärkungsreserve verloren, aber eine deutliche Senkung des Klirrfaktors hebt diesen Nachteil wieder auf. Über den aufgeteilten Kathodenwiderstand wird die Gegenkopplung zugeführt.

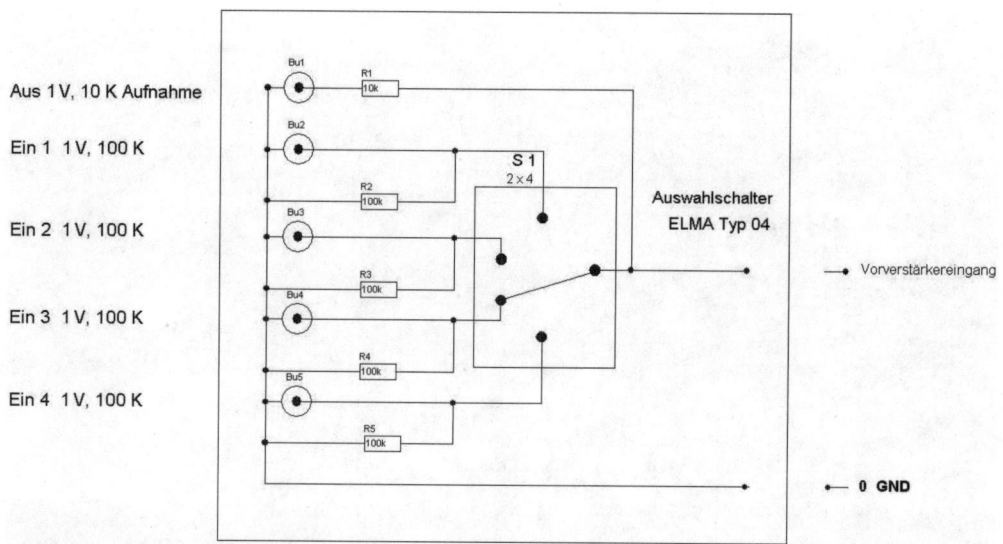

Abb. 2.3 Der Eingangs-Wahlschalter

Die vom Auswahlschalter kommende NF-Signalspannung wird ohne Koppelkondensator an das Gitter der Röhre gelegt. Der Eingangswiderstand an der Chinch-Buchse beträgt ca. 100 kΩ. Über C12 gelangt das Signal zum Lautstärkeregler P1 mit 100 kΩ, log.

Über den Koppelkondensator C6 wird das NF-Signal auf das Gitter der Phasenumkehrröhre geführt. Über die Anode und Kathode gelangt das Signal auf den Leistungstreiber 6SN7GT EH. In dieser Schaltung werden die Kathoden dieser Röhre über R20 (330 Ω) zusammengeschaltet, dadurch befinden sich die Röhren in ausgezeichneter Wechselstrombalance. Durch die kleinen Anodenwiderstände von 33 kΩ, 2 W wurde der Einfluss des Miller-Effekts der Endröhren reduziert. Der Miller-Effekt wirkt als parasitäre Kapazität zwischen Anode und Gitter einer Röhre, er bestimmt im Wesentlichen die Leerlaufbandbreite des Verstärkers. Je kleiner die Anodenwiderstände der Treiberstufe, desto schneller ist der Verstärker und umso schneller kann die Ladung der Millerkapazität abfließen. An den Anoden der Treiberröhre werden hochwertige Koppelkondensatoren verwendet, die das Signal zu den Gittern der Endröhren KT66 bringen.

Abb. 2.5 zeigt die Endstufe des Verstärkers. Um eine große Standzeit zu erreichen, sind 2 Röhren KT66 pro Kanal parallel geschaltet. Die Anodenspannung ist moderat und liegt bei ca. 400 V.

Die genau gegenphasigen Signale A1 + B1 und A2 + B2 werden über die Schutzwiderstände R3, R23, R24 und R25 an die Endröhren gelegt. Die feste Gittervorspannung wird über die Gitterwiderstände R1, R10, R7 und R14 zugeführt.

2.1 Das KT66-Projekt

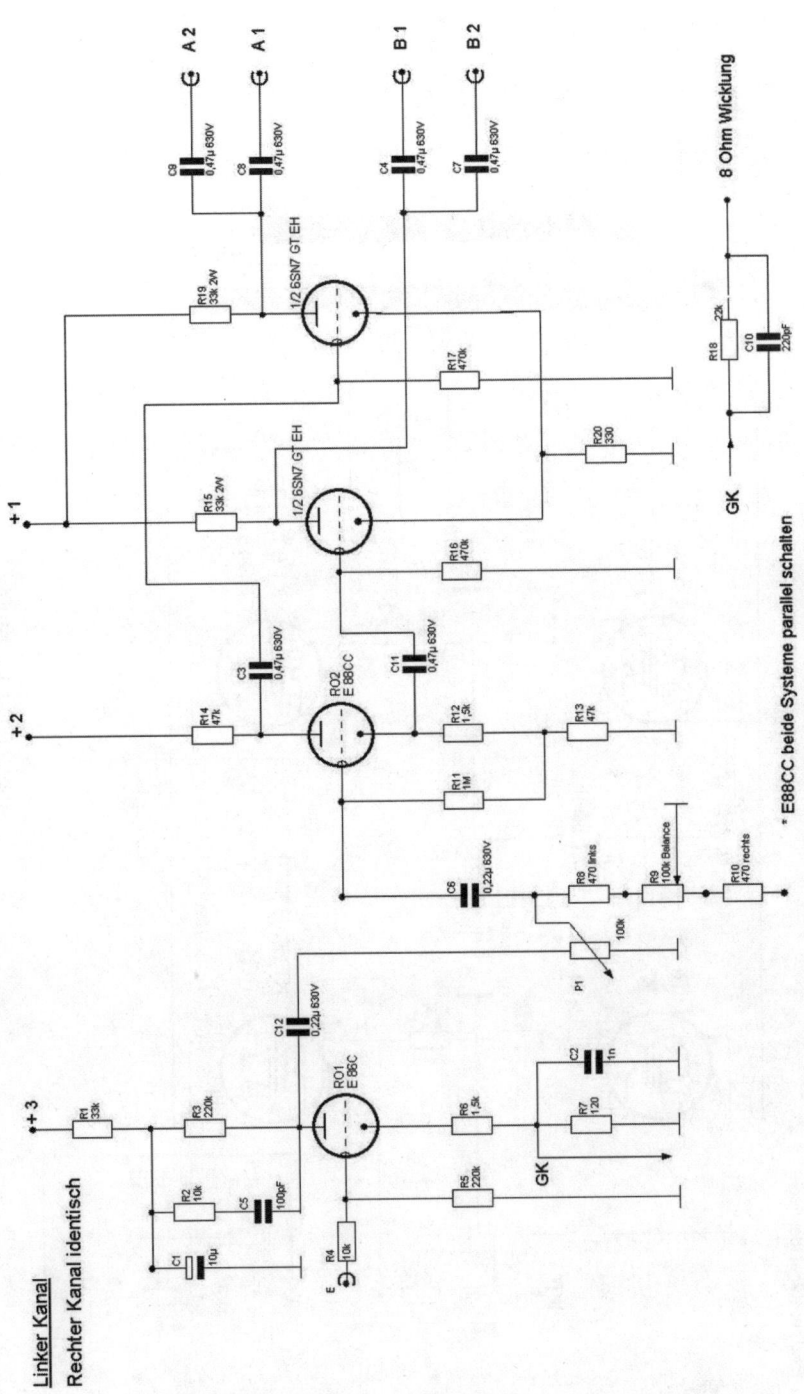

Abb. 2.4 Der Vorverstärker und die Phasenumkehrstufe

* E88CC beide Systeme parallel schalten

2 High End Audio-Verstärker

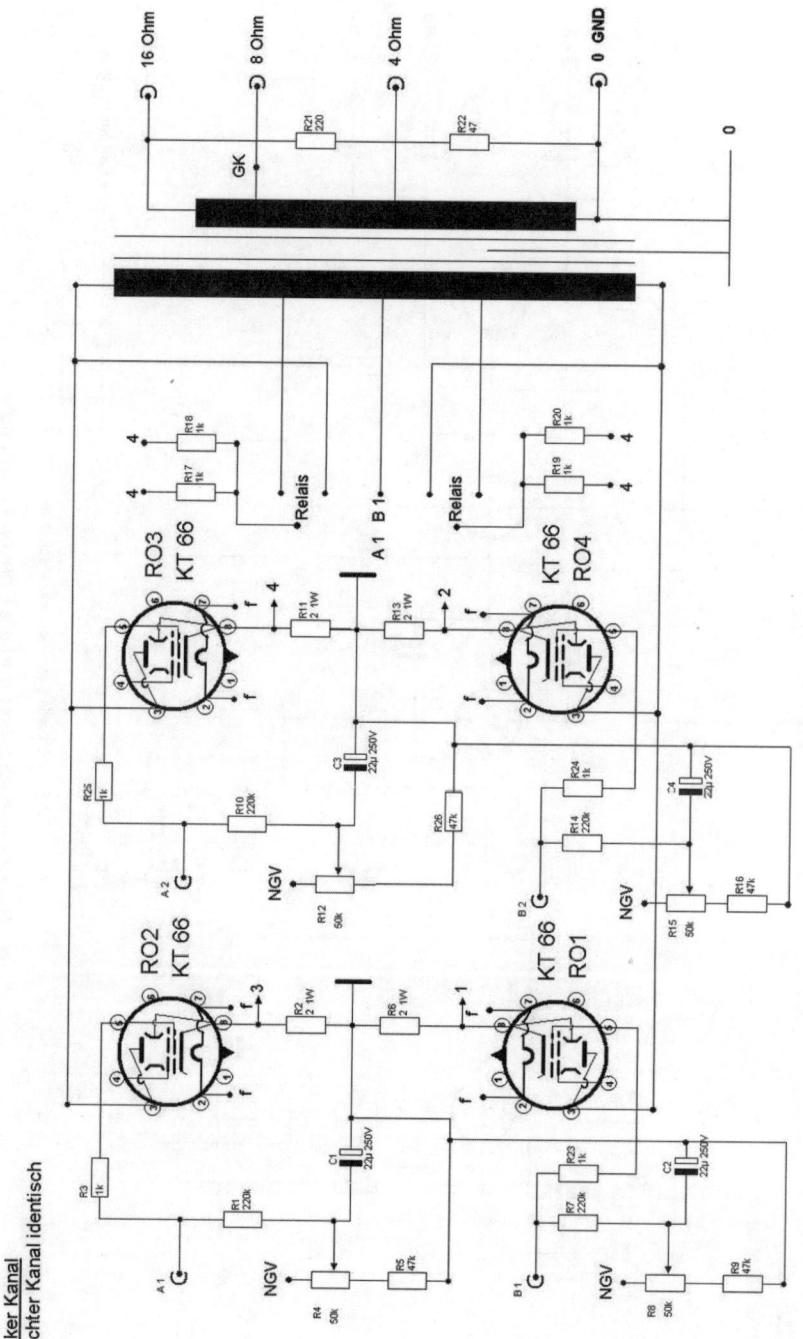

Abb. 2.5 Die Endstufe

2.1 Das KT66-Projekt

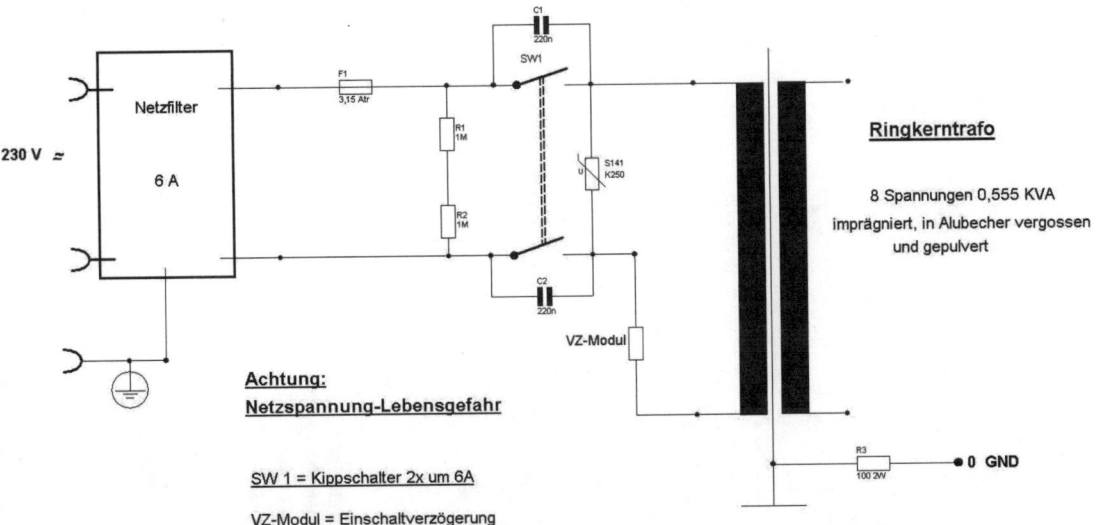

Abb. 2.6 Das Netzteil mit Einschaltverzögerung

An den Anoden liegt der Gegentaktübertrager. Die Spannungen A1 und B1 kommen von den Hochspannungsrelais der beiden getrennten Netzteile. Die Widerstände R21 und R22 bilden eine Grundlast und erhöhen die Stabilität vor allem bei noch nicht angeschlossenen Lautsprechern. Die an den Kathoden der Endröhre liegenden Messpunkte in Verbindung mit Widerständen von 2 Ω dienen zur Einstellung der Ruhestromverbindung mit den Analogmessinstrumenten.

Der vergossene und brummfreie Netztrafo für das KT66-Projekt liefert sämtliche Spannungen. Die Einschaltverzögerung (vgl. Abb. 2.6) bewirkt ein Modul aus dem Lieferprogramm der Fa. Reichelt.

Sämtliche Masseleitungen sind zu einem zentralen Punkt zusammengeführt. Mit der Wicklung 270 V, 0,15 A wird die Spannung für die Vorröhren bereitgestellt. Am Ladeelko bei der Diode BY399 stehen ca. 370 V. Die Siebwiderstände und Sieb-Elkos stellen praktisch eine brummfreie Spannung zur Verfügung. Das Gerät enthält keine Siliziumgleichrichter im Leistungsteil für die KT66.

Für die Gleichrichterröhren wurden zwei Heizwicklungen mit je 5 V und 5 A auf den Netztrafo gewickelt. Zwei Hochspannungswicklungen von je 340/380 V, 0,4 A sind für die Betriebsspannung der Endröhren zuständig. Die Gleichrichterröhren sind als Einweggleichrichter geschaltet. Im Gegensatz zu Halbleiterdioden gibt eine Gleichrichterröhre bei den Nulldurchgängen keinerlei Schaltimpulse ab. Damit ist vielleicht zu erklären, warum eine Gleichrichterröhre im Allgemeinen für einen besseren Klang sorgt. Da die Einweggleichrichtung die Trafowicklungen mit Gleichstrom belastet, kann es zu Brummgeräuschen kommen, die man jedoch vermeidet, wenn die Wicklungen beider Netzteile gegenphasig betrie-

2 High End Audio-Verstärker

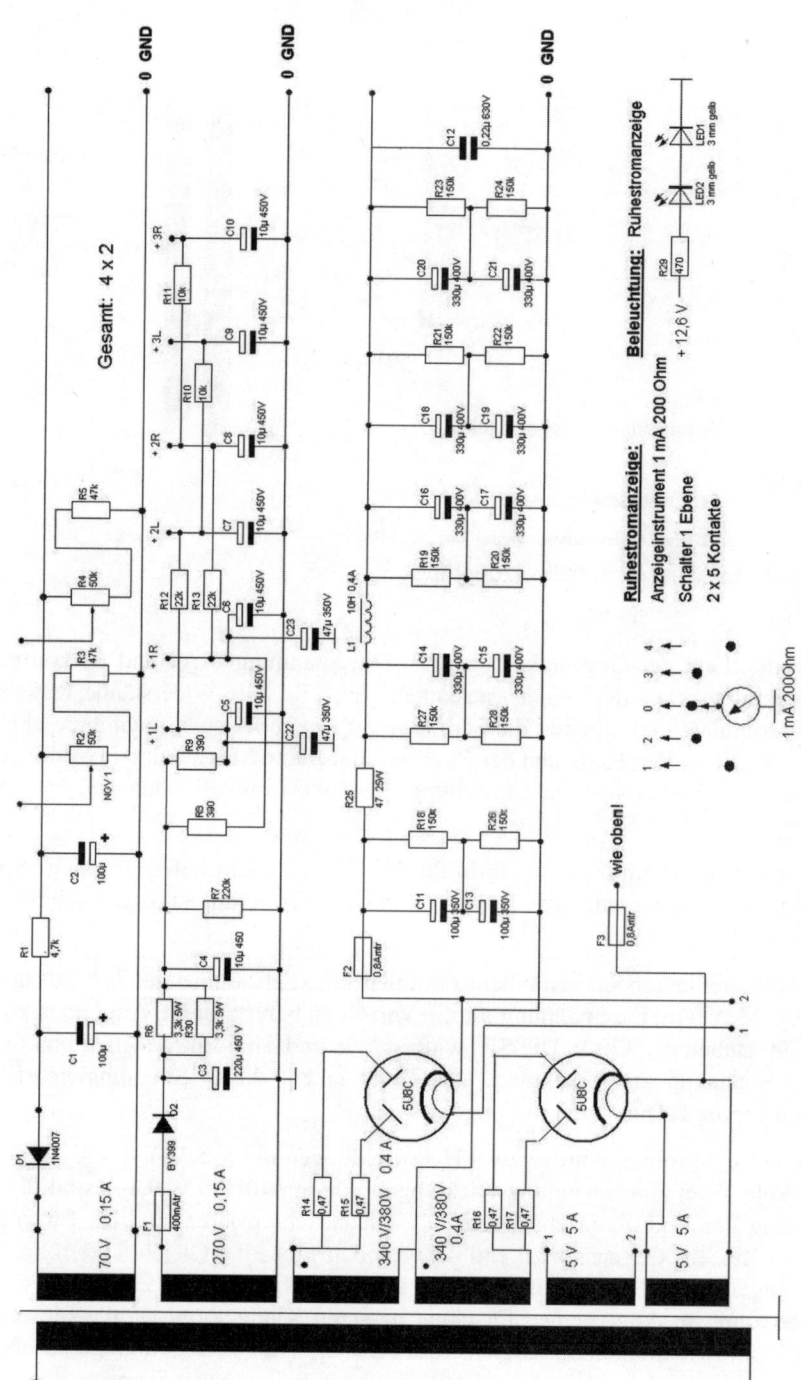

Abb. 2.7 Das Netzteil mit Ruhestromschaltung (KT66_2.JPG)

ben werden. Da die Lastnetzteilspannung höher sein kann als 400 V, wurden jeweils 2 Elkos in Reihe geschaltet.

Die in den Kathoden liegenden Schalter haben 5 Schaltstellungen und 2 Kontakte. Kanalgetrennt wird der Ruhestrom über die Messinstrumente angezeigt. Die Beleuchtung der Instrumente verwendet gelbe LEDs. Der Strombegrenzungswiderstand von 470 Ω ist an die Heizspannung gelegt, dadurch ist das Hochlaufen der Beleuchtung sehr gut zu beobachten. Über die Netztrafowicklung von 70 V wird die negative Vorspannung erzeugt. Am Ladekondensator C1 und den Siebelko wird die negative Gittervorspannung an acht Trimmpots gelegt.

Die Heizwicklungen für die KT66 sind auf dem Trafo getrennt gewickelt. Es werden pro Kanal 12,6 V, 6 A bereitgestellt. Über eine Sicherung von 2,5 A, träge und einen Spannungsregler TL085 3A wird eine brummfreie Gleichspannung von 12,6 V, 3 A erzeugt.

Die Spannung läuft von 3,6 V bis 12,6 V (einstellbar) langsam auf den Sollwert. Damit werden die Vorröhren geheizt, die Relais geschaltet und die Beleuchtung der Anzeigeinstrumente in Betrieb genommen. Das Gerät nimmt beim Einschalten ca. 352 VA auf, die Leistung geht dann auf ca. 165 VA zurück. Diese Werte wurden ohne Signal ermittelt.

Zwischen die Hochspannungsrelais wird eine Verzögerungsschaltung eingebaut, die je nach Einstellung nach 20 bis 30 Sekunden die Anodenspannung an die Röhren legt. Eventuelle Einschaltgeräusche werden so vollkommen unterdrückt. Die Verzögerung ist mit dem Spannungskomparator LM311 beschaltet und ist sehr einfach aufgebaut.

Für diesen Vollverstärker findet ein völlig zerlegbares ELCAL-Gehäuse Profileinschub 2 HE Verwendung. Das Deckblech ist gelocht, die Frontplatte ist 4 mm dick und schwarz eloxiert, die Griffe sind schwarz. Auf die Führungsschienen werden die Blechteile gesteckt und mit den Front- und Rückblech verschraubt. Das Gehäuse wird verkehrt herum verwendet, d.h. Lochblech unten und das geschlossene Blech oben. Beim Aufbau sind die VDE-Vorschriften zu beachten. An sämtliche Gehäuseteile muss ein Schutzleiter gelegt werden.

Der Ringkern-Netztrafo ist eine gekapselte und vergossene Sonderanfertigung mit M8-Gewinde als Zentralbefestigung. Das Trafogehäuse ist aus Aluminium geschweißt, gedreht und gepulvert. Die Wicklungen führen getrennt aus der Gussmasse. Die Leistung beträgt ca. 550 VA, das Gewicht ist ca. 6 kg.

Die Ausgangsübertrager sind eine Gegentakt-Ringkernausführung, eingangsseitig ca. 2,5 kΩ und ausgangsseitig mit 4 + 8 + 16 Ω. Eingangsseitig sind die vier Teilwicklungen imprägniert und in einem schwarz-gepulverten Alu-Gehäuse vergossen. Die Größe ist $\varnothing$ 115 mm × 102 mm hoch.

Die Rückplatte wird auf der linken Seite mit 10 Chinchbuchsen bestückt. Alle Buchsen haben voreilenden Massekontakt. Acht Buchsen bilden die vier Eingänge des Verstärkers, zwei Buchsen sind für Aufnahme-Ausgänge. Die Lautsprecheranschlüsse sind Polklemmen mit einer Belastbarkeit von 30 A.

2 High End Audio-Verstärker

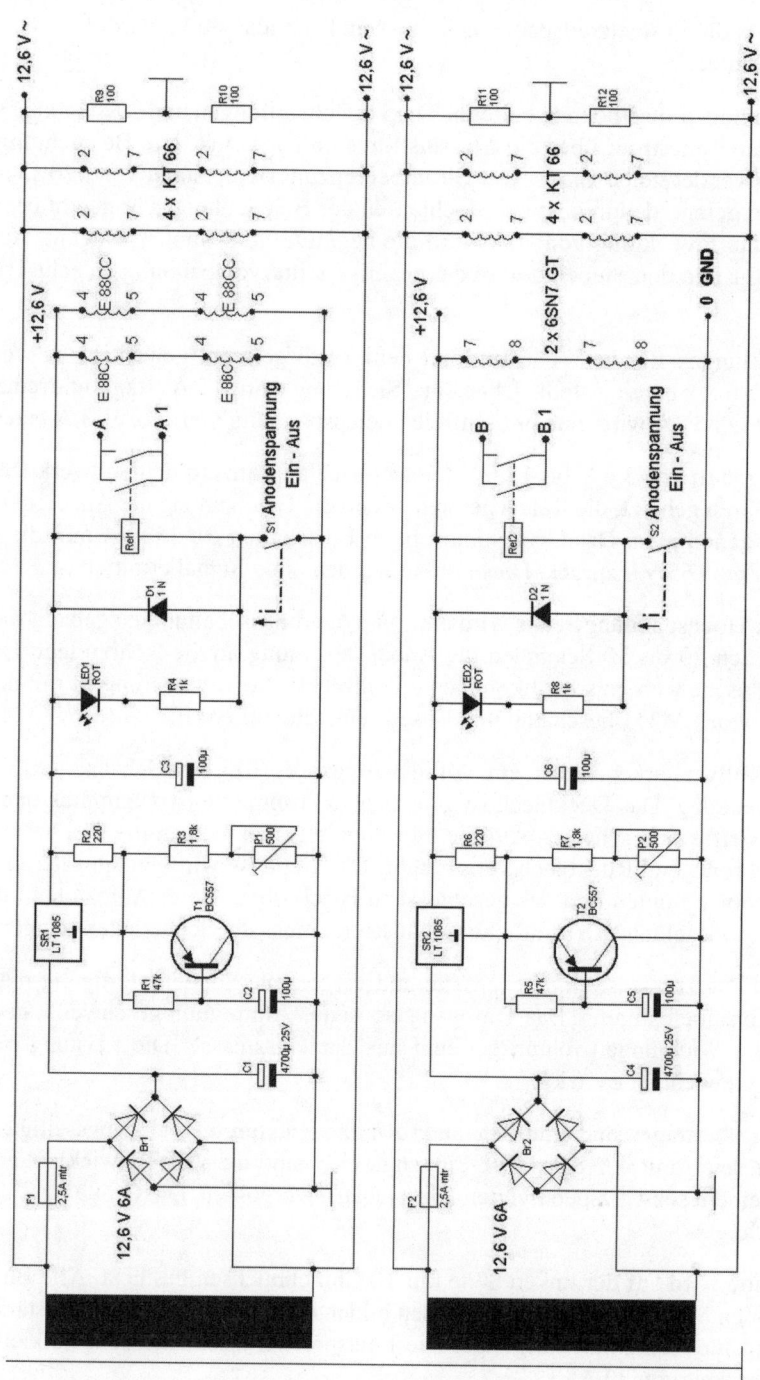

Abb. 2.8 Das Heiznetzteil

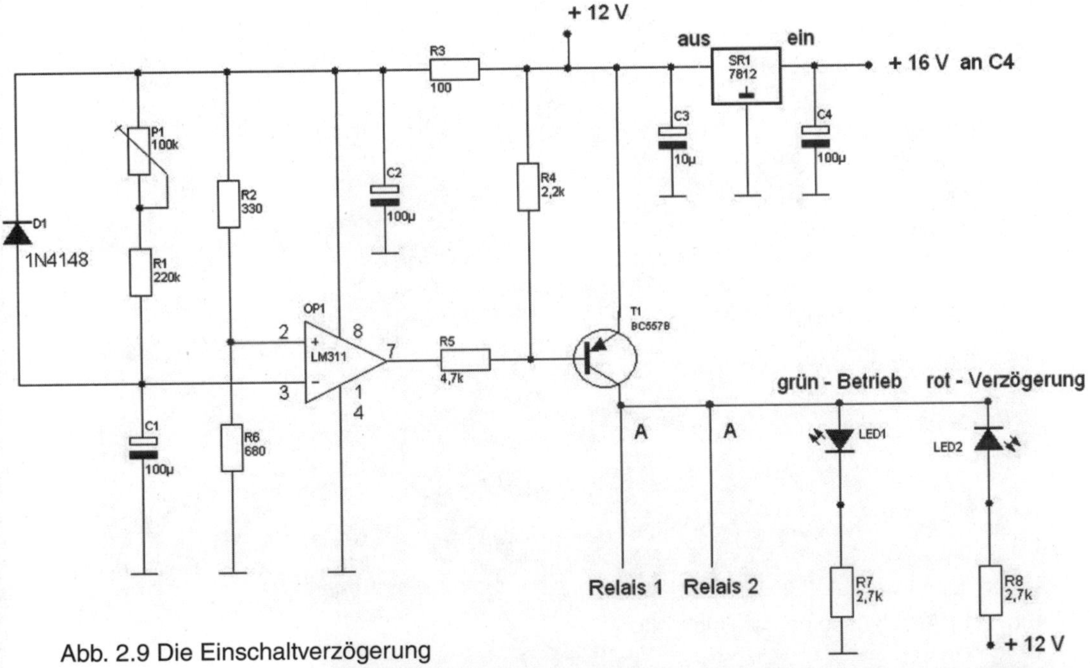

2.1 Das KT66-Projekt

Abb. 2.9 Die Einschaltverzögerung

Abb. 2.10 Die Einschaltverzögerung auf einer Lochrasterplatine

Abb. 2.11 Anschlüsse an der Rückseite

2.2 Monoblock SE 6C33C

Dieser Eintaktverstärker von Klaus Barton ist für eine Leistung von 7 Watt an 8 Ohm ausgelegt. Jeder Kanal verfügt über sein eigenes Netzteil. Das schwarze Gehäuse mit silbernen Eckleisten der Firma ELCAL hat die Größe 230 mm × 57 mm × 300 mm. So kann man jeden Monoblock auf die zugehörige Lautsprecherbox stellen.

Der Eintaktübertrager mit einer Leistung von ca. 20 W, einer primären Impedanz von ca. 600 Ω und einer Ausgangsimpedanz von 4 Ω und 8 Ω ist eine Spezialausführung der Firma Müller Elektrotechnik. Jeder Übertrager ist vergossen und mit der gleichen Abdeckkappe wie der Netztrafo versehen. Der Netztrafo N1 hat eine Leistungsaufnahme von ca. 240 VA.

Die Röhrenbestückung wurde auch nach optischen Gesichtspunkten gewählt. Die große und formschöne 6C33C passt gut zu den anderen großen Röhren.

Das Gerät ist mit zwei Gleichrichterröhren bestückt. Die Gleichrichterröhre für die Endstufe ist mit der neuen, indirekt geheizten 5U4GBEH in Flaschenform bestückt. Alternativ kann man auch die direkt geheizte 5U4G Gleichrichterröhre verwenden. Die Betriebsspannungen der beiden Vorröhren 6SL7GT werden von der englischen Gleichrichterröhre 6X5GT erzeugt.

Die Kühlung der Endröhre wurde neu entwickelt. Statt um die Röhre Löcher zu bohren wurde jetzt eine Öffnung von 60 mm ausgeschnitten und je nach Platz wurden Distanzrollen aus Messing zwischen Röhrensockel und Chassis gelegt und verschraubt.

Abb. 2.12 Die Monoblöcke

Abb. 2.14 zeigt die übersichtliche Schaltung. Der Verstärker kommt ganz ohne eine Gegenkopplung aus. Vor- und Treiberstufe sind als Shunt Regulated Push-Pull Verstärker (SRPP) ausgeführt, da die SRPP-Schaltung ohne Gegenkopplung in den Höhen bessere Werte bringt. Der Eingangswiderstand wurde auf ca. 100 kΩ festgelegt.

Die Koppekondensatoren sind mit den AUDYN-Cap Plus bestückt. Der Folienkondensator MkP hat 2 Wicklungen in Reihenschaltung, die Beläge sind vakuum-metallisiert und in ein Alu-Gehäuse eingegossen. Der Kondensator ist speziell für High-End Geräte und optimale Musikwiedergabe geeignet. Die in den Kathoden liegenden Kondensatoren wurden für einen optimalen Frequenzgang optimiert.

Alle Masseanschlüsse in der Schaltung sollten zu einen gemeinsamen Punkt zusammengeführt werden. Über die Widerstände R12, 1,5 Ω und R13, 8,2 Ω und den Innenwiderstand des Analogmessinstruments wird eine in mA genaue Anzeige des Anodenstroms der Endstufe erreicht.

Das Netzteil wird hier in drei Teilschaltbildern vorgestellt. Der Ringkerntrafo hat eine Leistung von 240 VA. Die Sekundärwicklung ist in 6 Betriebsspannungen unterteilt. Über ein Netzfilter wird die Netzspannung zu einen Kippschalter 2xVM, 6A geleitet. Da der Trafo sehr niederohmig ausgelegt ist, dient das VZ-Modul der Fa. Reichelt zur Einschaltverzögerung. Die Bauelemente R1, C1 und Varistor S14 K250 dienen der elektrischen Sicherheit.

Zur Sicherheit sind sämtliche Gehäuseteile über angefräste Flächen und Schnoorsicherungen mit dem Schutzleiter verbunden. Über die Kaltgerätesteckdose mit voreilendem Schutzleiterkontakt wird die Leiterverbindung hergestellt. Der Widerstand R3, 100 Ω/2 W überbrückt die Betriebs- und Gehäusemasse und stellt so die Abschirmfähigkeit des Gehäuses sicher.

24 2 High End Audio-Verstärker

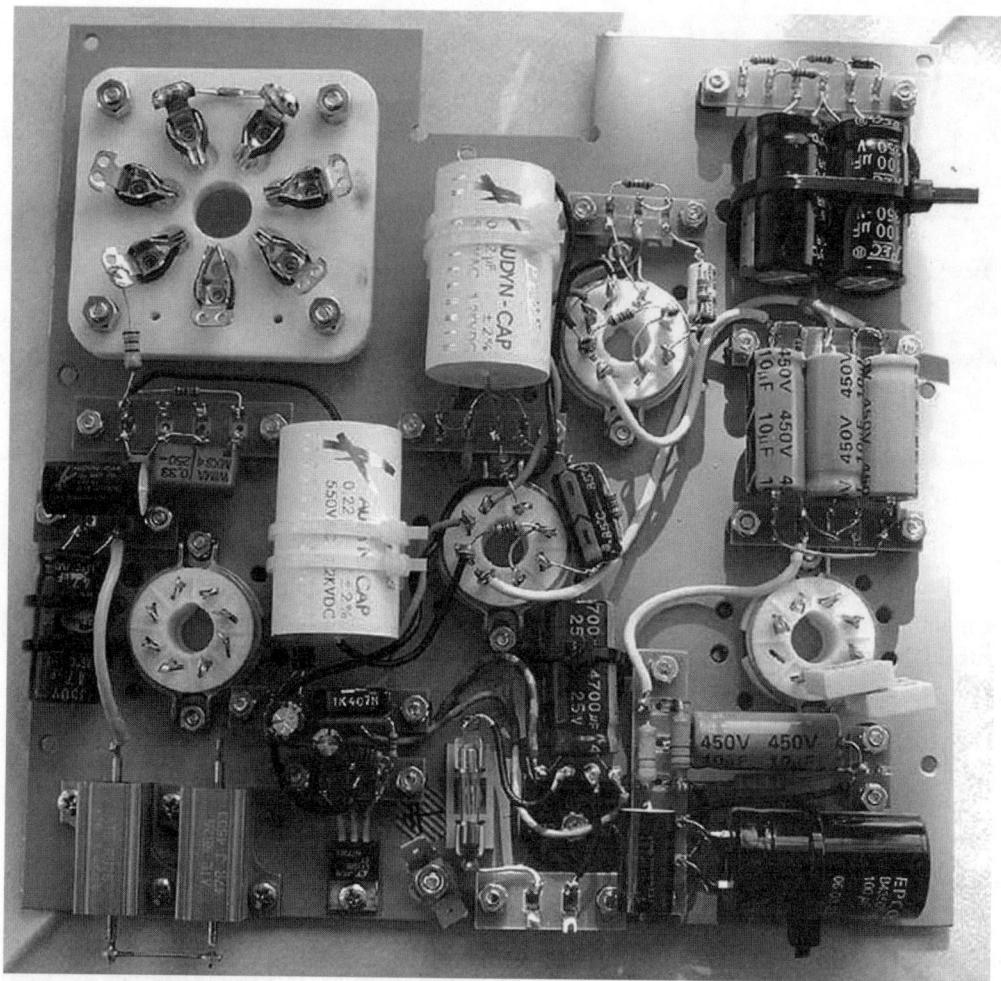

Abb. 2.13 Die Verdrahtung

Der Netztrafo besitzt fünf Sekundärwicklungen: 130 V, 0,1 A für die negative Gittervorspannung (NGV), 300 V, 0,1 A für die Betriebsspannung der Vorröhren und 220 V, 0,3 A für den Betrieb der Endstufe mit der 6C33-B.

Die Gittervorspannung wird mit der Diode D1, dem Ladeelko C2 und R1, 2,2 kΩ und den Siebkondensator C3 erzeugt. Die Widerstandskombination ist notwendig, um den Ruhestrom von 50–180 mA einzustellen. Der eingestellte Ruhestrom wird mit einem Drehspulen-Einbauinstrument 500 mA, 1 Ω angezeigt. Der optimale Ruhestrom ist auf de Skala farbig gekennzeichnet. Die Skalenbeleuchtung wurde mit LEDs vorgenommen und auf die Farbe der Röhrenheizung abgestimmt.

2.2 Monoblock SE 6C33C

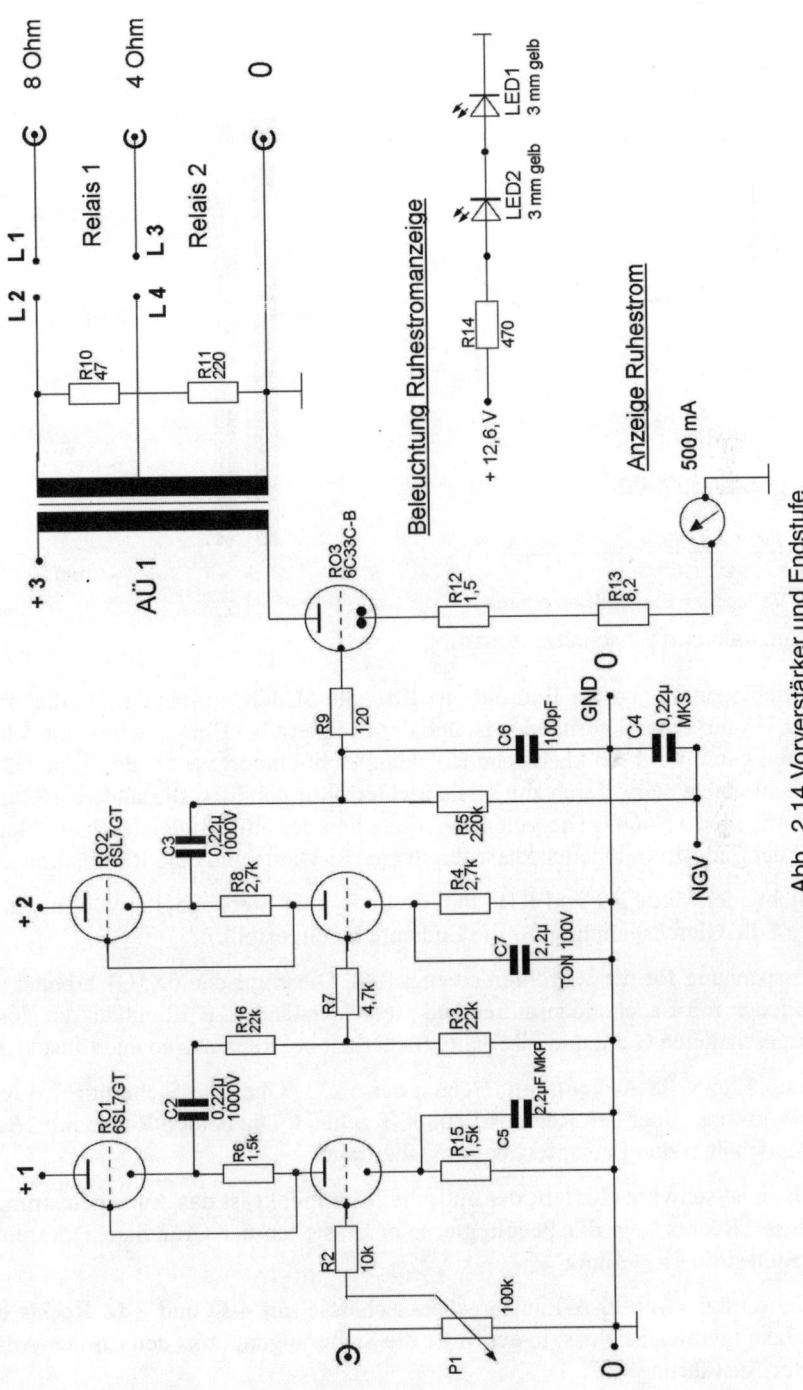

Abb. 2.14 Vorverstärker und Endstufe

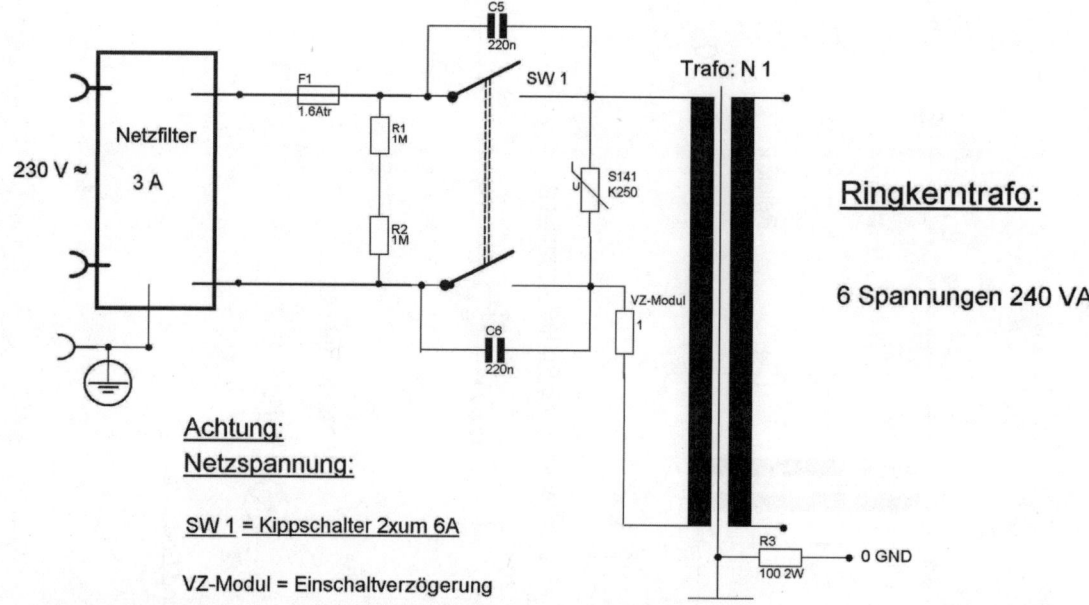

Abb. 2.15 Netztrafo und Einschaltverzögerung

Für die Betriebsspannungen der Endröhre ist Rö1, die 5U4GB zuständig. Da die Wicklung mit 220 V, 0,3 A nur einmal vorhanden ist und der Ringkern bei Einwegschaltung Schwierigkeiten machen kann, wird die klassische Brückengleichrichtung verwendet. Eine Hälfte des Vierweggleichrichters wird durch die Gleichrichterröhre gebildet, die andere Hälfte durch zwei Siliziumdioden 1N4007. Die guten Eigenschaften des Röhrengleichrichters bleiben erhalten, weil der Ladestrom in jeder Phase durch eine Si-Diode und eine Röhrendiode fließt.

Über die Siebwiderstände R9 und R10 und die Lade- und Siebkapazität von insgesamt ca. 1500 µF wird die Gleichspannung für die Endstufe bereitgestellt.

Die Betriebsspannung für die Vorröhren erzeugt Rö2. Die englische 6X5GT arbeitet als Einweg-Gleichrichter mit Ladekondensatoren und Siebwiderständen. R 12 entlädt die Kondensatoren im ausgeschalteten Gerät und gibt damit Sicherheit bei Reparaturen und Einstellarbeiten.

Die Wicklung 12,6 V, 8 A dient zum Heizen der 6C33. Über die Sicherung 1,6 A, träge, werden die Vorröhren über den Regler LT1086CT geheizt. Die beiden Relais mit 16 A trennen beim Ausschalten den Lautsprecher vom Übertrager.

Die Frontplatte ist schwarz eloxiert, der optische Mittelpunkt ist das Anzeigeinstrument für den Ruhestrom. Rechts liegt der Pegelregler zum Einstellen der Grundlautstärke, links der Regler zur Ruhestromeinstellung.

Die Rückplatte trägt zwei 30-A-Lautsprecheranschlüsse mit 4 Ω und 8 Ω. Rechts erkennt man den Netzkaltgeräteanschluss, in der Mitte die Sicherungen, links den Chinch-Anschluss in vergoldeter Ausführung.

2.2 Monoblock SE 6C33C

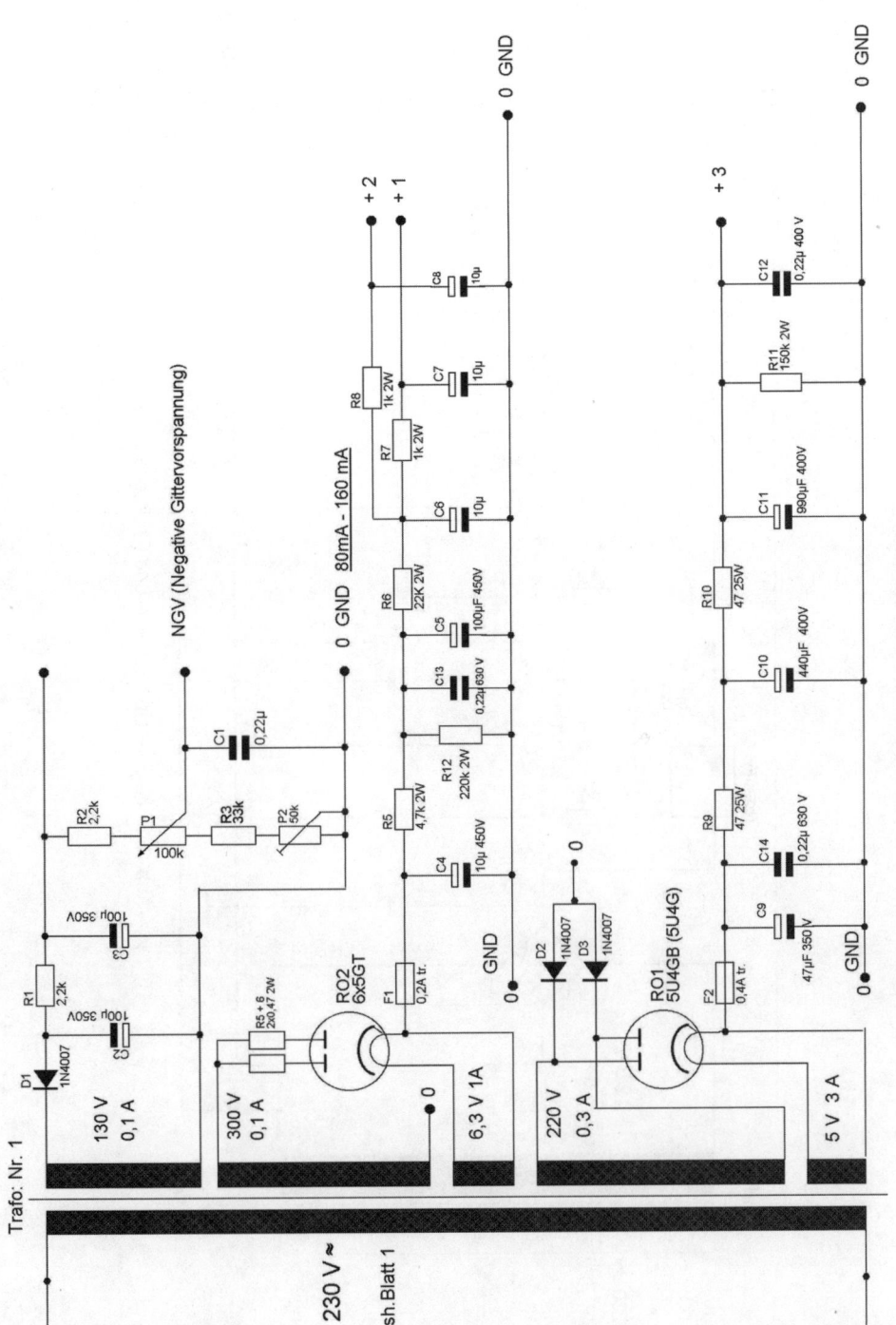

Abb. 2.16 Gleichrichter und Siebung

2 High End Audio-Verstärker

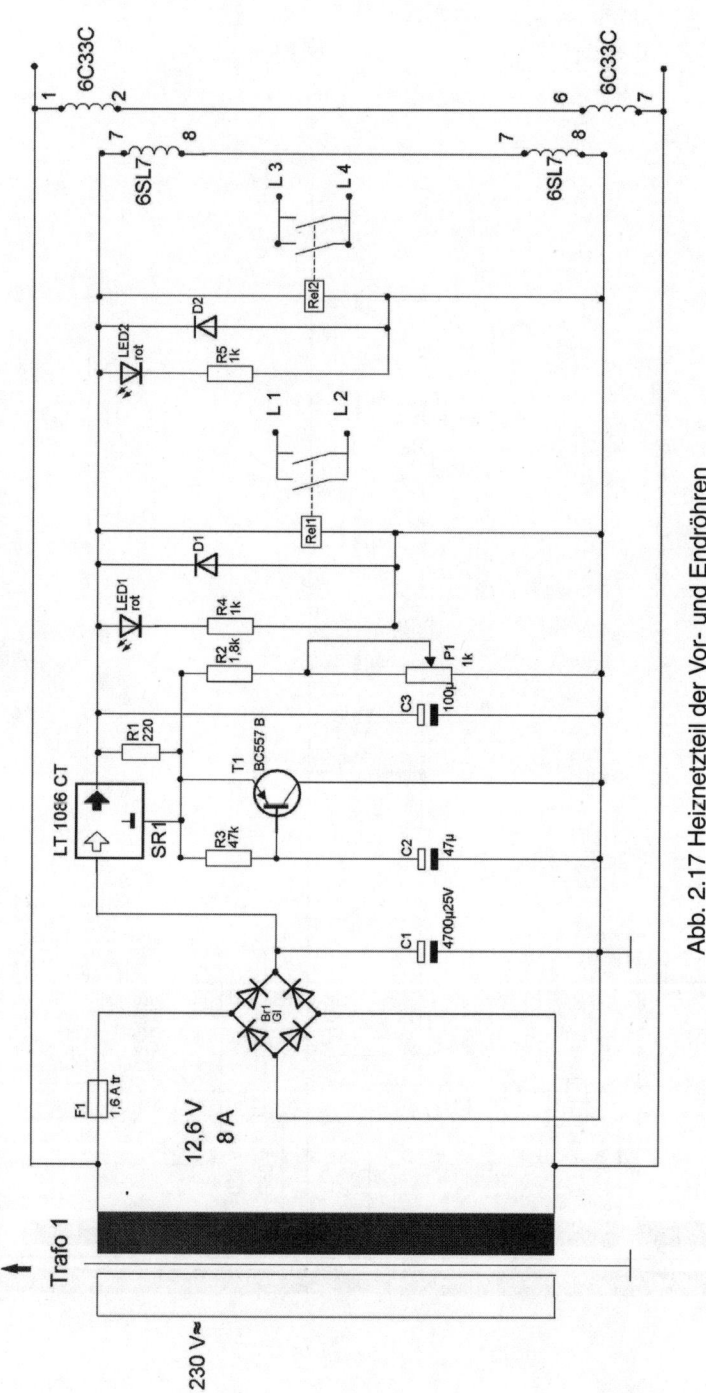

Abb. 2.17 Heiznetzteil der Vor- und Endröhren

Abb. 2.18 Die Frontplatte

2.3 Röhren-Vorverstärker

Dieser Röhrenvorverstärker wurde von Klaus Barton für die optimale Aussteuerung der Monoblöcke aus dem vorigen Abschnitt und anderer Endverstärker entwickelt.

Der Ringkern-Netztrafo mit einer Leistung von 68 VA und den Maßen $\varnothing$ 89 mm × 45 mm wurde von der Fa. Müller Elektrotechnik hergestellt. Er ist imprägniert, mit einem Stahlband versehen und in einer Kunststoffhaube vergossen und, um Vibrationen auszuschließen, mit einer Filzscheibe bedeckt. Er liefert sekundär die drei Spannungen 300 V, 0,1 A für die Anodenspannung, 6,3 V, 1 A für die Heizung der Gleichrichterröhre 6X5GT und 6,3 V, 2,5 A für die Heizung der übrigen Röhren.

Das Gehäuse der Firma ELCAL ist 435 mm lang, 44 mm hoch und 230 mm tief, schwarz beschichtet und mit einer 4 mm dicken, eloxierten Frontplatte versehen. Die Unterseite hat vier Gummifüße von 20 mm Höhe und ist gelocht, um eine Luftzirkulation zu erlauben.

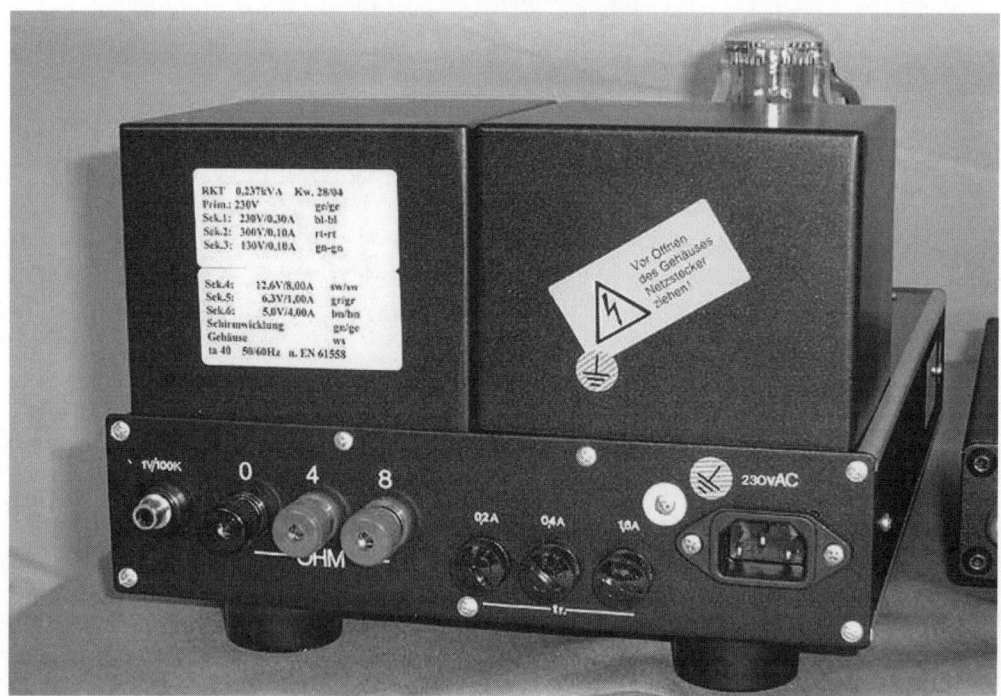

Abb. 2.19 Die Rückplatte

Abb. 2.20 Der Vorverstärker

2.3 Röhren-Vorverstärker 31

Abb. 2.21 Die Frontplatte

Auf dem Röhrenvorverstärker befinden sich 7 Röhren. Für die Betriebsspannung ist die englische Brimar-Gleichrichterröhre 6X5GT zuständig. Der lineare Vorverstärker ist mit der Doppeltriode von 6SN7GT EH Elektro-Harmonix bekommen. Die MM und MC Verstärkung wurde mit der amerikanischen Jan-Röhre 6SL7W GT realisiert. Die Oktal-Sockel sind Keramikausführungen mit versilberten Kontakten.

Auf der linken Seite der Frontplatte befindet sich die gewohnte blaue Leuchtdiode, und der Netzkippschalter. Dann folgt der Auswahlschalter mit 4 Stellungen und als nächstes der Umschalter MM-MC und der Schalter „Lin-MONITOR". Rechts sieht man die Pegelregler mit Mittelstellung und den Lautstärkeregler von Alps.

Im linken Teil des Gehäuses befindet sich der Netztrafo und die Gleichrichterröhre für die Erzeugung der Betriebsspannung. Das zweite Chassis mit den Röhren ist unter den oberen Teil des Gehäuses montiert. Gummiringe für die vier 6SL7WGT verringern die Mikrophonie-Gefahr. Widerstände, Kondensatoren sind handverdrahtet. Für die MC-Verstärkung wird ein vergossenes und magnetisch abgeschirmtes Vorverstärker-Modul mit Halbleitern verwendet, um die extrem kleinen Eingangsspannungen auf den notwendigen Pegel anzuheben.

An der Rückfront erkennt man ganz rechts den Kaltgeräteeinbaustecker mit voreilendem Schutzleiterkontakt, weiter links die Sicherungen. Es folgen insgesamt 18 Chinchbuchsen mit vergoldeter Oberfläche, weiter links eine rote Massebuchse. Für den Anschluss an die Endstufen sind 3-polige XLR-Flanschbuchsen vorhanden.

Die Eingangsschaltung ist mit den folgenden sechs Eingängen ausgestattet:
Nr. 1   MC 0,5 mV / 100 Ω
Nr. 2   MM 3 mV / 47 kΩ
Nr. 3   CD 1 V / 100 kΩ
Nr. 4   1 V / 100 kΩ
Nr. 5   1 V / 100 kΩ
Nr. 6   Monitor 1 V / 100 kΩ

Abb. 2.22 Die Verdrahtung

2.3 Röhren-Vorverstärker

Abb. 2.23 Die Anschlüsse an der Rückseite

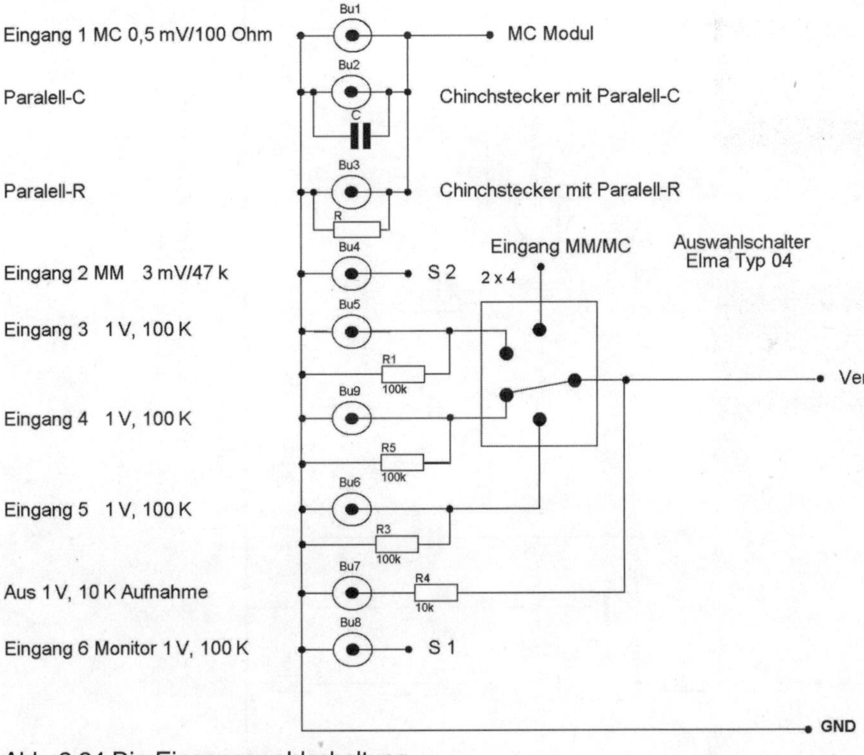

Abb. 2.24 Die Eingangswahlschaltung

Über den Auswahlschalter „ELMA 04" wird die Eingangstriode über R3 angesteuert. Über den aufgeteilten Arbeitswiderstand und C2 gelangt das Signal zum Pegelregler.

Die Koppelkondensatoren C2 + C3 sind von AUDYN MKP-QS und für High-End Geräte bestens geeignet.

2 High End Audio-Verstärker

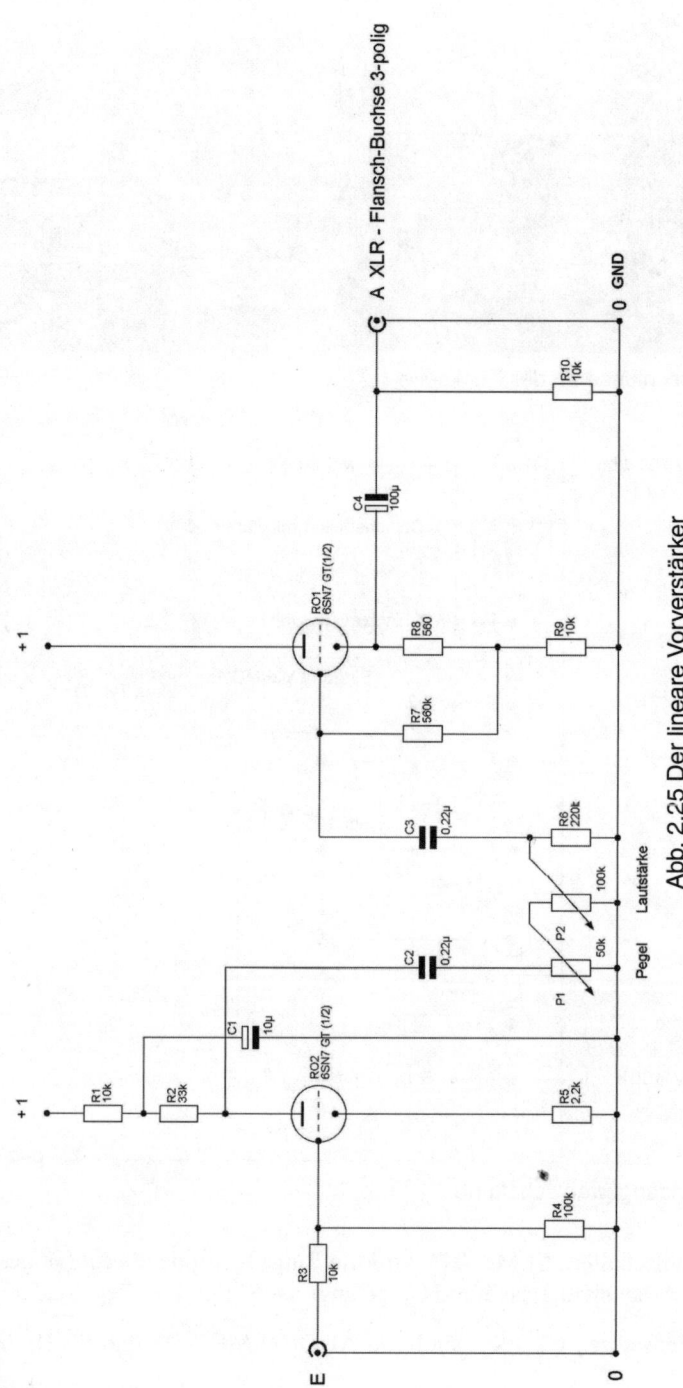

Abb. 2.25 Der lineare Vorverstärker

2.3 Röhren-Vorverstärker

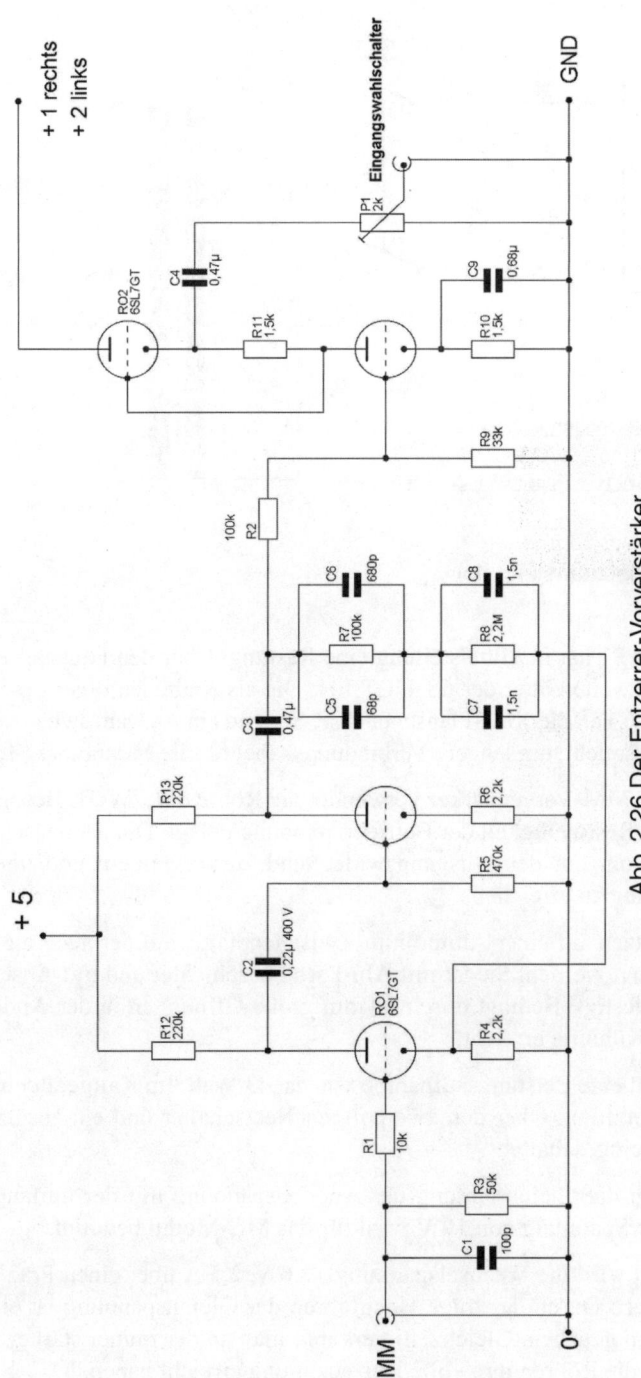

Abb. 2.26 Der Entzerrer-Vorverstärker

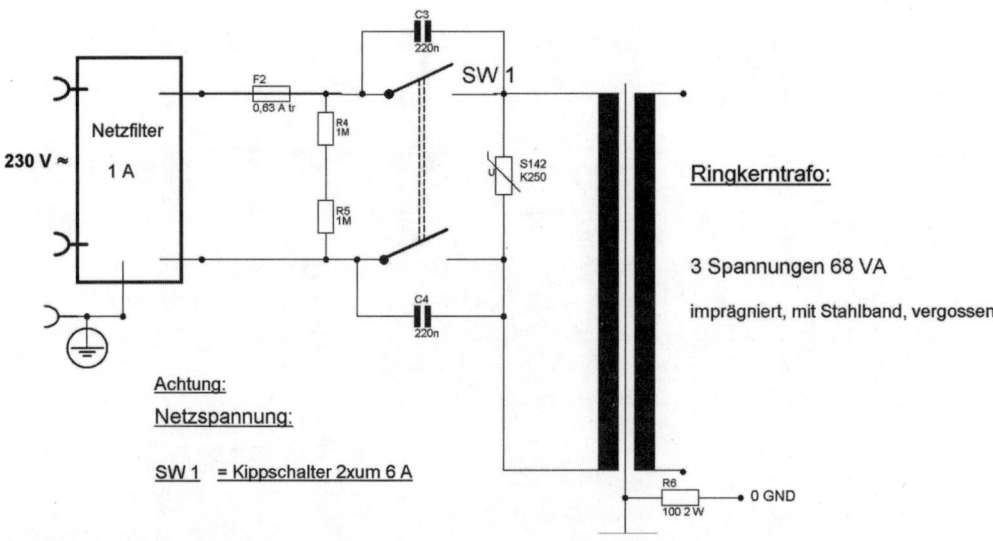

Abb. 2.27 Der Netztransformator

Der Pegelregler P1 hat in Mittelstellung eine Rastung. Über den Lautstärkeregler gelangt das Signal auf das zweite Gitter der 6SN7GT EH. Die als Kathodenfolger geschaltete Röhre gibt das Signal über C4 an die XRL-Flanschbuchse. So wird ein Ausgangswiderstand von ca. 700 Ω erreicht, was ausreicht, um längere Verbindungskabel für die Monoblöcke legen zu können.

Der universelle MM-Vorverstärker verwendet die Röhre 6SL7WGT. Besonderer Wert wurde auf die geringe Restwelligkeit der Betriebsspannung gelegt. Die nachgeschaltete SRPP Stufe fand Verwendung, um den Ausgangswiderstand zu verkleinern und um genügend Spannungsverstärkung zu erreichen.

Alle Röhren sitzen auf einer Aluminium-Zwischenplatte, auf der auch die Lötleisten für die Bauteile befestigt werden. Sie ist mit Alu-Farbe beschichtet und mit Abstandsbolzen an der Abdeckung befestigt. Bedingt durch 40 mm große Öffnungen in der Abdeckung wird auch eine sehr gute Kühlung erreicht.

Das Netzteil hat eine Leistungsaufnahme von ca. 43 Watt. Im Kaltgeräteeinbaustecker befindet sich ein Netzfilter. Über den zweipoligen Netzschalter und ein zusätzlicher Filter wird der Verstärker eingeschaltet.

Abb. 2.29 zeigt die Gleichrichtung der Anodenspannung mit der umfangreichen Siebung. Die zusätzliche Spannung von 10 V wird für das MC-Modul benötigt.

Im Heiznetzteil wird die Wechselspannung 12,6 V, 2,5 A über einen Präzisions-Spannungsregler stabilisiert. Durch das träge Hochfahren der Gleichspannung ist ein schonender Betrieb der Röhren gegeben. Gleichzeitig erkennt man an der immer stärker leuchtenden blauen LED, wann die Röhren ihre volle Heizspannung erreicht haben.

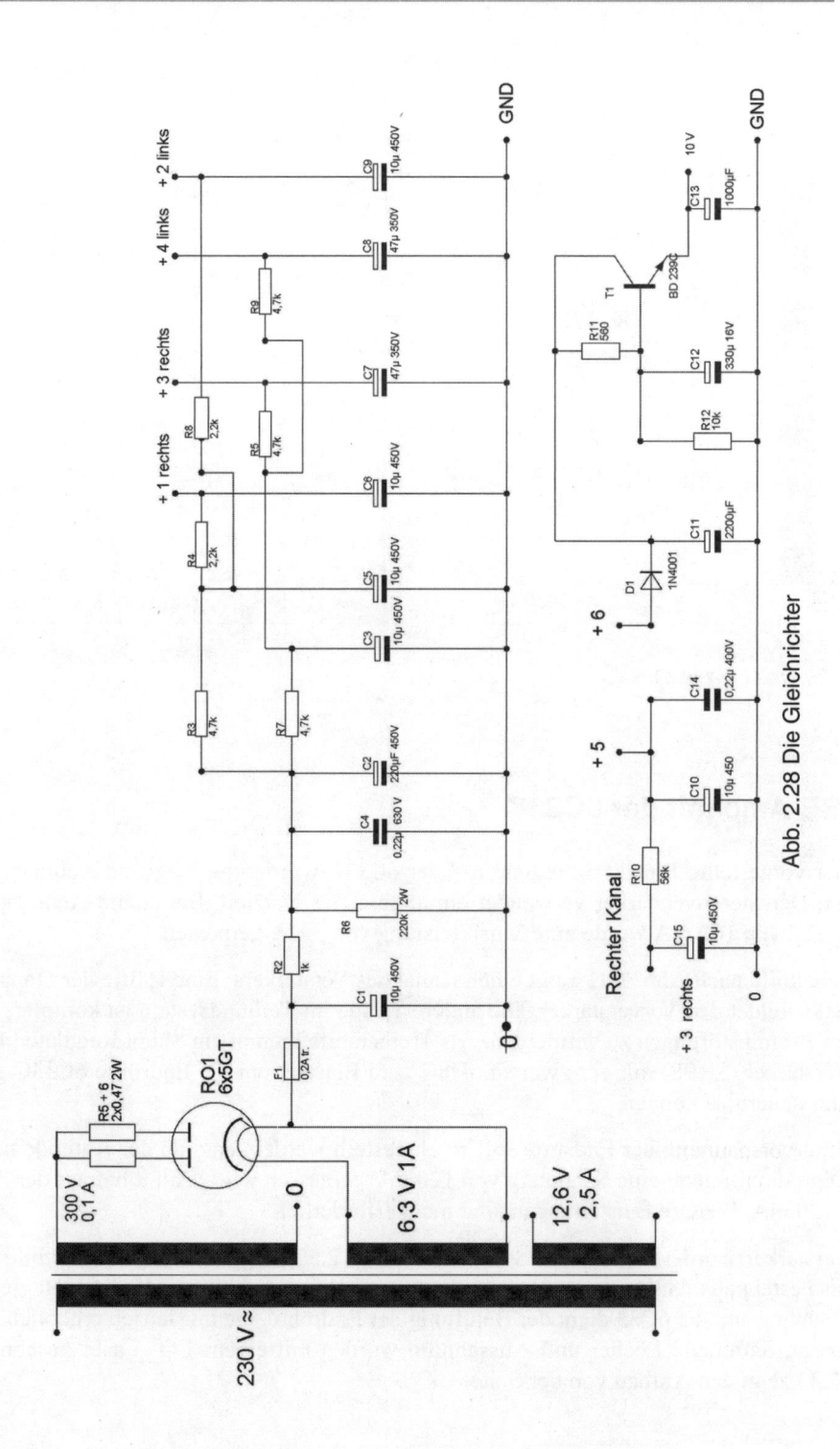

2.3 Röhren-Vorverstärker

Abb. 2.28 Die Gleichrichter

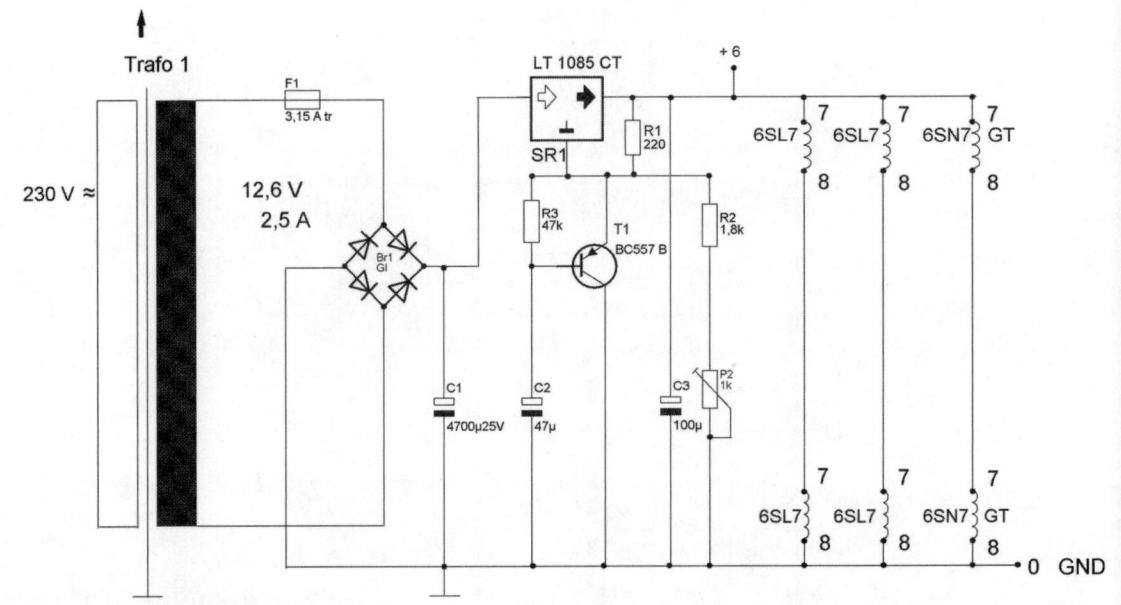

Abb. 2.29 Das Heiznetzteil

2.4 SE-Amp mit der 6C33C

Die hier vorgestellte Eintakt-Schaltung mit der 6C33C wurde von Siegfried Neumann entwickelt. Der Stereoverstärker verwendet ein abgesetztes Netzteil. Bei einem Anodenstrom der 6C33C von 160 mA wurde eine Musikleistung von 30 W gemessen.

Das Schaltbild nach Abb. 2.31 zeigt einen Kanal des Verstärkers. Eine Hälfte der Doppeltriode 6H8C bildet den Vorverstärker. Die andere Triode im Verbundsystem ist komplett geerdet, um Brummstörungen zu vermeiden. Als Treiberstufe kommt ein Shunt Regulated Push-Pull Verstärker (SRPP) mit der zweiten 6H8C zum Einsatz, um die Endröhre 6C33C genügend aussteuern zu können.

Die Gittervorspannung der Endstufe soll so eingestellt werden, dass an der Kathode mit einem Digitalmultimeter eine Spannung von 120 mV gemessen wird. Damit beträgt der Ruhestrom 120 mA. Weitere Einstellungen sind nicht erforderlich.

Der Verstärker wurde mit Lötösen verdrahtet. Abb. 2.32 zeigt ein Aufbauschaltbild. Das Chassis besteht aus AlSiMg, einer äußerst harten, widerstandsfähigen Aluminiumlegierung. Der Lochkreis um die 6C33 dient der Belüftung der Endröhre, die im Betrieb erhebliche Hitze erzeugt. Sämtliche Löcher und Ausschnitte wurden mit einem CO_2-Laser geschnitten. Abb. 2.33 zeigt den Aufbau von der Seite.

2.4 SE-Amp mit der 6C33C

Abb. 2.30 Der Stereoverstärker

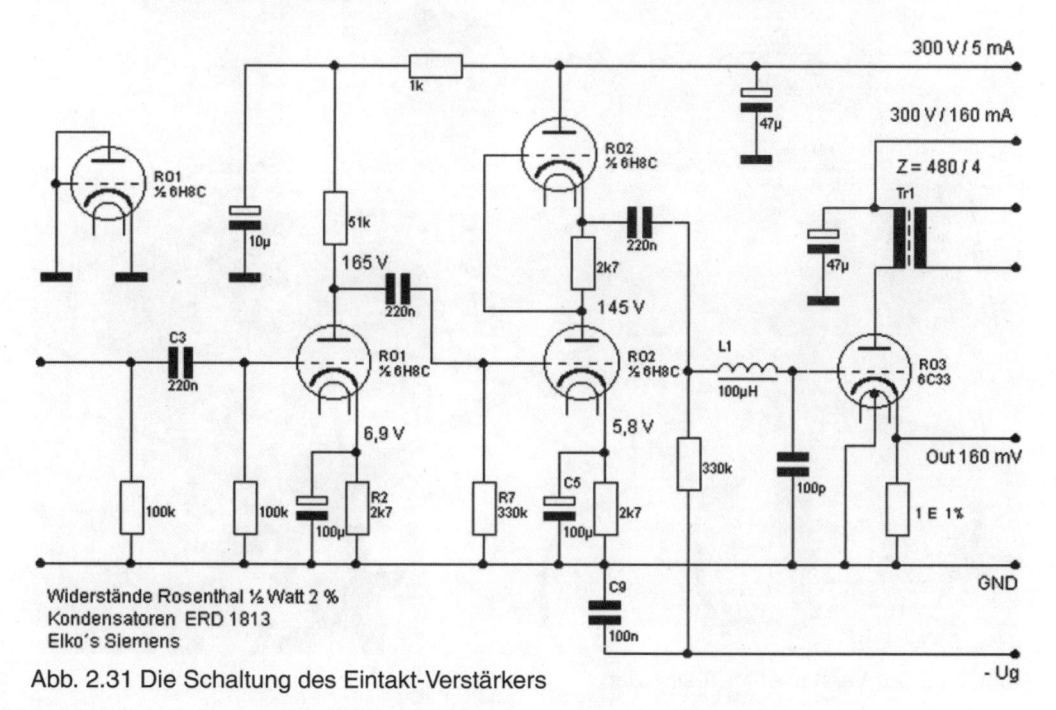

Widerstände Rosenthal ½ Watt 2 %
Kondensatoren ERD 1813
Elko's Siemens

Abb. 2.31 Die Schaltung des Eintakt-Verstärkers

Abb. 2.32 Aufbauzeichnung des Verstärkers

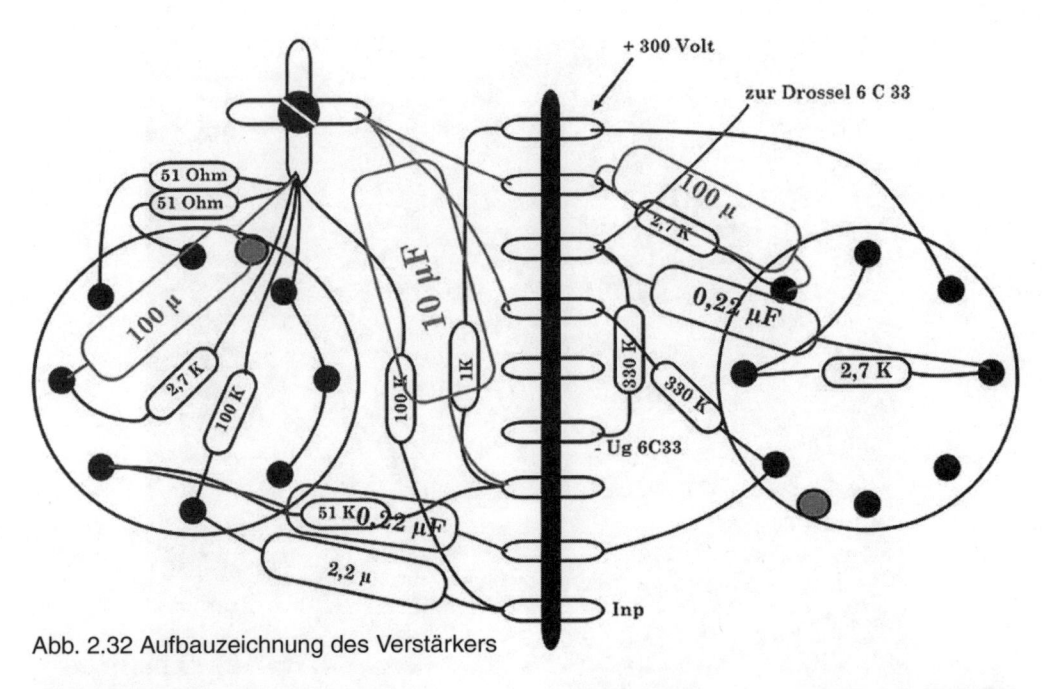

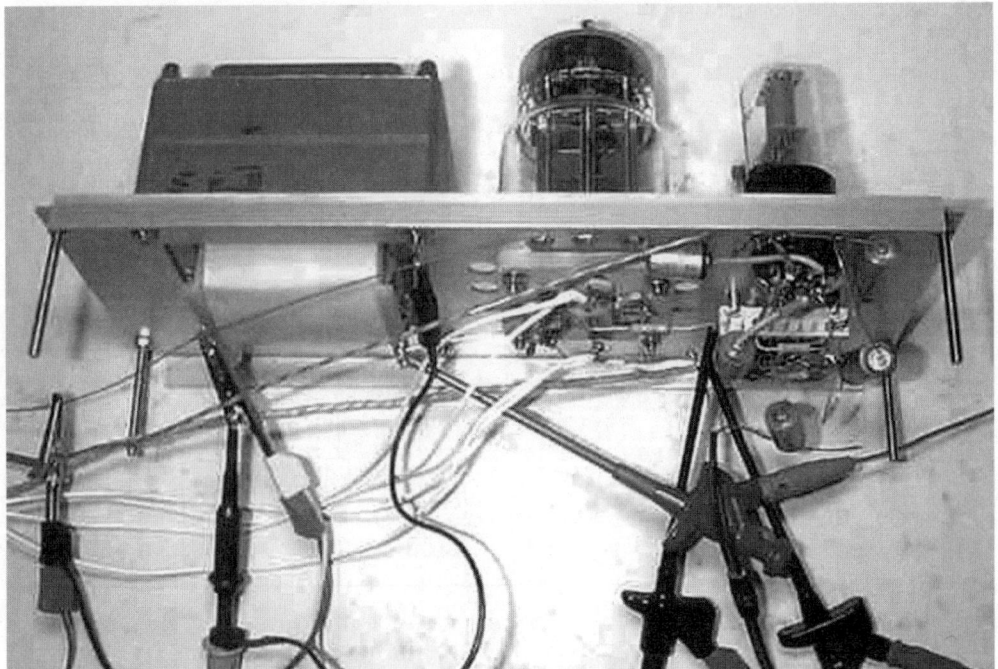

Abb. 2.33 Der Verstärker im Testbetrieb

2.4 SE-Amp mit der 6C33C

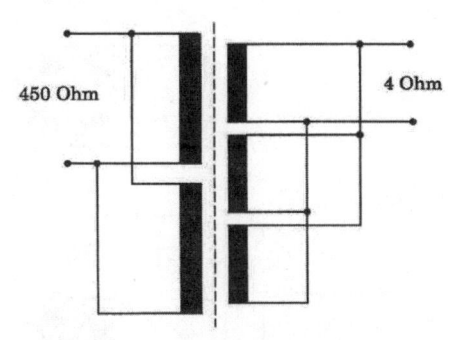

Abb. 2.34 Der Eintakt-Ausgangsübertrager mit 450 Ω / 4 Ω

Wickelschema des Ausgangsübertragers

Der Ausgangsübertrager ist ein M 102b-Kern, gleichseitig geschichtet und nach dem Wickeln im Vakuum in Harz getränkt. Er wurde wechselseitig mit drei genau gleichen 4-Ω-Sekundärwicklungen und zwei genau gleichen 450-Ω-Primärwicklungen gewickelt. Zwischen jeder der Primär- und Sekundärwicklungen wurde eine Isolierung aufgebracht. Die bei den Primärwicklungen wurden ebenso wie die drei Sekundärwicklungen parallelgeschaltet. Abb. 2.34 zeigt das Wickelschema.

1. Wicklung   154 Wdg.   0,65 Cul
2. Wicklung   1525 Wdg.   0,35 Cul
3. Wicklung   154 Wdg.   0,65 Cul
4. Wicklung   1525 Wdg.   0,35 Cul
5. Wicklung   154 Wdg.   0,65 Cul

Wicklungen 1,3,5 parallel (4 Ω)
Wicklungen 2,4 parallel (450 Ω)

Der Übertragerkern ist ein SM 102 b Trafoperm N2 der Firma Vacuumschmelze mit 1 mm Luftspalt. Alternativ könnte auch ein Kern M 102 b Dynamoblech IV a mit 1 mm Luftspalt eingesetzt werden. Die Qualität des Verstärkers hängt nicht unwesentlich vom Ausgangsübertrager ab. Für den fertigen Verstärker wurden folgende Daten ermittelt:

Anodenspannung   300 V
Anodenruhestrom   120 mA
Übertrager   480 Ω / 4 Ω
Kern   M102b
Induktivität   14 H
Röhre   6C33C-B

Leistung bei 1 kHz:
an 4 Ohm   21,6 Watt
an 8 Ohm   13,4 Watt
Musikleistung an 4 Ohm ca. 30 Watt
Frequenzgang   10 Hz bis 63 kHz, bei –1db

2 High End Audio-Verstärker

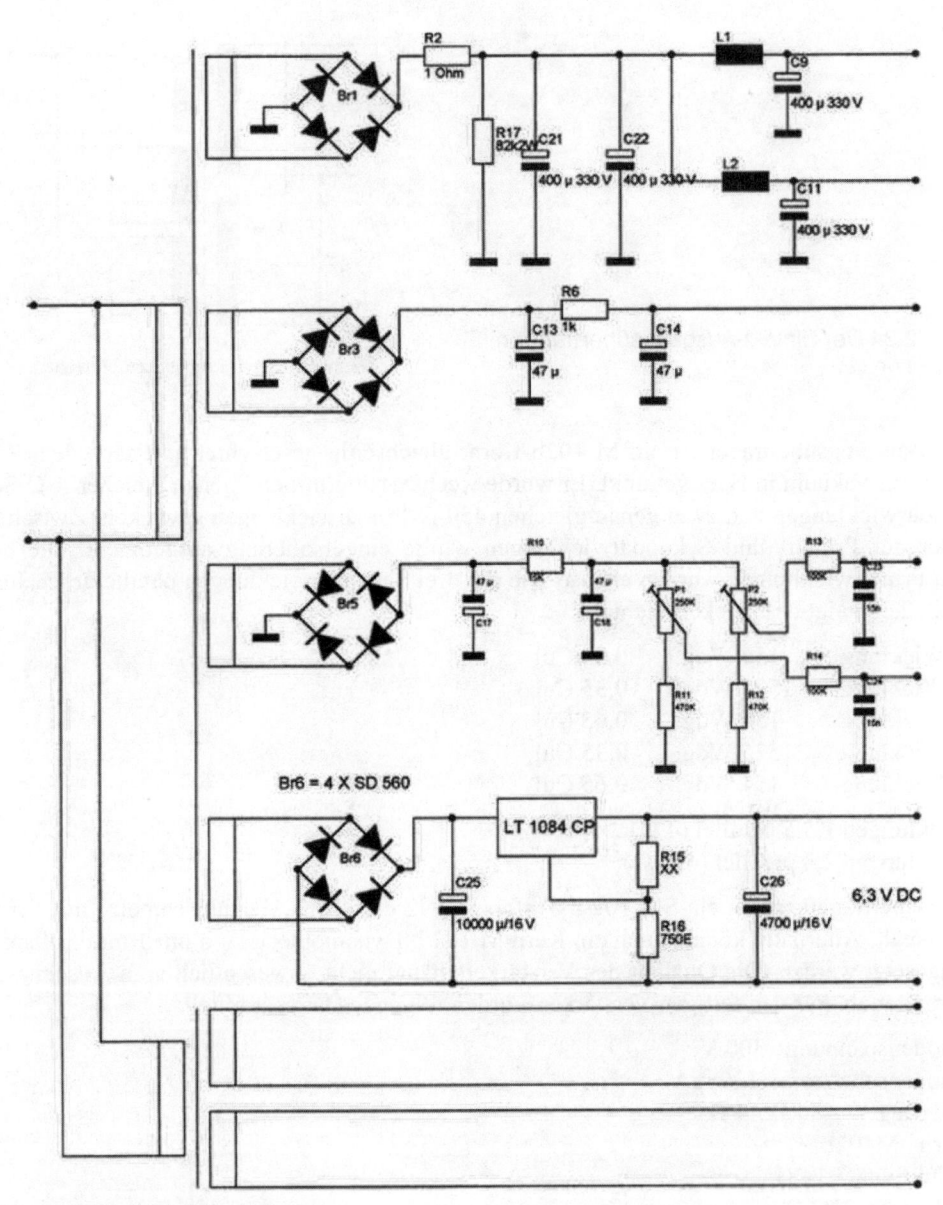

Abb. 2.35 Die Netzteilschaltung

Das Netzteil verwendet Silizium-Brückengleichrichter und eine CLC-Siebung mit getrennten Siebdrosseln für beide Kanäle. Ein separater Ringkern-Heiztrafo versorgt die beiden 6C33.

2.4 SE-Amp mit der 6C33C

Der Netztransformator zu dieser Endstufe wurde für den Stereo-Betrieb berechnet und hergestellt:

Kern M 102b Trafoblech nach DIN IV a – wechselseitig geschichtet.
Primär: 235 V, 550 Wdg., 0,6 Cul
Sekundär 1: 220 V, 0,50 A, 545 Wdg., 0,48 Cul
Sekundär 2: 220 V, 0,10 A, 545 Wdg., 0,22 Cul
Sekundär 3: 100 V, 0,10 A, 250 Wdg., 0,22 Cul
Sekundär 4: 6,3 V, 3,00 A, 16 Wdg., 1,20 Cul

Für die Heizung der 6C33C wurde ein Ringkerntransformator 120 VA, 2 × 12 V, 2 × 5 A verwendet.

Die beiden Drosseln für die Anodenspannung der Endröhren verwenden einen Kern M 74 mit Trafoblech nach DIN IV a, gleichseitig geschichtet mit 1100 Windungen, 0,50 Cul. Der induktive Widerstand bei 100 Hz beträgt 4000 Ω, die Induktivität ist 6,4 H.

Das Netzteil wird in ein separates Gehäuse eingebaut und mit Kabel- und Steckverbindungen mit den Endstufen-Chassis verbunden. Das abgesetzte Netzteil vermeidet das Risiko einer Brummeinstreuung. Die Kondensatoren für die Anodenspannungen sowie die Trimmpotis für die negative Gittervorspannungen befinden sich auf einer Platine.

Abb. 2.36 Die Netztrafos und Siebdrosseln

2.5 Gegentakt-Vollverstärker mit der 6C33C

Dieser Trioden Push-Pull-Vollverstärker mit der 6C33 von Klaus Barton erreicht eine Ausgangsleistung von 25 W Sinus und ca. 40 W Musikleistung an 8 Ohm. Damit lassen sich auch weniger empfindliche Boxen und Lautsprecher betreiben. Die Leistungsaufnahme des Verstärkers beträgt ca. 450 Watt. Das Gerät ist mit allen Buchsen und Knöpfen ca. 435 mm breit, 180 mm hoch und ca. 460 mm tief. Das Gewicht beträgt ca. 30 kg.

Der Verstärker verwendet wie die anderen Geräte von Klaus Barton in den vorigen Abschnitten einen ELCAL Profileinschub, diesmal allerdings mit einer Höhe von 88 mm. Da das Gehäuse die schweren Trafos ohne Verbiegungen der Deckplatte nicht trägt, wurde ein Aluwinkel eingezogen und verschraubt. Sämtliche Durchbrüche und Bohrungen im Gehäuse lassen sich selber herstellen, man kann aber auch einen fertig gebohrten Gehäusebausatz bekommen. Die Gehäuseteile sind pulverbeschichtet, die Frontplatte ist schwarz eloxiert.

Links auf der Frontplatte ist die blaue LED zu sehen, dann der Hauptschalter. Der Eingangswahlschalter hat vier Stellungen, rechts daneben erkennt man den Standby-Schalter für den linken Kanal, der entsprechende Schalter für den rechten Kanal liegt rechts neben den Messgeräten. Die Ruheströme beider Endstufen werden von analogen Messinstrumenten mit einem Bereich von 500 mA angezeigt. Die Beleuchtung der Instrumente wurde in Farbe und Helligkeit an die Röhren angepasst. Es gibt zwei getrennte Pegelsteller für beide Kanäle. Pe-

Abb. 2.37 Der fertige Vollverstärker

2.5 Gegentakt-Vollverstärker mit der 6C33C

Abb. 2.38 Blick auf die Rückseite

gelsteller finden in der Studiotechnik Anwendung. Man kann das NF-Signal getrennt für jeden Stereo-Kanal regeln. Als Resultat erhält man eine Balanceeinstellung. Ganz rechts liegt der Stereo-Lautstärkeregler.

Der Netztrafo von der Firma Müller ist eine schwarz gekapselte Ringkernausführung mit dem Durchmesser 140 mm, der Höhe 110 mm, einem Gewicht von ca. 7 kg und einer Leistung von 620 VA. Damit die Haussicherung nicht anspricht, wurde eine wirkungsvolle Einschaltstrombegrenzung eingebaut.

Auf der Rückseite befinden sich von links nach rechts eine Masseklemme, zwölf vergoldete Chinchbuchsen mit vier Eingängen mit einer Impedanz von 100 kΩ sowie Aufnahme-Ausgängen mit 10 kΩ für einen Subwoofer mit 1 V, 10 kΩ. Es folgen die vier Lautsprecherbuchsen von 8 Ohm und die Sicherungen sowie die Netzbuchse mit Netzfilter für 6 A und voreilendem Schutzkontakt. Sämtliche Blechteile sind mit dem Schutzleiter verbunden.

Das Deckblech mit den Röhren besteht aus zwei Teilen. Das Oberblech hat größere Löcher und sorgt mit einem Kamineffekt für gute Kühlung. Das Unterblech aus Aluminium ist mit den Röhrenfassungen bestückt und hält mit den Lötleisten die Bauteile. Im Unterblech gibt es ebenfalls Löcher, die mit dem gelochten Bodenblech für Kühlung sorgen. Der Abstand zwischen Oberblech und Unterblech wurde für eine bessere Kühlung vergrößert. Das ist wichtig, weil insgesamt eine Leistung von ca. 300 W abgeführt werden muss. Allein die

Abb. 2.39 Das vorbereitete Chassis

Heizleistung beträgt ca. 42 W pro Endröhre. Bei einer Anodenspannung von 200 V und einem Anodenstrom von 200 mA kommen noch 40 W an Anodenverlustleistung hinzu. Dazu kommen noch die Gleichrichterröhren, die das Gerät zusätzlich erwärmen.

Pro Verstärkerkanal werden folgende Röhren eingesetzt:

1 × SL7 für Vorstufe RCA
1 × SN7 EH als Impedanzwandler und Subwoofer-Ausgang
1 × SN7 EH als Push-Pull Treiber
2 × 6C33C als Push-Pull Endstufe
1 × 5Z8 (5U8) als Netzgleichrichter

Die zweite Röhre ½ SN7 RCA arbeitet als Impedanzwandler für den Treiber. Die andere Röhre ½ SN7 RCA ist als Kathodenfolger geschaltet. Über einem Chinchanschluss lässt sich ein Subwoofer mit 1 V, 10 kΩ kanalgetrennt anschließen.

Bei den Endröhren wird mit fester Gittervorspannung gearbeitet. Im Kathodenkreis der Endröhren liegen die Analog-Messinstrumente mit 500 mA, sie werden über Widerstände an die Röhre gelegt, deren Strom gemessen werden soll.

Abb. 2.40 zeigt den Eingangsumschalter. An die ersten 4 Buchsenpaare lassen sich CD-Spieler, Kassettendecks usw. anschließen. Die Eingangsimpedanz beträgt 100 kΩ, die Eingangsspannung 1 V. Das fünfte Buchsenpaar dient zur Aufnahme über Kassettengeräte usw.

2.5 Gegentakt-Vollverstärker mit der 6C33C

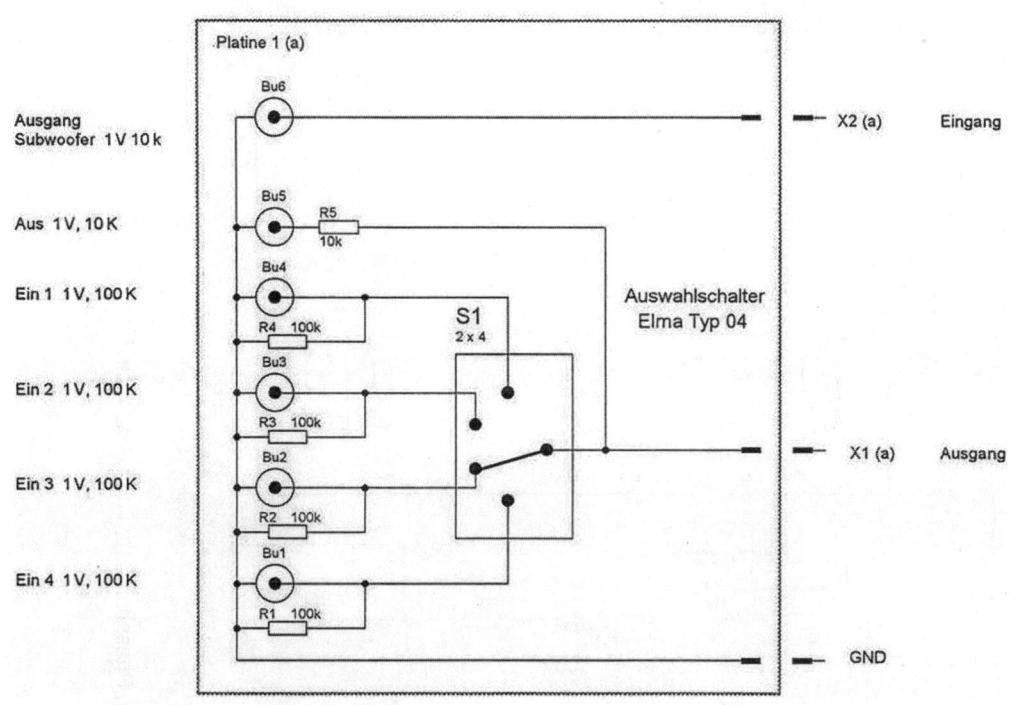

Abb. 2.40 Die Eingangswahlschaltung

An das sechste Buchsenpaar lässt sich ein aktiver Subwoofer mit 1 V und 10 kΩ anschließen.

Die Umschaltung der einzelnen Eingänge verwendet den Auswahlschalter Elma Typ 04. Um eine hohe Übersprechdämpfung zu erreichen, wird jeder Stereo-Kanal mit einem fünfadrigen abgeschirmten Kabel angeschlossen. Kanalgetrennt gehen die abgeschirmten Leitungen vom Auswahlschalter zu den Eingangsröhren der aktiven Verstärkerschaltung.

Als Eingangsröhre wurde der RCA Typ 6SL7 GT verwendet. Die Röhre arbeitet als Shunt Regulated Push-Pull Verstärker (SRPP). Das garantiert niedrigsten Klirrfaktor, hohe Verstärkung und Übersteuerungsreserve. Die hohe Verstärkungsreserve der SRPP ist notwendig, um ohne weitere Vorverstärkung für den Treiber auszukommen.

Bei diesem Vollverstärker wurde besonderer Wert auf einen hohe Qualität der Koppelkondensatoren gelegt. Zu den MKP-Typen mit 0,22 µF, 1000 V kommen Glimmer-Bypass-Kondensatoren mit 4,7 nF, 630 V. Am Kathodenknotenpunkt der SRPP ist die erste Koppelkondensatorkombination angeschlossen. An den Lautstärkeregler ist zusätzlich mit 0,47 µF, 630 V ein Kathodenfolger für den Subwoofer-Ausgang angeschlossen.

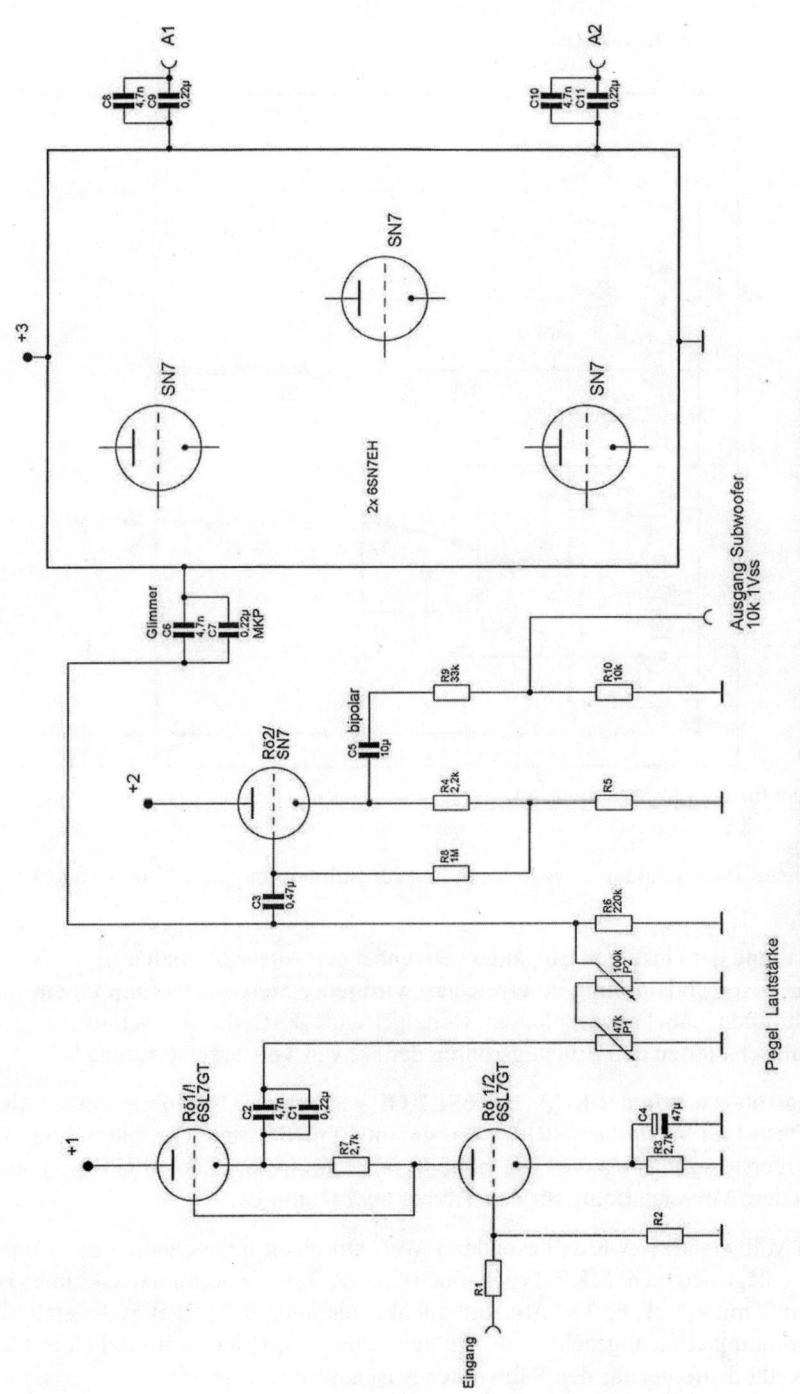

Abb. 2.41 Vorverstärker, Phasenumkehr und Leistungstreiber

Abb. 2.42 Phasenumkehr und Leistungstreiber

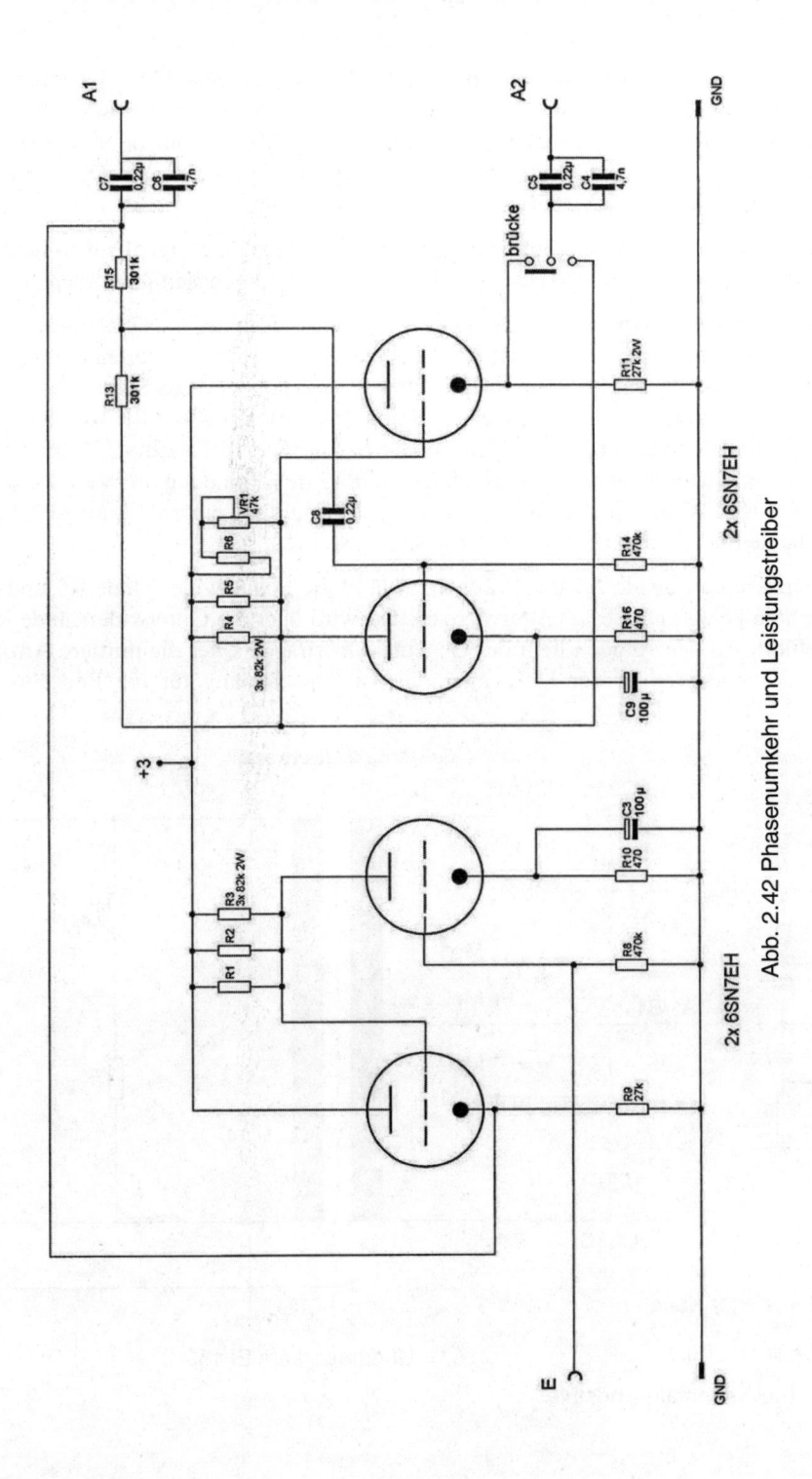

Die für den Leistungstreiber und den Kathodenfolger verwendete 6SN7 EH ist eine Neukonstruktion. Die Röhre stammt von „electro-harmonix" aus Russland. Sie ist sehr stabil gefertigt und hat 4 Stabilisierungsstäbe. Durch das große Glasgehäuse ist die 6SN7 EH thermisch besser beherrschbar als zum Beispiel eine Novalröhre ECC99, 6CG7 usw. Der verspiegelte Kopf und der Qualitätsaufdruck geben ihr ein gutes Aussehen.

Über die zweite Kondensatorenkombination gelangt das verstärkte Signal auf das Gitter der ersten Hälfte der Röhre 6SN7 EH. Die Triode ist über C3 kathodenseitig entkoppelt.

Das Signal an der Anode wird an das Gitter der zweiten Hälfte der 6SN7 EH gelegt, die als Kathodenfolger arbeitet. Der Ausgang wird über die dritte Kondensatorenkombination an den Eingang A 1 der linken Endröhre 6C33 gelegt. Zusätzlich wird das Signal über R15 und C 8 zur Phasenumkehr dem Gitter der ersten Triode der zweiten 6SN7 EH zugeführt, deren Kathode ebenfalls entkoppelt ist. Die zweite Hälfte der 6SN7 EH wird als Kathodenfolger für A2 eingesetzt. Durch die Widerstände R15 und R13 in Verbindung mit VR1 werden beide gegenphasigen Ausgänge A1 und A2 auf gleiche Amplitude eingestellt um sicherzustellen, dass beide Endstufenhälften gleich ausgesteuert werden.

Die gegenphasigen Signale A1 und A2 werden über die Schutzwiderstände R5 und R6 an die Endröhren gelegt. Die feste Gittervorspannung wird über die Gitterwiderstände R7 und R8 zugeführt. An den Anoden liegt der Gegentaktübertrager. Über die mittlere Anzapfung der Primärwicklung erhält der Übertrager die Anodenspannung für die Endröhren. Die

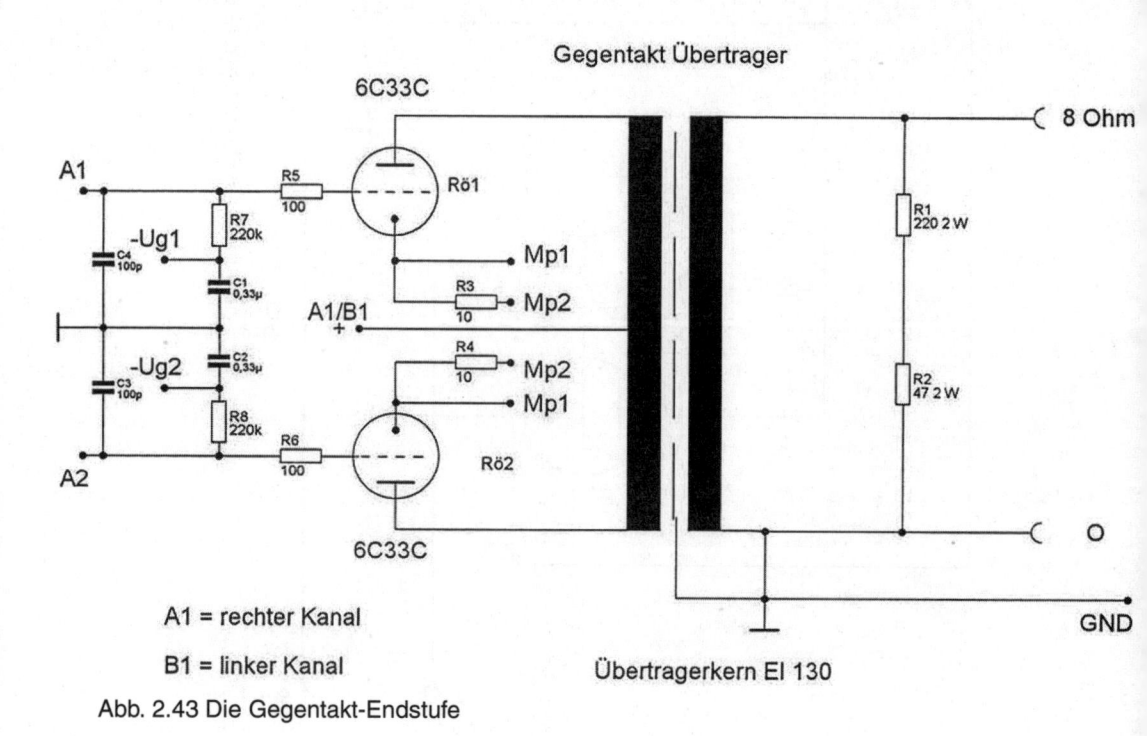

Abb. 2.43 Die Gegentakt-Endstufe

2.5 Gegentakt-Vollverstärker mit der 6C33C

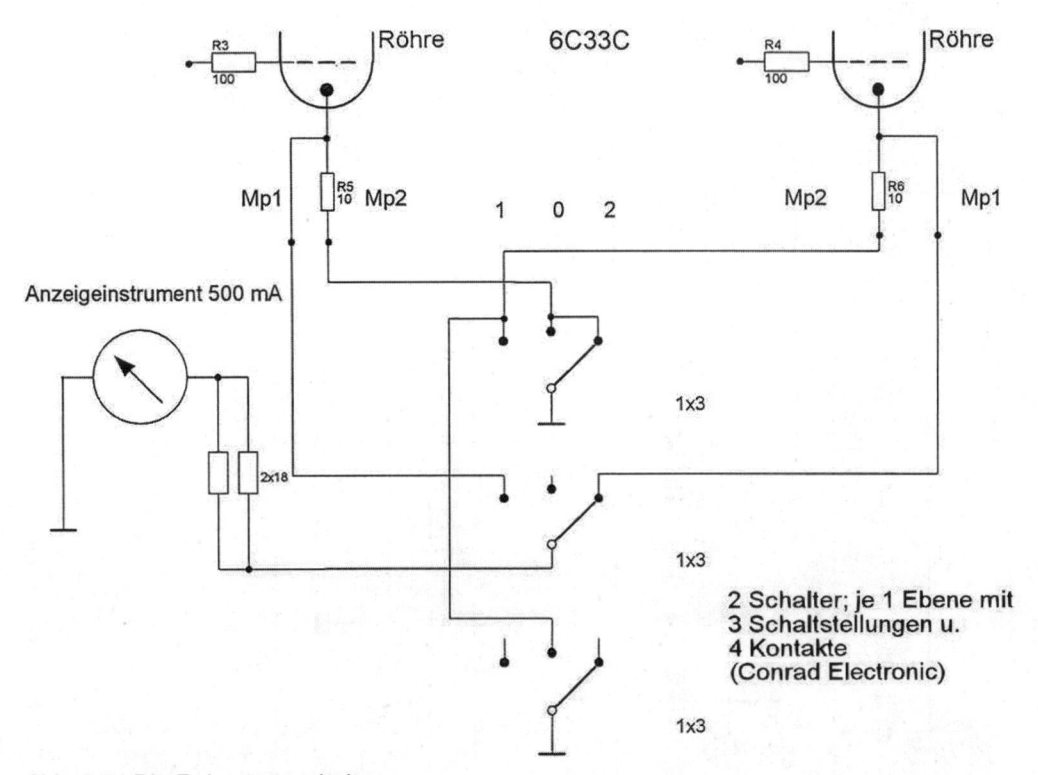

Abb. 2.44 Die Ruhestromschaltung

Spannung A1 und A2 kommt kanalgetrennt von den Anodenspannungsrelais. Die Widerstände R1 und R2 am Ausgang erhöhen die Stabilität, vor allem wenn kein Lautsprecher angeschlossen ist. Die an den Kathoden der Endröhren liegenden Messpunkte werden zu den Ruhestromschaltern geführt und dienen zur Messung des Ruhestroms.

Die in den Kathoden der Endröhren liegenden Schalter haben drei Schaltstellungen und vier Kontakte. Kanalgetrennt wird der Ruhestrom über die Instrumente angezeigt. In der Mittelstellung der Schalter sind die Anzeigeninstrumente ausgeschaltet und die Kathoden liegen über R5 und R6 auf Masse. Die Beleuchtung der Instrumente wird über Strombegrenzungswiderstände von 22 Ω an die Heizspannung gelegt. Dadurch ist das Hochlaufen der Beleuchtung sehr gut zu beobachten.

Der Netztrafo für den Push-Pull-Verstärker hat ein Gewicht von 7 kg. Er liefert sämtliche Spannungen und ist in zwei Schalen vergossen. Durch diese Ausführung ist der Trafo praktisch brummfrei. Die spezielle Einschaltverzögerung für diesen Trafo verwendet den Strombegrenzungswiderstand R4 mit 18 Ω, 10 W. Der Widerstand R3 mit 6,8 kΩ muss für 10 W ausgelegt sein.

Sämtliche Masseleitungen sind an einen zentralen Punkt zusammengefasst worden.

2 High End Audio-Verstärker

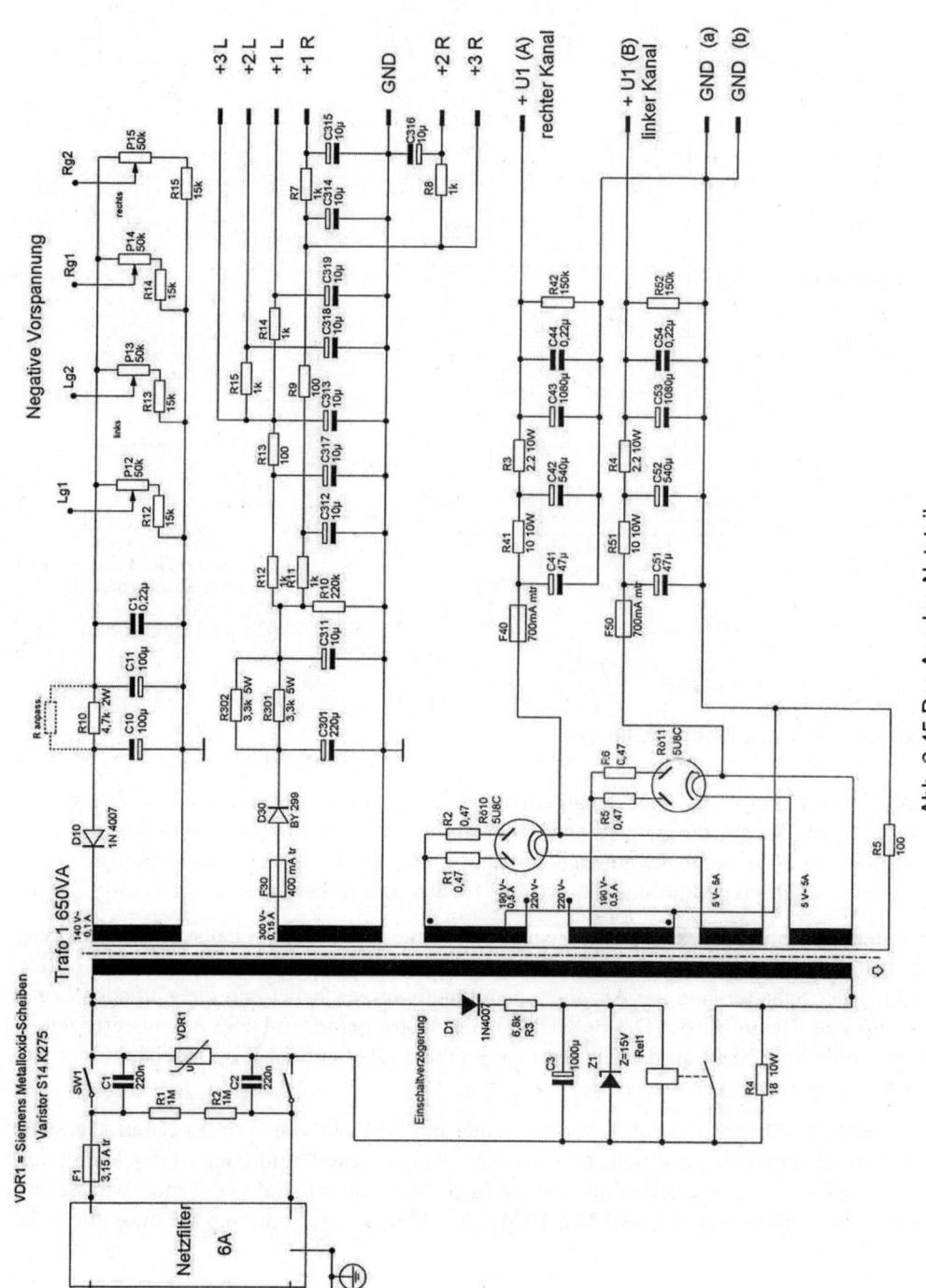

Abb. 2.45 Das Anoden-Netzteil

2.5 Gegentakt-Vollverstärker mit der 6C33C

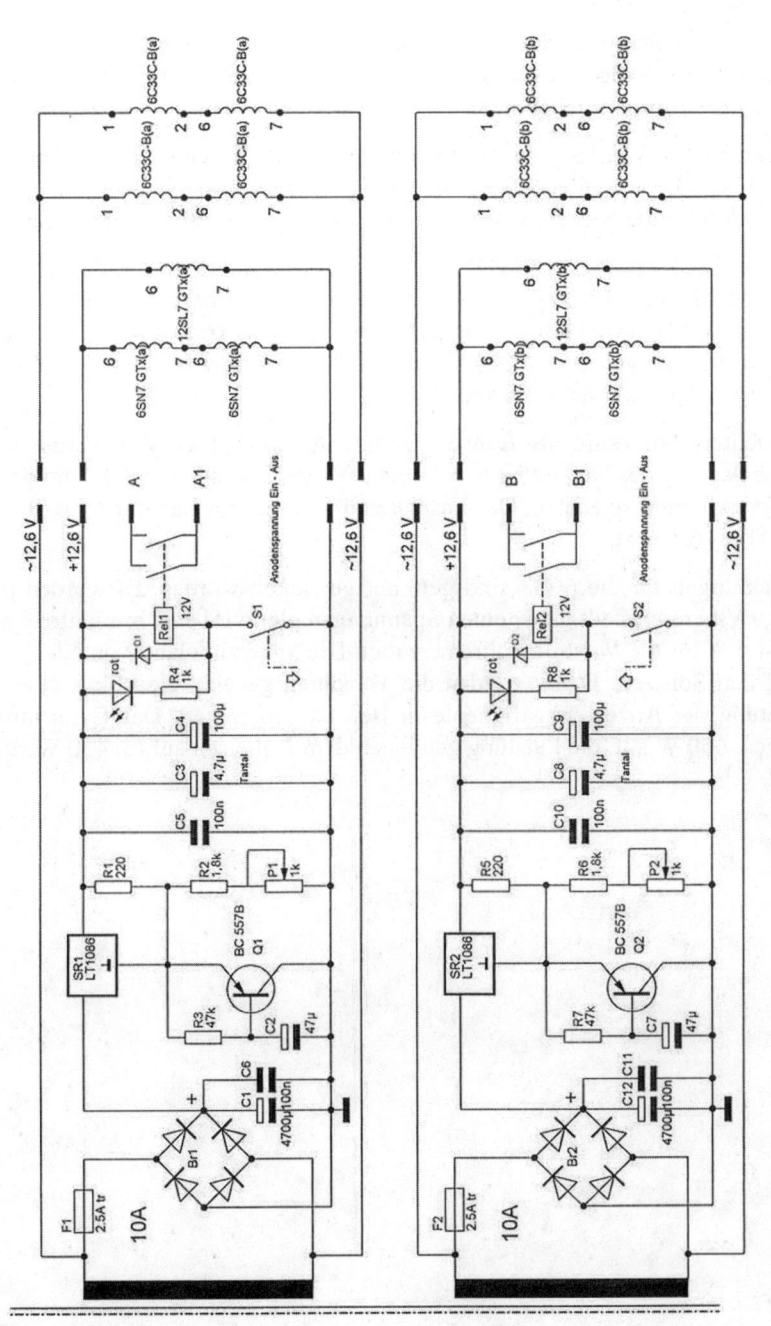

Abb. 2.46 Das Heiznetzteil

Die negative Vorspannung wird aus einer 140-V-Wicklung erzeugt. Mit dem Widerstand R10 wird die Spannung angepasst. Mit den Trimmpotis P12, P13, P14 und P15 wird die Einstellung des Ruhestroms vorgenommen.

Mit der Wicklung 300 V, 0,15 A wird die Spannung für die Röhren der Vor- und Treiberstufen erzeugt. Über die schnelle 2-A-Diode BY299 entstehen am Ladeelko ca. 420 V. Die Siebwiderstände und die Siebelko stellen eine praktisch brummfreie Spannung zur Verfügung.

Das Gerät enthält keine Siliziumgleichrichter im Leistungsteil für die 6C33. Für die Gleichrichterröhren sind 2 Heizwicklungen von je 5 V, 5 A auf den Trafo gewickelt worden. Zwei Hochspannungswicklungen von je 220 V, 0,5 A mit Anzapfung bei 190 V sind für die Betriebsspannungen der Endröhren zuständig.

Die Gleichrichterröhren sind als Einweggleichrichter geschaltet. Zur Vermeidung einer Gleichstrombelastung des Netztrafos ist wie beim Verstärker in Kapitel 2.2 auf die korrekte Polung der Wicklungen zu achten. Das Lastnetzteil ist in jedem Kanal mit Elkos von insgesamt ca. 1700 µF bestückt.

Die Heizwicklungen für die 6C33 sind getrennt gewickelt worden. Es wurden pro Kanal 10 A bei 12,6 V bereitgestellt. Über einen Spannungsregler wird eine brummfreie Spannung von 12,6 V, 1,5 A für die Vorstufenröhren erzeugt. Die Spannung läuft von 3,6 V bis 12,6 V langsam auf den Sollwert. Damit werden die Vorröhren geheizt, die Relais geschaltet und die Beleuchtung der Anzeigeninstrumente in Betrieb genommen. Das Gerät nimmt beim Einschalten ca. 600 W auf, die Leistung geht nach dem Anheizen auf ca. 430 W zurück.

3 Leistungsverstärker mit Senderöhren

Oft sind es gerade die besonderen Röhren, die zum Bau eines Verstärkers reizen. Senderöhren sind meist sehr groß und oftmals besonders attraktiv. Da nimmt man gern einige Schwierigkeiten auf sich, um damit einen Audioverstärker zu bauen. Röhren für andere Zwecke als die einzusetzen, für die sie eigentlich gebaut wurden, ist oft eine besondere Herausforderung. Das gilt auch für Zeilenendröhren, die eigentlich als elektronische Schalter am Zeilentrafo eines Fernsehers eingesetzt wurden. Röhren wie die PL509 wurden schon seit langem im Amateurfunk als Senderöhren verwendet. Hier werden sie auch für Audioverstärker eingesetzt.

3.1 Eintaktmonos mit RS282, RS291, 845

Ziel dieses Projekts von Ralf Keil war es, einen außergewöhnlichen Verstärker mit historischen, selten verwendeten Leistungsröhren zu bauen. Es sollten wahlweise drei unterschiedliche Röhren zum Einsatz kommen, nämlich die direkt geheizte 845 oder die indirekt geheizten RS282 oder RS291. Dazu war ein erheblicher Aufwand nötig, der sich sowohl im Schaltplan als auch im Gehäuse wiederspiegelt.

Ursprünglich wurde dieser Verstärker für die RS291 von Gerhard Haas (Fa. Experience Electronics) entwickelt. Sämtliche Trafos und Drosseln stammen von dieser Firma. Gerade bei einem Eintaktverstärker hängen Frequenzgang und Übertragungsverhalten ganz wesentlich vom Ausgangsübertrager ab.

Abb. 3.2 zeigt die Schaltung der Endstufe. In der Leistungsstufe können wahlweise drei verschiedene Senderöhren verwendet werden. Die Treiberstufe verwendet eine ECL86 und sorgt für genügend Steuerleistung. Zu beachten ist, dass die Masse der 8/10 V Heizung erst nach S3 geerdet wird, da sonst die Symmetrierung über R106/107 für die 845 nicht gegeben wäre.

Der Aufwand ist relativ hoch, weil unterschiedliche Röhren zugelassen werden. Natürlich geht es auch einfacher, wenn man sich auf einen Röhrentyp festlegt. Dann entfallen die Steckbrücken sowie die 8/10-V-Umschaltung der Endstufenheizung. Die variable Gittervorspannungseinstellung kann entfallen, sofern man nicht mit verschiedenen Ruheströmen arbeiten möchte.

Der Nachbau nur für die 845 ist nicht zu empfehlen, da diese Röhre einen sehr hohen Gitterspannungshub benötigt, der mit einer ECL86 nicht erreicht wird. Das hat zwar keinerlei

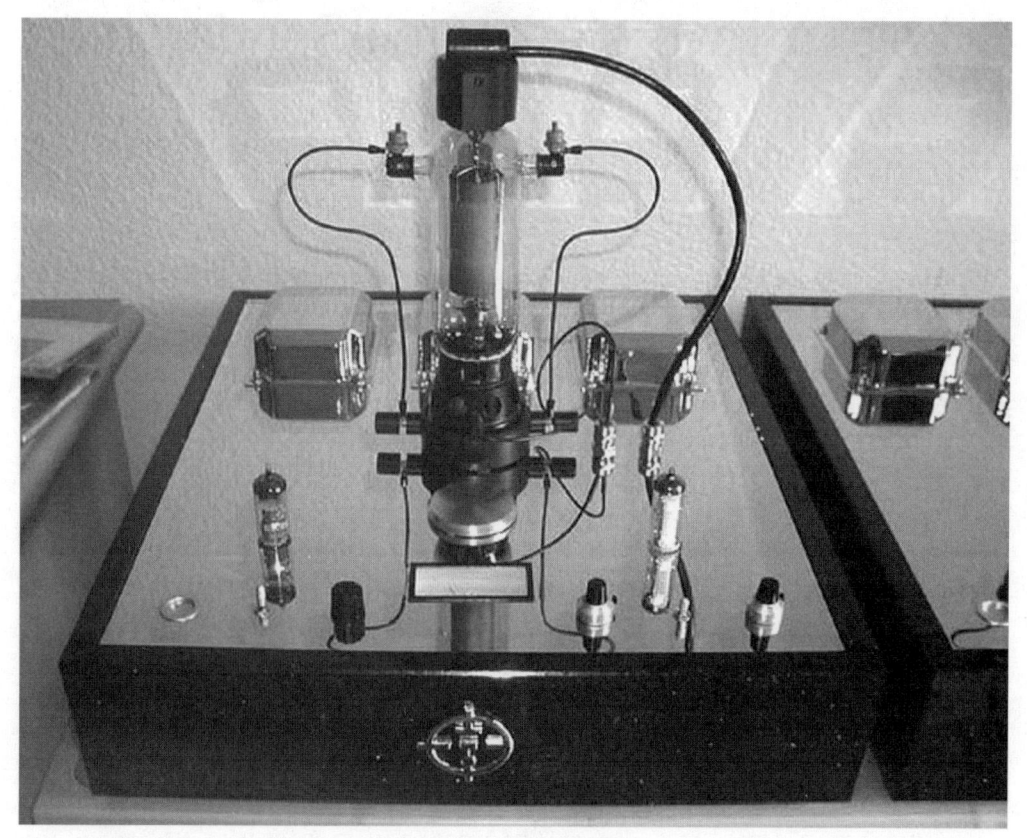

Abb. 3.1 Ein Kanal des Eintaktverstärkers mit der RS282

klangliche Nachteile, jedoch ist die erzielbare Ausgangsleistung deutlich geringer als mit der RS291 bzw. RS282. Außerdem dürfte die Lebenserwartung der RS-Typen wegen ihrer Langlebensdauerkathoden wesentlich höher sein als bei einer 845. Die Gegenkopplung sollte beim Betrieb mit RS 291 immer eingeschaltet sein, der Betrieb ohne Gegenkopplung ist nur für die RS282 und die 845 vorgesehen.

Die Schaltpläne des Netzteils werden hier getrennt für die einzelnen Spannungen vorgestellt. Der große Netztrafo kann nur mit der Einschaltverzögerung ans Netz gelegt werden. Das Hochspannungsnetzteil verwendet eine doppelte Siebung mit zwei Netzdrosseln. Die hohe Spannung macht es erforderlich, jeweils drei Elkos in Reihe zu schalten. Die Netzteile für die Treiberstufe und für die Gittervorspannung sind dagegen wesentlich einfacher aufgebaut. Die Heizung der Röhren mit Gleichstrom erfordert leistungsfähige Halbleiter-Stabilisierungsschaltungen. Jede Stufe enthält zusätzlich eine Aussteuerungsanzeige mit der EM84, die ihre Betriebsspannung von +200 V aus dem Treiber-Netzteil erhält.

3.1 Eintaktmonos mit RS282, RS291, 845

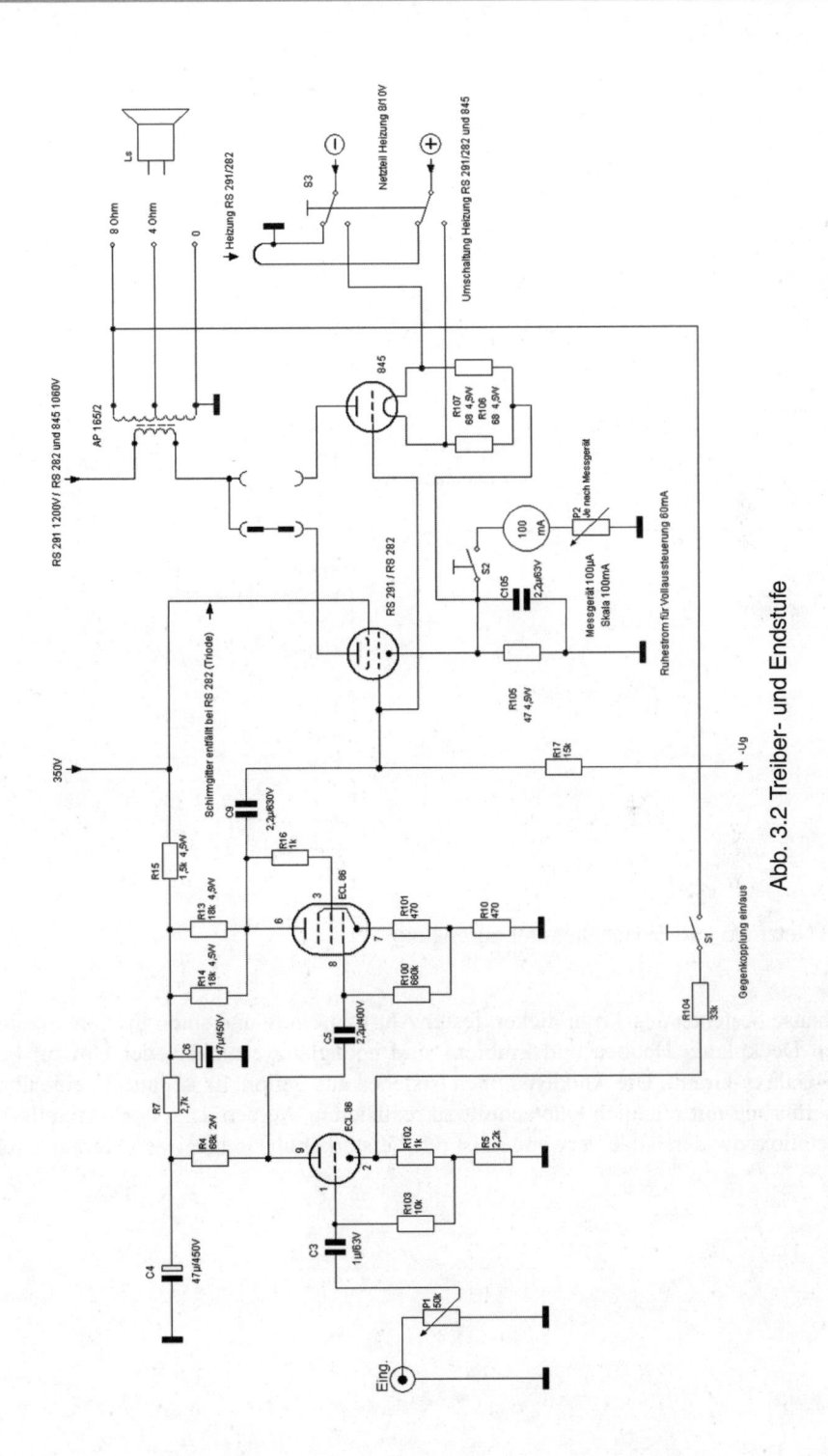

Abb. 3.2 Treiber- und Endstufe

3 Leistungsverstärker mit Senderöhren

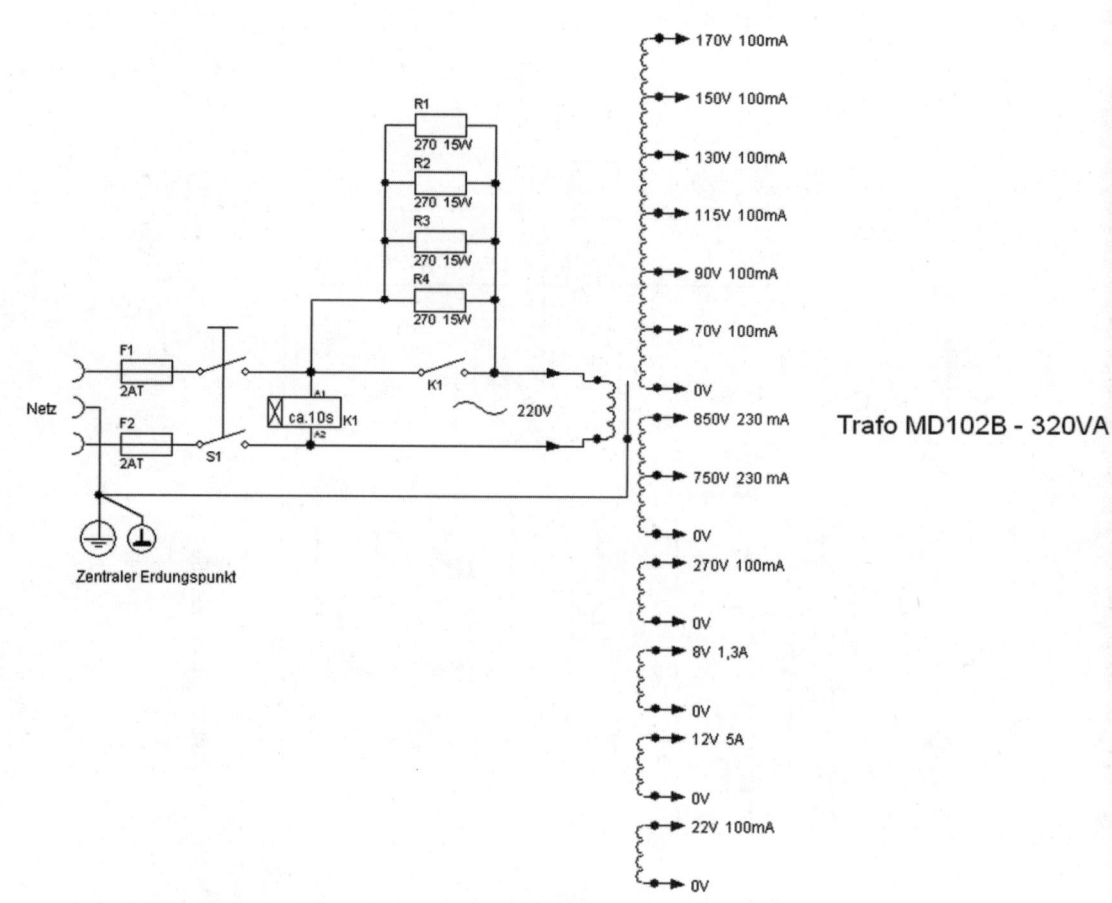

Abb. 3.3 Netztrafo und Einschaltstrombegrenzung

Die Gehäuse bestehen aus 3 mm dicker, fester Alu-Legierung und sind mit Aluwinkeln verschraubt. Deckplatte, Hauben und Emblem sind hochglanzvernickelt, der Umlauf besteht aus Star-Galaxy-Granit. Die Anodenkappen bestehen aus Teflon. Es ist ratsam, eine überlegte Masseführung mit reichlich Querschnitt zu realisieren. Werden dann noch Metallschicht- bzw. Metalloxydwiderstände verwendet, ist der Verstärker absolut frei von Störgeräuschen.

3.1 Eintaktmonos mit RS282, RS291, 845

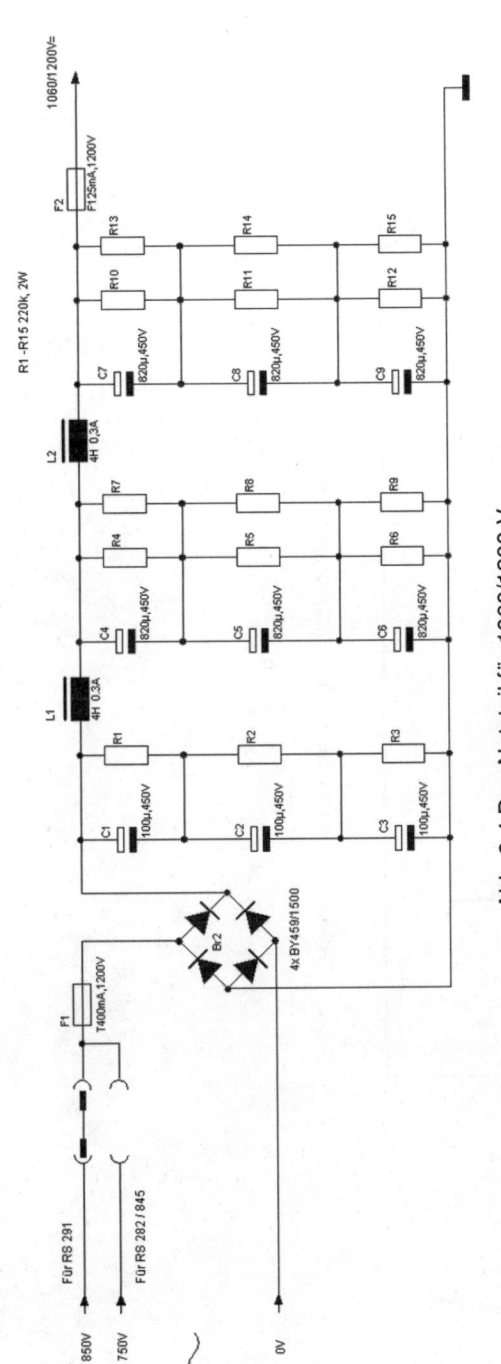

Abb. 3.4 Das Netzteil für 1060/1200 V

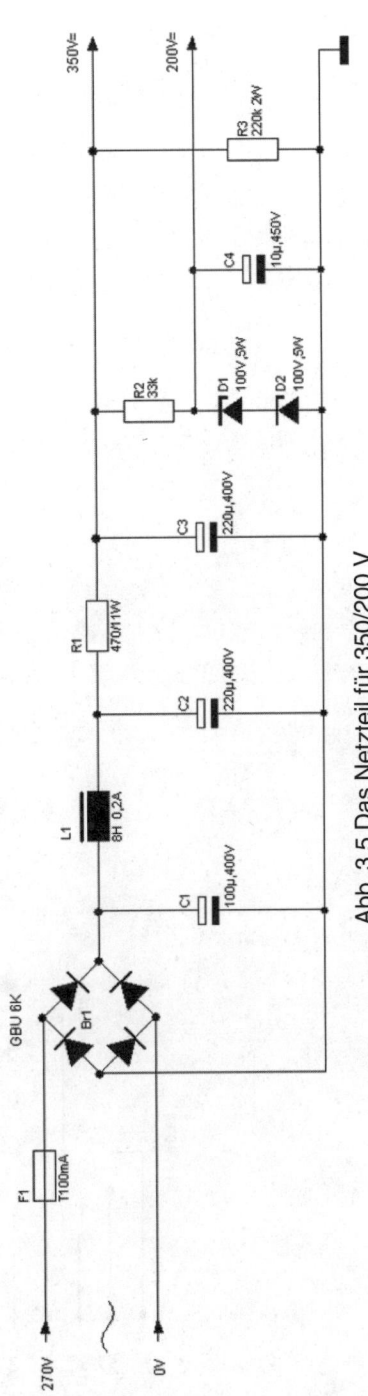

Abb. 3.5 Das Netzteil für 350/200 V

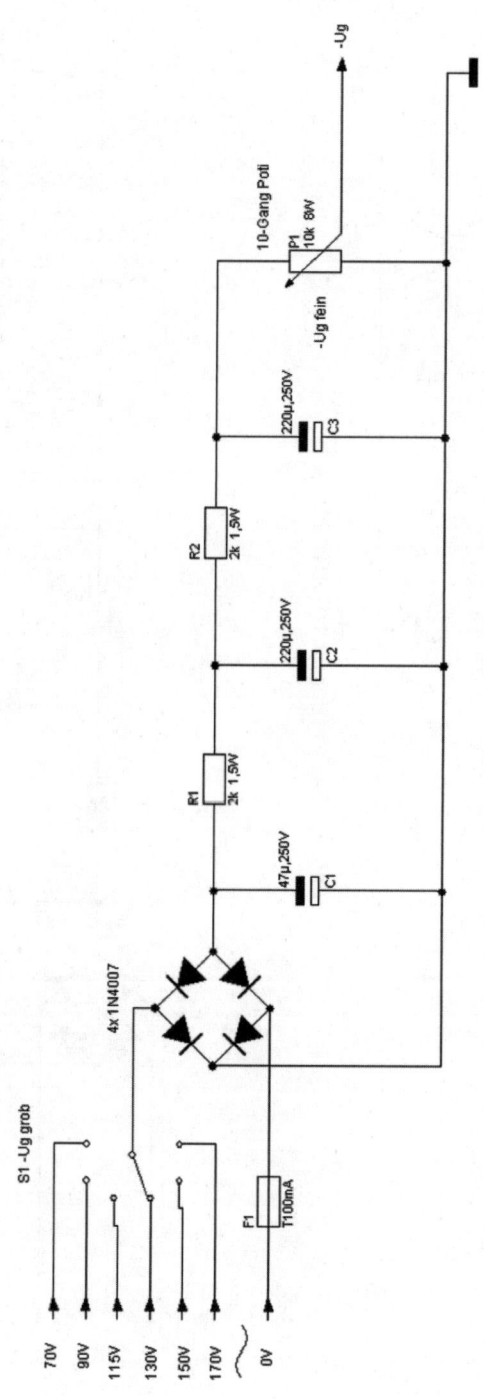

Abb. 3.6 Das Netzteil für die Gittervorspannung

3.1 Eintaktmonos mit RS282, RS291, 845

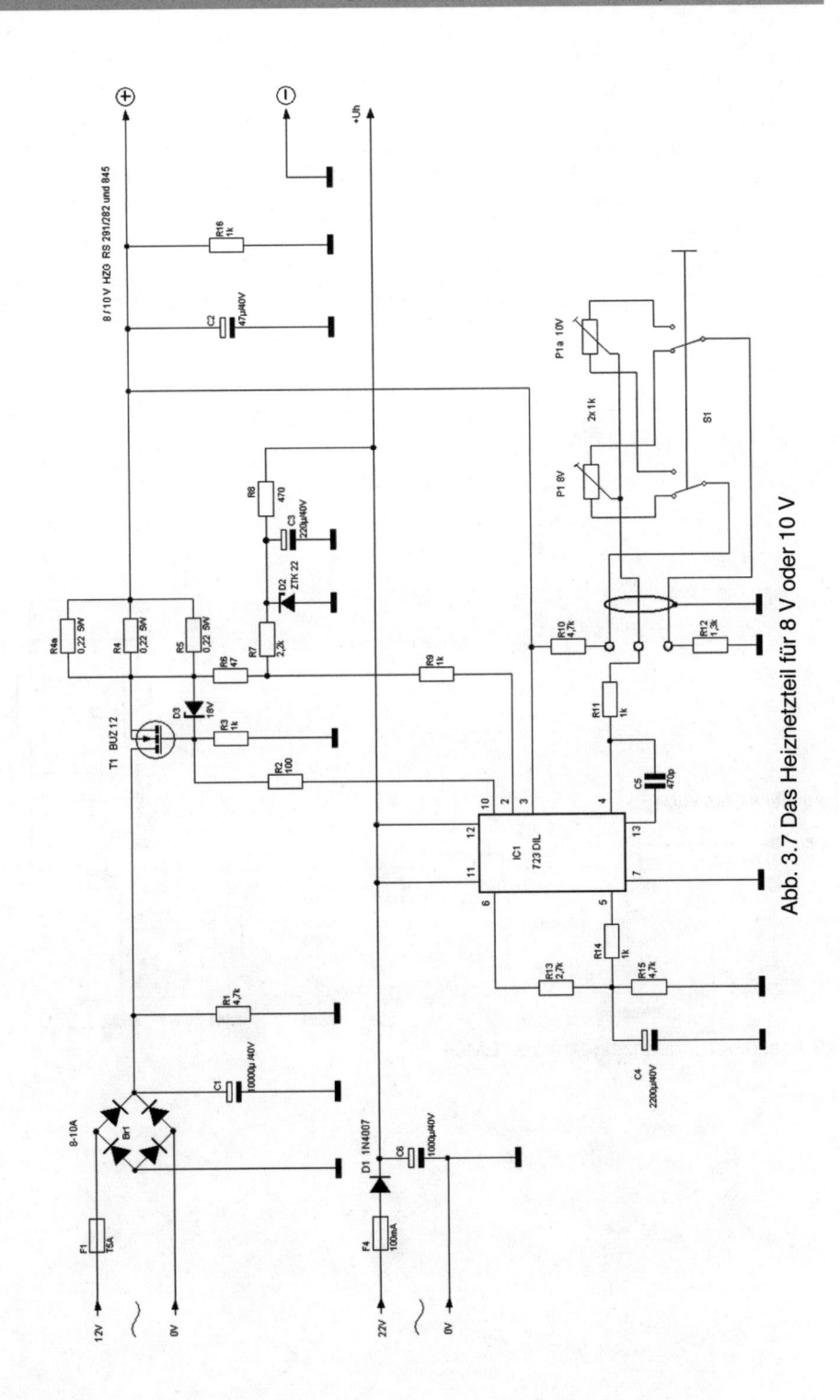

Abb. 3.7 Das Heiznetzteil für 8 V oder 10 V

3 Leistungsverstärker mit Senderöhren

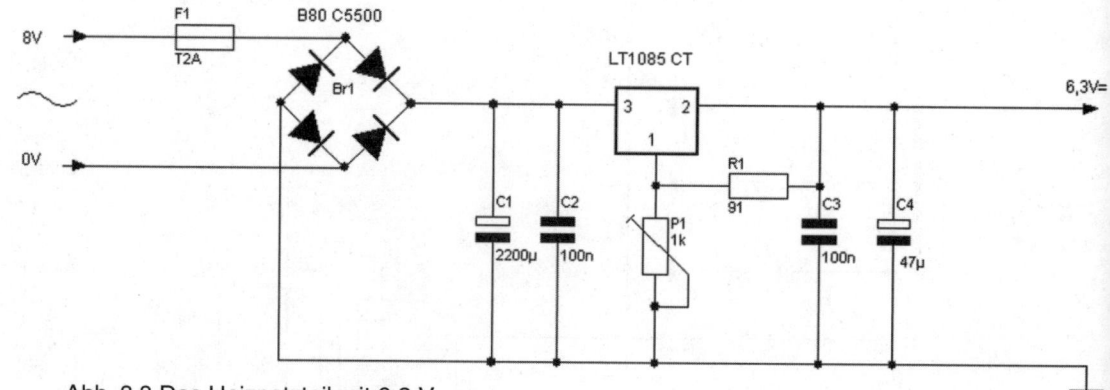

Abb. 3.8 Das Heiznetzteil mit 6,3 V

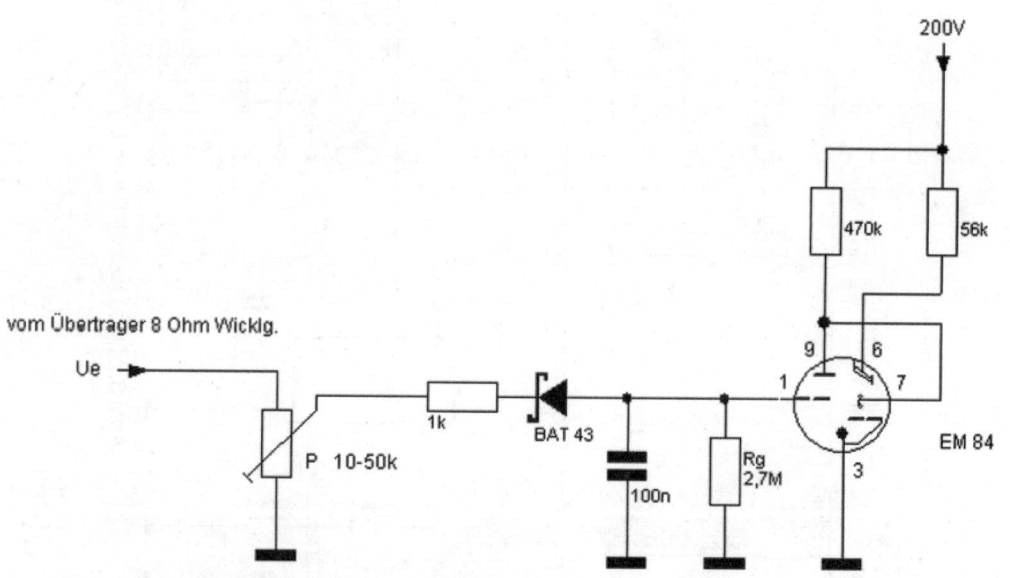

Abb. 3.9 Aussteuerungsanzeige mit der EM84

3.1 Eintaktmonos mit RS282, RS291, 845

Abb. 3.10 Die fertigen Verstärker

Abb. 3.11 Innenansichten

3.2 SE-Amp mit der GU50

Dieser Eintakt-Verstärker von Sven Bolte verwendet die russische GU50. Sie ist eine Weiterentwicklung der Wehrmachtsröhre LS50 und entspricht weitgehend den zivilen Nachfolgetypen P50, SRS552 oder EL152. Eigentlich ist diese Röhre eine Senderöhre, sie eignet sich aber auch hervorragend für den NF-Betrieb und wurde schon in den 40er Jahren so eingesetzt. Der Verstärker leistet etwa 8 W pro Kanal, was genügt, um auch normale Boxen ohne besonders guten Wirkungsgrad anzutreiben.

Die GU50 wurde wie ihre deutsche Schwester in eine Art Patronenfassung eingesetzt und besitzt einen Blechdeckel mit Griff zum Herausziehen sowie eine Führungsnase im Glas, um sie schnell richtig herum einzusetzen. Der Blechdeckel lässt sich mit dem Seitenschneider leicht entfernen.

In diesem Verstärker wird die GU50 als Pseudo-Triode beschaltet, also das Schirmgitter mit der Anode verbunden. Dadurch sinkt die Ausgangsleistung im Vergleich zum Pentodenbetrieb, zugleich sinkt aber auch der Klirrfaktor.

Für einen Arbeitpunkt mit einer effektiven Anodenspannung von 335 V und einem Ruhestrom von 80 mA, der sich bei einer Gittervorspannung von –40 V einstellt, benötigt die Röhre einen Anpassungswiderstand von 2 kΩ. Die Qualität eines Röhrenverstärkers steht und fällt mit der Auswahl des Ausgangsübertragers. Hier wird der Typ 53.31 von Reinhöfer verwendet.

Abb. 3.12 Der Stereoverstärker mit zwei GU50

3.2 SE-Amp mit der GU50

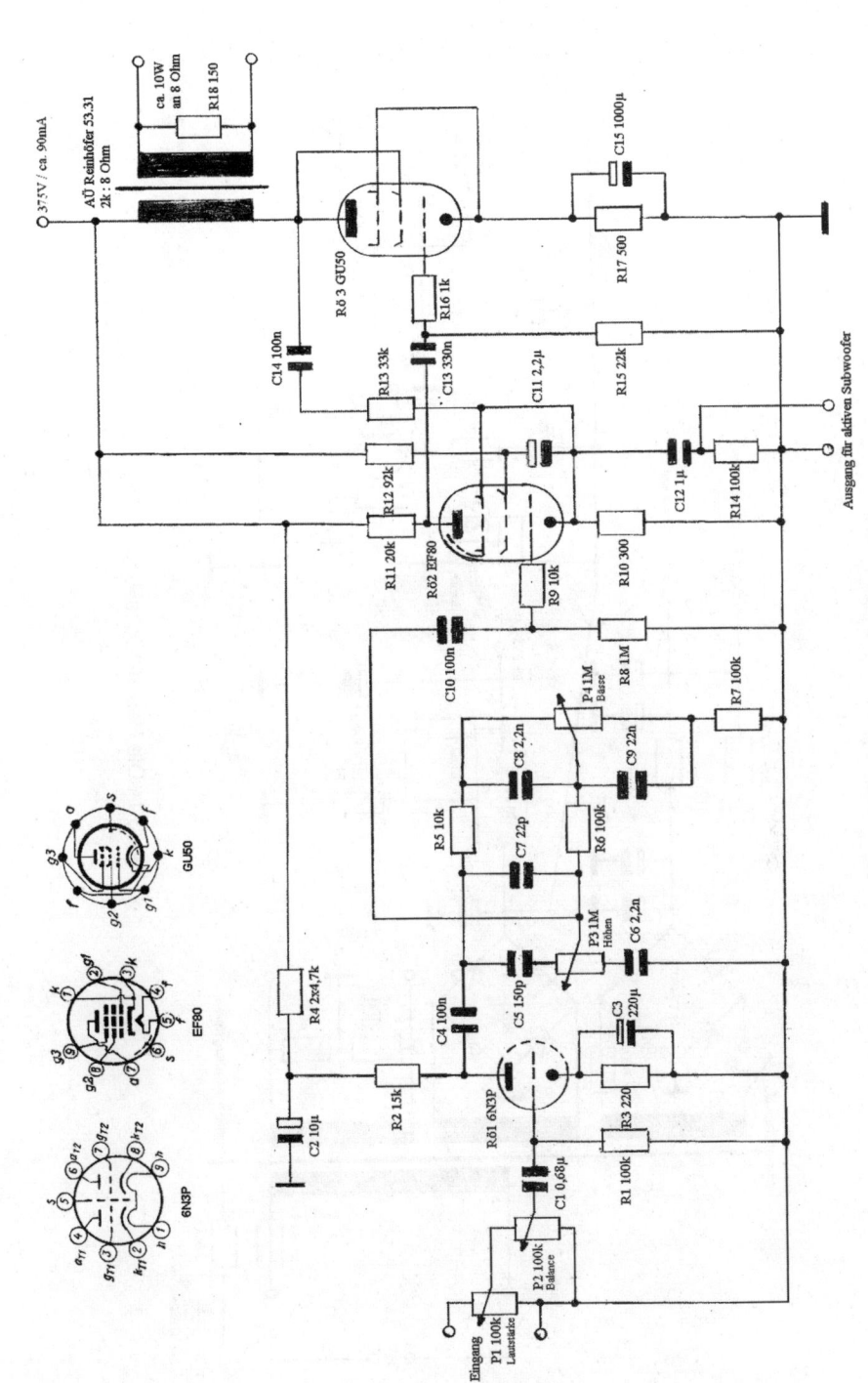

Abb. 3.13 Die Schaltung des GU50-Verstärkers

3 Leistungsverstärker mit Senderöhren

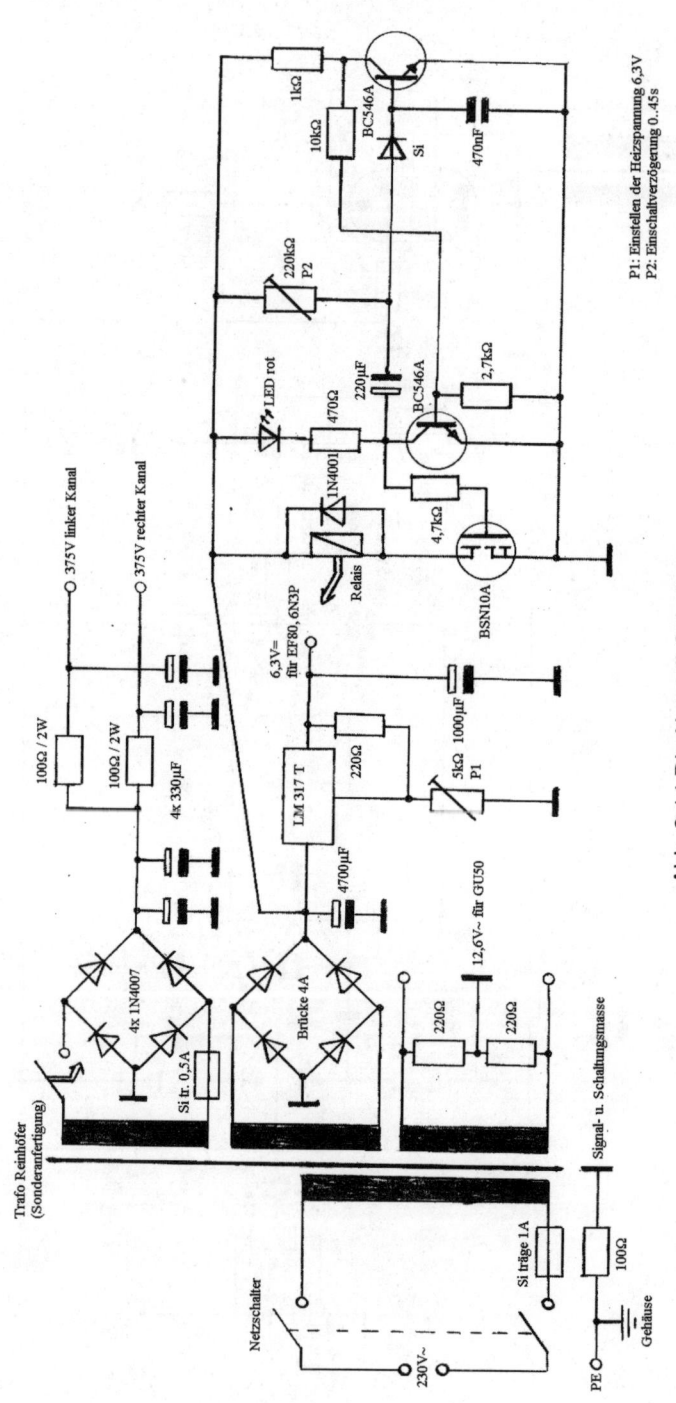

Abb. 3.14 Die Netzteil-Schaltung

Das Datenblatt weist auf einen Gitterwiderstand von maximal 20 kΩ hin. Auch wenn sich diese Werte in erster Linie auf den Sendebetrieb beziehen, hat sich bei ersten Versuchen gezeigt, dass es dem Klang zugute kommt, diesen Schaltungsteil sehr niederohmig auszulegen. Deshalb fiel die Wahl auf die EF80, die sich gut eignet, um niederohmige Lasten zu treiben.

Der Koppelkondensator C13 muss recht groß ausgelegt werden, damit in Kombination mit dem folgenden R15 die tiefen Töne nicht zu sehr beschnitten werden. Die Grenzfrequenz berechnet sich als $f = 1/(2 \pi R C)$, hier also etwa 20 Hz.

Da noch eine Klangstellstufe eingesetzt werden sollte, reichte die Gesamtverstärkung zunächst nicht aus. Deshalb kam noch eine Vorverstärkerstufe mit einer halben 6N3P (ähnlich ECC 85) pro Kanal hinzu. Hier könnte man fast jede andere gängige Doppeltriode einsetzen.

Der Lautstärkeregler und der Balanceregler, ein gegenläufig beschaltetes Stereo-Poti, und auch die Klangregelung sind gängiger Standard. Ungewöhnlich ist vielleicht die lokale Rückkopplung von der Anode der Endröhre auf die Kathode der Vorstufe. Dieses Konzept wurde aus Otto Diciols Buch „NF-Verstärker Praktikum" übernommen. Der Widerstand R13 bestimmt den Gegenkopplungsgrad und wurde empirisch ermittelt. Der Kondensator C14 ist relativ klein, so dass unterhalb von 50 Hz nicht mehr voll gegengekoppelt wird. Die so herbeigeführte Anhebung der tiefen Töne kommt dem Klang zugute.

Das Netzteil verwendet eine einfache Siebung über RC-Glieder. Ein Monoflop sorgt für eine 30-sekündige Einschaltverzögerung, um eine Überspannung an den Ladeelkos während der Aufwärmphase der Röhren zu vermeiden. Beim Anschalten leuchtet zunächst die rote LED. Erst nach 30 Sekunden schaltet sich der Verstärker ein. Gleichzeitig erlischt die rote LED, und die blaue LED des Kanalwählers leuchtet.

Die GU50 werden mit 12,6 V Wechselspannung geheizt, für die EF80 und die 6N3P gibt es eine stabilisierte Gleichspannung. Die Anodenspannung wird mit einer Graetz-Brücke gleichgerichtet und zunächst mit 660 µF gepuffert. Es folgt für jeden Kanal ein RC-Glied mit 100 Ω und 330 µF. Diese Maßnahmen setzen den Brummpegel soweit hinunter, dass er praktisch unhörbar wird.

3.3 SE-Amp mit der 6C19

Die russischen Triode 6C19 ist der ideale Treiber für Lautsprecher mit hohem Wirkungsgrad, beispielsweise Alnico-Typen. Diese Noval-Röhre hat etwa die Größe einer EL84. Sie besitzt ein Zirkonium-Getter, deshalb sieht man nicht den gewohnten silbrigen Getter-Spiegel.

Hier sollen die schaltungstechnischen Möglichkeiten dieser Röhre vorgestellt werden. Von Arkadi Dolinski stammt die folgende Schaltung eines SE-Verstärkers mit zwei parallel geschalteten 6C19, sowie die Daten des Ausgangsübertragers und die Schaltung des Netzteils. Der geistige Vater dieser Schaltung ist Anatoli Markov. Die in der Schaltung verwendete Treiberröhre 6SH11 liefert die für die 6C19 erforderliche hohe Verstärkung.

68 3 Leistungsverstärker mit Senderöhren

Abb. 3.15 Die Verdrahtung

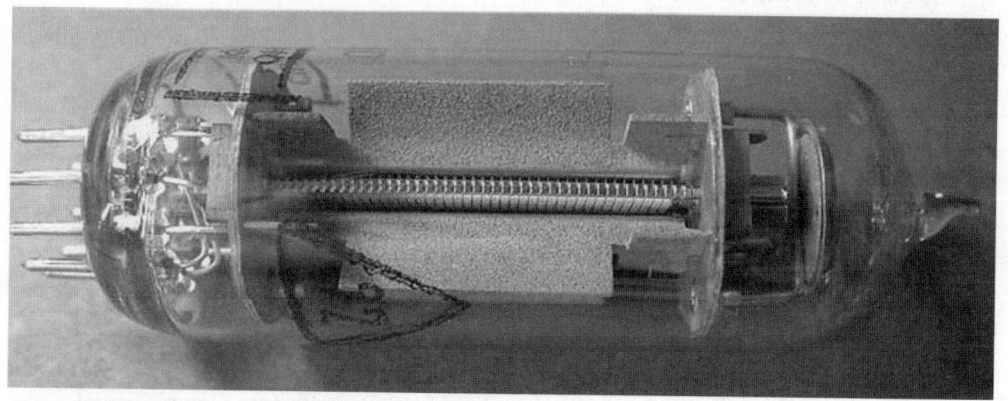

Abb. 3.16 Die Leistungstriode 6C19N

3.3 SE-Amp mit der 6C19

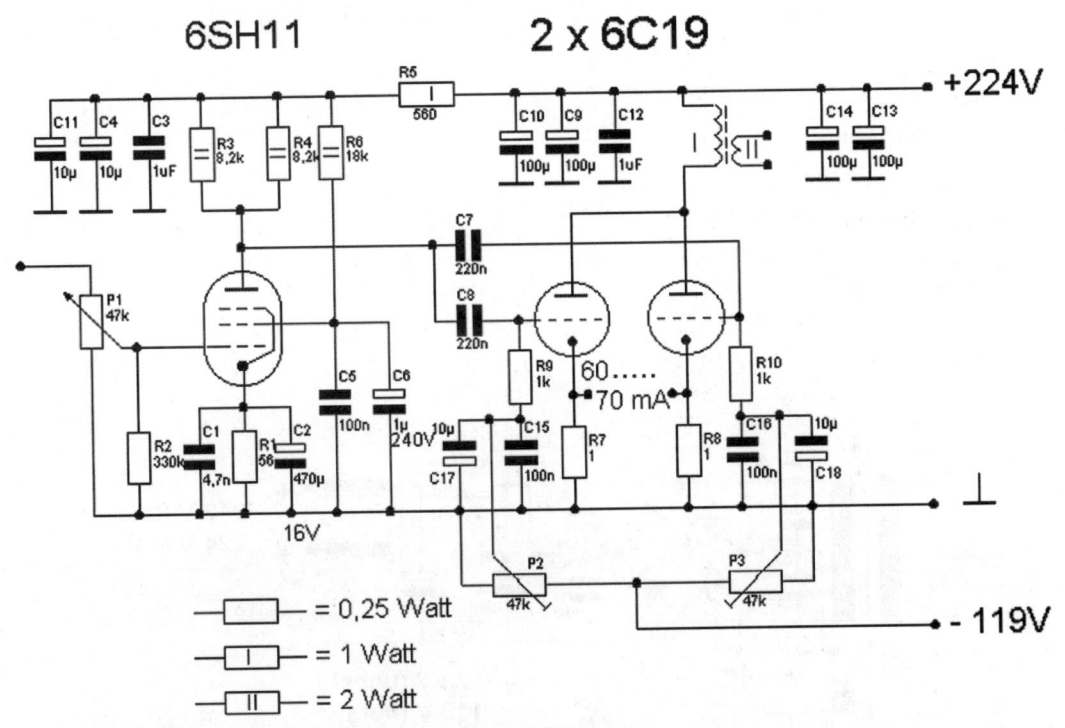

Abb. 3.17 Eintaktendstufe mit zwei parallelen 6C19

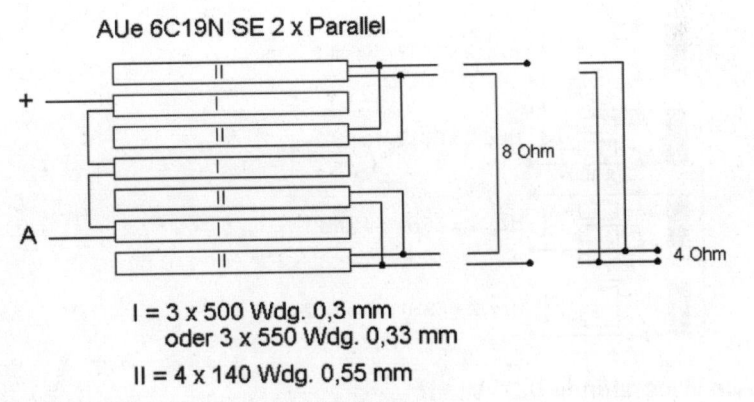

Abb. 3.18 Wickelschema des Ausgangsübertragers

Abb. 3.18 zeigt den Aufbau des Ausgangsübertragers mit einem Schnittbandkern-Trafo mit nur einem Wicklungskörper. Die Kerngröße entspricht etwa EI-84b.

3 Leistungsverstärker mit Senderöhren

Das Netzteil nach Abb. 3.19 verwendet zwei Drosseln mit je 2,3 H / 0,2 A. Der Netztrafo hat folgende Daten:

Primär:
230 V Netzspannung.

Sekundär:
2 Wicklungen mit je 59,5 V, 0,5 A
2 Wicklungen mit 43,5 V, 0,38 A
2 Wicklungen mit 6,4 V, 4,7 A
1 Wicklung mit 6,4 V, 1,5 A
1 Wicklung mit 6,4 V, 0,3 A.

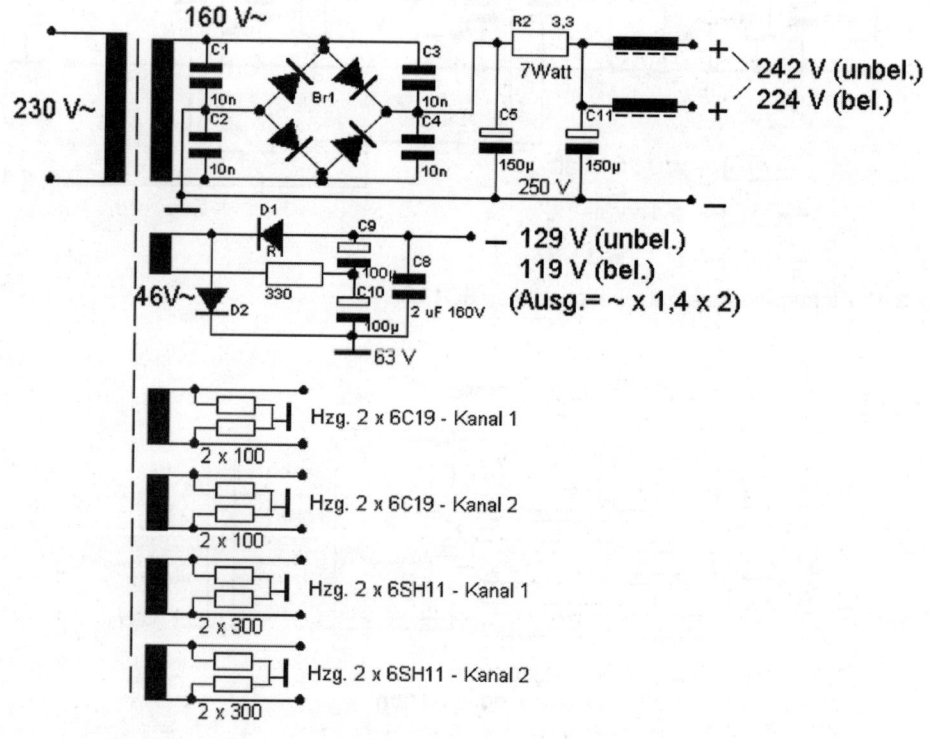

Abb. 3.19 Das Netzteil

3.4 Eintaktendstufe mit 811A

Von Johannes Schmitz stammt dieser Schaltungsvorschlag für eine Klasse-A-Endstufe mit der Senderöhre 811A. Diese schöne und sehr große Röhre sollte für Audiozwecke eingesetzt werden, obwohl dabei einige Schwierigkeiten zu überwinden waren. Der Verstärker liefert ca. 9 Watt an einen Lautsprecher mit 6 Ohm.

Die erste Schwierigkeit besteht darin, dass es sich bei der 811A um eine direkt beheizte Triode handelt. Jede Röhre braucht 6,3 V und 4 A. Wechselstromheizung bereitet Probleme, da das Brummen am Ausgang nur mit Mühe beseitigt werden kann. Ein Gleichstrom-Heiznetzteil mit insgesamt 8 A für einen Stereoverstärker bedeutet viel Aufwand. Die Lösung bestand darin, für den Probeaufbau ein Computer-Schaltnetzteil so zu modifizieren, dass der 5-V-Ausgang 6,3 V liefert. Auch das Netzteil für die Anodenspannung wurde vollständig aus vorhandenem Material aus der Bastelkiste aufgebaut.

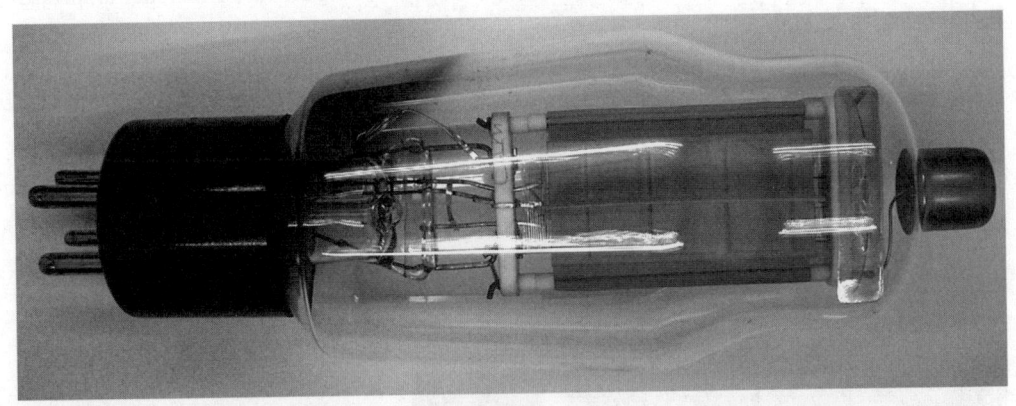

Abb. 3.20 Die Senderöhre 811A

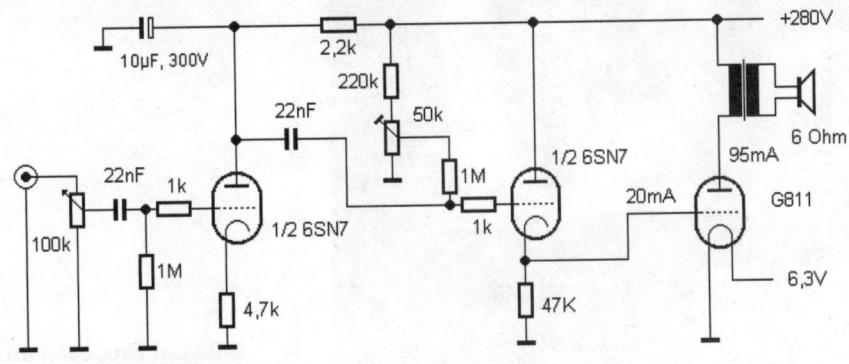

Abb. 3.21 Die Verstärkerschaltung

Abb. 3.22 Das Netzteil

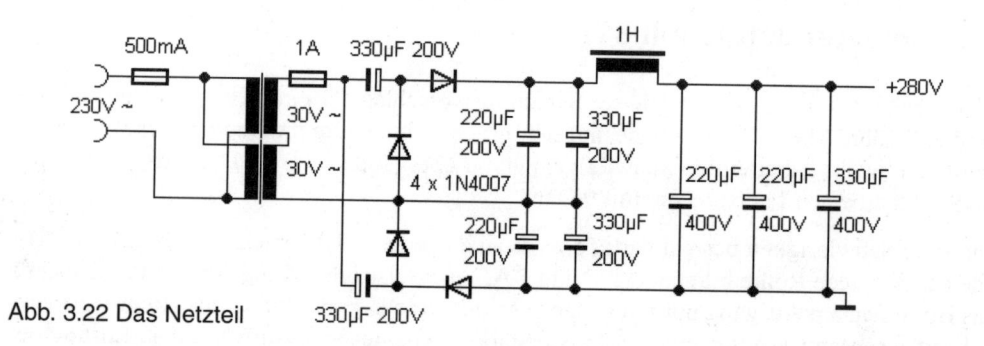

Die zweite Schwierigkeit bestand darin, dass diese Röhre für eine hohe Anodenspannung von ca. 1 kV gebaut wurde. Viel Spannung und wenig Anodenstrom bedeutet einen hohen Ausgangswiderstand. Deshalb konnte nur ein sehr teurer Spezialübertrager eingesetzt werden. Die Endstufe sollte daher mit weniger Spannung um 300 V arbeiten. So konnte der Ausgangsübertrager AT1 von Sat-Schneider (vgl. Kap. 9.4) eingesetzt werden, der ursprünglich für die EL34 konzipiert war.

Bei der geringeren Anodenspannung zeigt die Röhre bei einer Gitterspannung von 0 V einen Anodenstrom von 0 mA. Damit überhaupt Anodenstrom fließt, muss das Gitter positiv vorgespannt werden. Und dabei fließt auch reichlich Gitterstrom. Über einen weiten Bereich beträgt der Gitterstrom etwa 20% des Anodenstroms. Die Röhre hat in diesem Arbeitspunkt praktisch eine fünffache Stromverstärkung. Deshalb wird eine kräftige Treiberstufe benötigt. Die 6SN7GT bringt den nötigen Steuerstrom von 20 mA. Die Treiberstufe ist als Kathodenfolger geschaltet. Der Arbeitspunkt wird mit einem Trimmer so eingestellt, dass der Anodenstrom gerade 95 mA beträgt. Die andere Hälfte der 6SN7GT bildet die Vorstufe und liefert die erforderliche Spannungsverstärkung.

Abb. 3.23 Der Probeaufbau mit Computernetzteil

Das experimentell aufgebaute Netzteil verwendet zwei Netztrafos mit 30 V, 42 W. Die Anodenspannung entsteht in einer Vervierfacherschaltung mit vier Siliziumdioden und sieben Elkos, die teilweise aus alten Computernetzteilen stammen. Für brummfreien Betrieb war außerdem eine Siebdrossel mit einer Induktivität von 1 H bei 200 mA erforderlich.

Eine Besonderheit der Senderöhre 811A ist das helle Leuchten des Heizfadens. Aber auch der Klang überzeugt durch Lautstärke, Transparenz und gute Tiefenwiedergabe.

3.5 Der SYNOLA SE 509

Dieser Eintaktverstärker mit der PL509 oder EL509 wurde von Reinhard Seyer entwickelt. Der Verstärker hat eine Ausgangsleistung von ca. 8 W. Die Zeilenendröhre EL509 ist für normale Audioschaltungen nicht optimal geeignet, wird aber hier in einer angepassten Schaltung mit großem Erfolg eingesetzt.

Die Röhren EL509 bzw. EL519, Höhepunkt und Abschluss der Röhrentechnik zugleich, sind sehr robuste Beam-Power-Tetroden, die in der ersten Generation der Farbfernsehgeräte ihre Standfestigkeit in der Horizontal-Ablenkstufe bewiesen haben. Für Audio Zwecke in herkömmlicher Schaltungsart sind sie auf Grund ihrer Konstruktion nur bedingt zu empfehlen.

Beim Synola SE 509 werden die Endröhren so beschaltet, dass sie mit triodenähnlichen Eigenschaften überzeugen. Außerdem kann auf Kondensatoren im Signalweg jeglicher Art verzichtet werden. Im Verstärker befinden sich also nur noch Kondensatoren im Netzteil als Lade- und Siebkondensatoren.

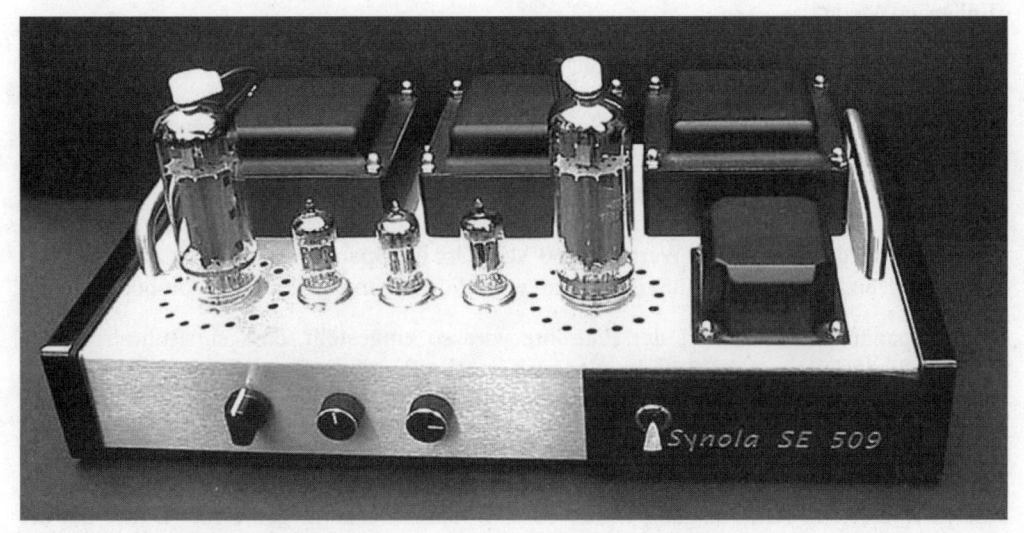

Abb. 3.24 Der Synola SE 509

3 Leistungsverstärker mit Senderöhren

Abb. 3.25 Die Schaltung des SE-Verstärkers

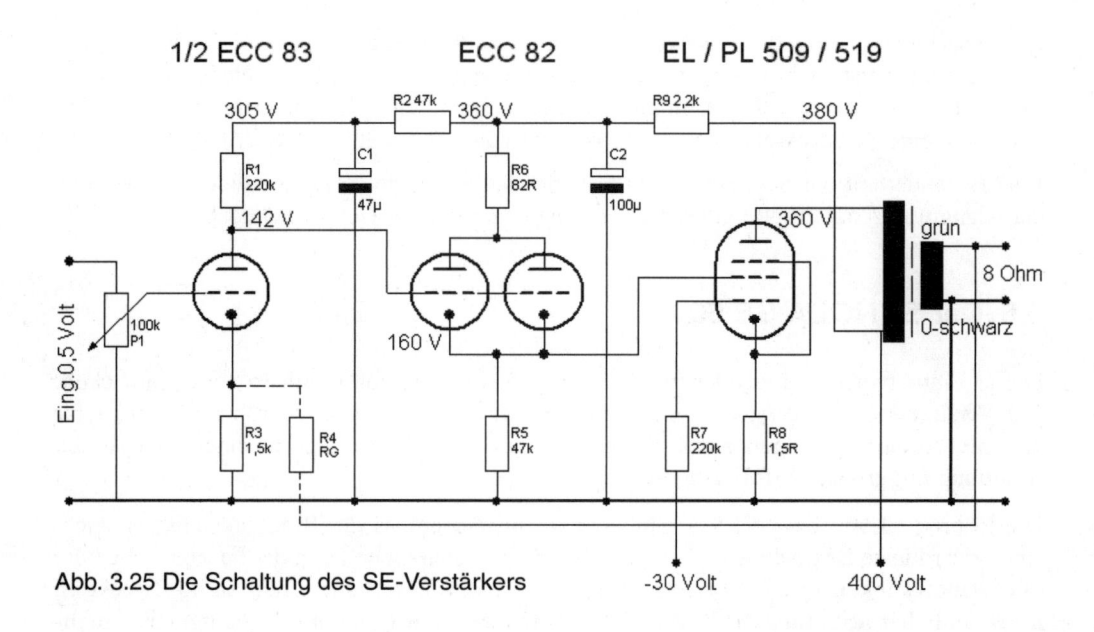

Beim Synola SE 509 Verstärker handelt es sich um einen dreistufigen Eintaktverstärker, bei dem in der letzten Stufe die Funktionen des Schirmgitters mit dem Steuergitter vertauscht wurden. Über die Spannungen am Steuergitter und an der Kathode wird der Anodenstrom für Klasse A eingestellt. Die zu verstärkende Signalspannung wird dem Schirmgitter zugeführt. Man spricht in diesem Zusammenhang von Schirmgitter-Modulation oder auch von „Enhanced Mode".

Zur Spannungsverstärkung wird pro Kanal eine halbe Doppeltriode ECC83 benutzt. Auf den üblichen Kathodenkondensator wurde verzichtet, so dass eine frequenzunabhängige stabile Stromgegenkopplung erfolgt. Der Siebwiderstand von 47 kΩ wurde so gewählt, dass sich eine Anodenspannung von 140–145 V einstellt. Diese Spannung gelangt an beide Gittern der folgenden ECC82, die als Kathodenfolger den nötigen Strom für die Schirmgitter der Endröhre liefert. Die Kathodenspannung der ECC82 regelt sich durch den Kathodenwiderstand von 47 kΩ auf den benötigten Wert von 160 Volt. Um die Spannungsfestigkeit zwischen Kathode und Heizfaden nicht zu überschreiten, wird die Heizung auf ca. 100 Volt hochgelegt.

Die Vorspannung am Gitter 1 der Endröhre wird so eingestellt, dass ein Ruhestrom von 100 mA fließt. Dieser Arbeitspunkt wird sich in aller Regel im Bereich von 30 bis 35 Volt Biasspannung einstellen. Über den Spannungsabfall am Kathodenwiderstand von 2 Ω kann der Strom gemessen werden.

Bei 400 Volt Betriebsspannung und 100 mA Strom ist die erlaubte Verlustleistung der Röhre von 40 W erreicht. Am Ausgang wurde ca. 8 W Sprechleistung gemessen. Damit hat die EL509, wie andere übliche SE-Endröhren auch, einen Wirkungsgrad von 20 bis 25%.

3.5 Der SYNOLA SE 509

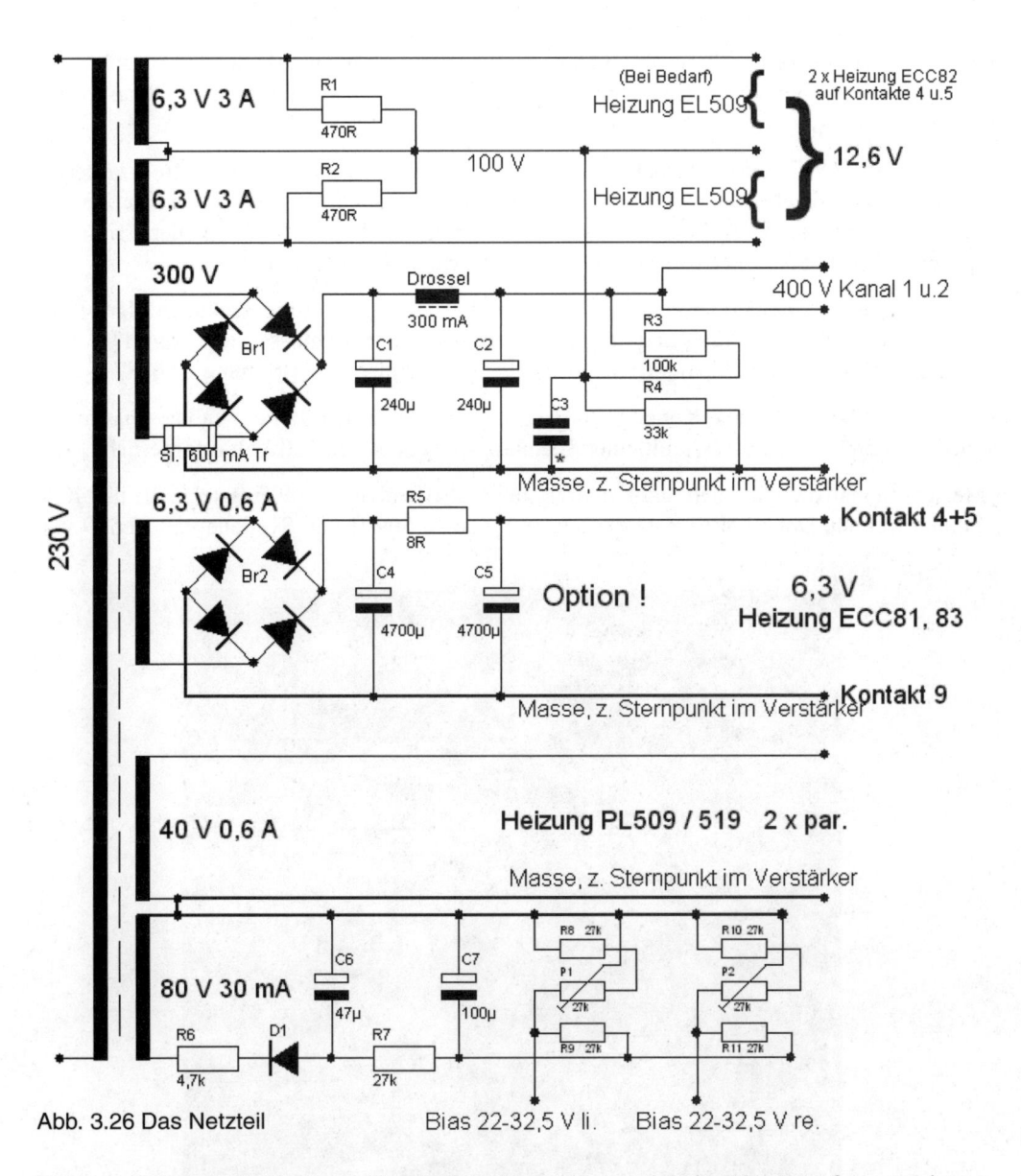

Abb. 3.26 Das Netzteil   Bias 22-32,5 V li.   Bias 22-32,5 V re.

Der vorgesehene, speziell von Reinhöfer-Electronic entwickelte Netztransformator ist so ausgelegt, dass sowohl E-Endröhren mit 6,3 V Heizspannung, als auch P-Röhren mit 40 V versorgt werden können. Von gemischter Endröhrenbestückung ist allerdings abzuraten.

Die Vorröhre ECC83 hat ihre eigene Heizwicklung. An Stelle der ECC83 Vorröhre kann im Interesse einer verbesserten Kanaltrennung auch eine ECC808 eingesetzt werden, wobei allerdings die andere Sockelbelegung beachtet werden muss.

Abhängig davon, welcher Endröhrentyp verwendet wird, ist die verbleibende Heizspannung für die hochgelegten ECC82 zu verwenden. Beide Schaltungsvarianten findet man in den Netzteil-Plänen.

Die neue EL509-II mit Oktalsockel ohne Anodenkappe Svetlana besitzt einen erweiterten Gitter 1 Bias-Einstellbereich, der über die vorgesehene 32,5 Volt hinausgehen kann. In diesem Falle ändert man das Verhältnis der beiden Widerstände mit 27 kΩ vor den Trimmern z.B. auf. 12 kΩ und 39 kΩ, sodass die Summe von ca. 54 kΩ erhalten bleibt.

Um Brummen zu meiden, ist beim Höherlegen der Heizungen für die Kathodenfolger-Röhren auf die in der Schaltung angeführte Reihenfolge der Anschlüsse zu achten. Die zwei Heizungswicklungen werden in Reihe geschaltet, liefern also in der Summe 12,6 V.

Der mit * gekennzeichnete Kondensator ist nicht zwingend erforderlich. Falls es zu Störgeräuschen kommt, ist ein Elko mit einer Spannungsfestigkeit von 160 Volt erforderlich.

Meist wird man die gängigen und preiswert zu beschaffenden PL509 einsetzen, die mit 40 V geheizt werden. Doch bei Einsatz der neuen Typen EL509-II von Svetlana und EL509 von

Abb. 3.27 Die neuen EL509 mit Oktalsockel

3.5 Der SYNOLA SE 509

Abb. 3.28 Der Synola SE 509 mit der EL509 von Svetlana

JJ im Oktalsockel ohne Anodenkappe müssen die 6,3-V-Wicklung für die Endröhren verwendet werden. Die Heizung der beiden ECC-Röhren erfolgt dann aus der 40-Volt-Wicklung. Die Röhrenheizungen werden in Reihe betrieben und benötigen zusammen 25,2 Volt. Zwei zusätzliche Widerstände von 47 Ω/ 2 W sorgen für einen Spannungsabfall von 14,8 V. Das Foto in Abb. 3.27 zeigt zwei der neu entwickelten EL509, links die von JJ, rechts die von Svetlana.

4 Lowpower-Röhrenverstärker

Es muss nicht immer die maximale Ausgangsleistung sein, wenn es um interessante Audioprojekte geht. Besonders kleine Bauweise, geringe Anodenspannung oder spezielle Verzerrer-Effekte lassen sich mit erstaunlich geringem Aufwand realisieren. Oft sind es gerade die ganz einfachen Schaltungen, die zum Nachbau anregen.

4.1 Kopfhörerverstärker GI30

Dieser Kopfhörerverstärker mit einer Senderöhre GI30 wurde von Arthur Rudolph für den Musik-Einsatz mit CD-Player, Satelliten-Radio und MP3-Player entwickelt. Mit dem Verstärker wurden ein NAD-6D-Kopfhörer mit 100 Ohm und ein AKG K141 mit 600 Ohm verwendet.

Abb. 4.1 Der Kopfhörerverstärker im Netzteilgehäuse

4.1 Kopfhörerverstärker GI30

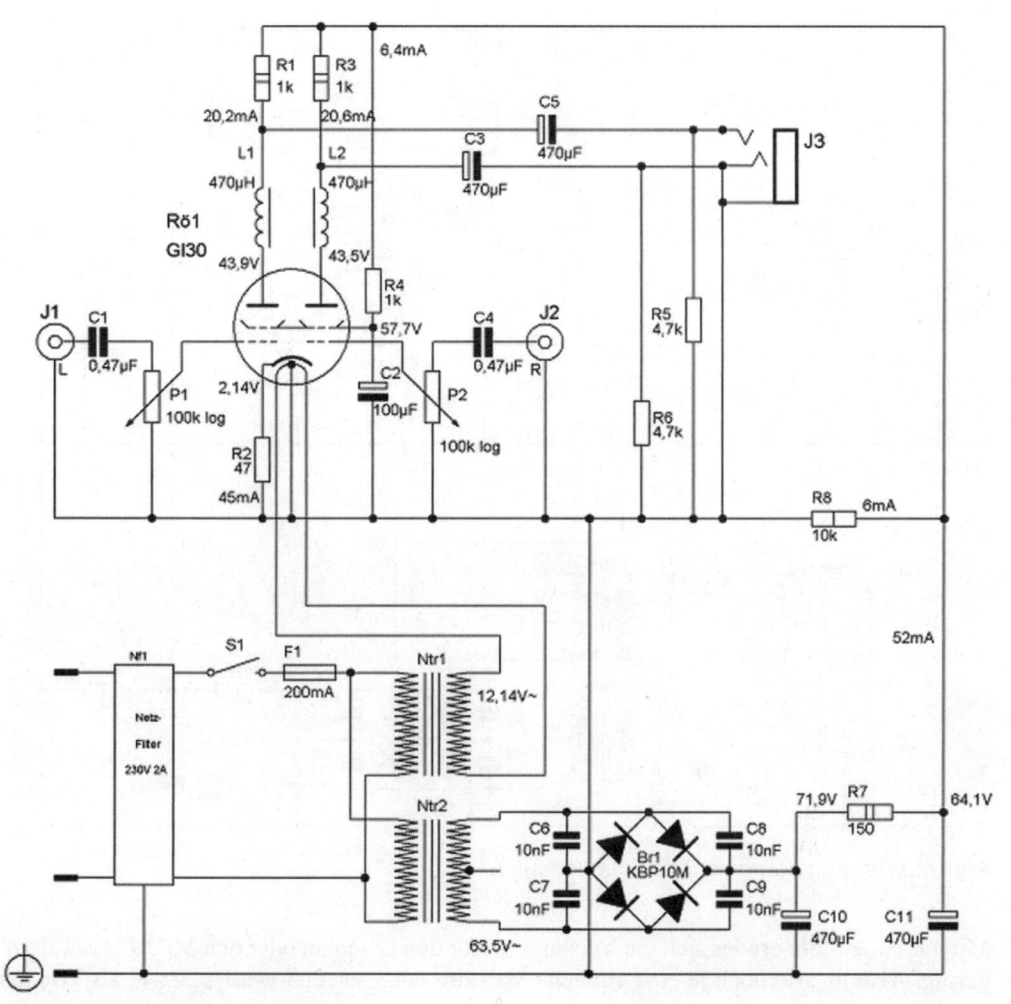

Abb. 4.2 Der einstufige Verstärker

Der Verstärker sollte in einem alten PC-Netzteil-Gehäuse Platz finden und möglichst mit Teilen aus der Bastelkiste auskommen. Ein 12-V- und ein 60-V-Printtrafo passten ins Gehäuse. Ein Versuch mit der Senderöhre GI-30 ergab bei ca. 60 V Anodenspannung zunächst wilde Schwingungen im 60-MHz-Bereich. Nach Einfügen von Drosseln unmittelbar an den Anodensteckern arbeitete der Verstärker stabil und brachte brauchbare Resultate mit beiden Kopfhörern.

4 Lowpower-Röhrenverstärker

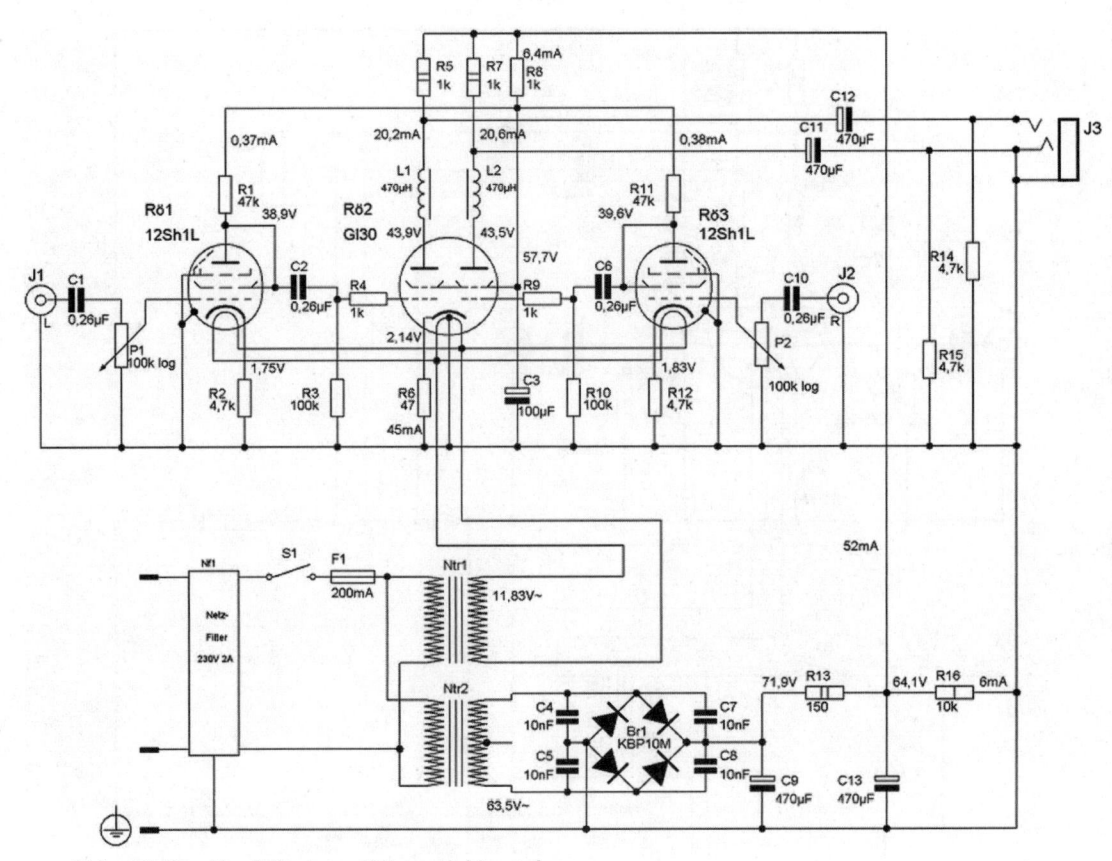

Abb. 4.3 Der Kopfhörerverstärker mit Vorstufen

Mit nur einer Stufe erwies sich die Verstärkung für den Discman oder den MP3-Player als zu gering. Also musste noch je eine einfache Vorstufe vorgeschaltet werden. Zwei als Trioden geschaltete 12Sh1L lösten das Problem.

Die niedrige Betriebsspannung hat den Vorteil, dass man mit 100-V-Elkos auskommt, die nicht viel Platz beanspruchen. Ein zusätzlicher Lastwiderstand mit 10 kΩ begrenzt die Spannung bei kalten Röhren und entlädt die Elkos nach dem Abschalten. Als Anodenstecker für die GI-30 dienen 1,3-mm-Steckhülsen, die mitsamt den Drosseln in einem Schrumpfschlauch isoliert wurden. Bei ca. 45 V Anodenspannung sind keine Sicherheitsprobleme zu befürchten.

Die Netztrafos sind auf einer gebohrten Pertinaxplatte aufgebaut. Sicherung, Gleichrichter, Elkos und Widerstände fanden auf einer Lötösenleiste Platz. Die Kaltgerätestecker, der Schalter und das Netzfilter im Gehäuse bieten sich ja zur Weiterverwendung an.

Poti und Buchsen kommen auf die Vorderseite, die Röhrenfassungen (Septar und Loktal) in das Gehäuseoberteil.

4.1 Kopfhörerverstärker GI30

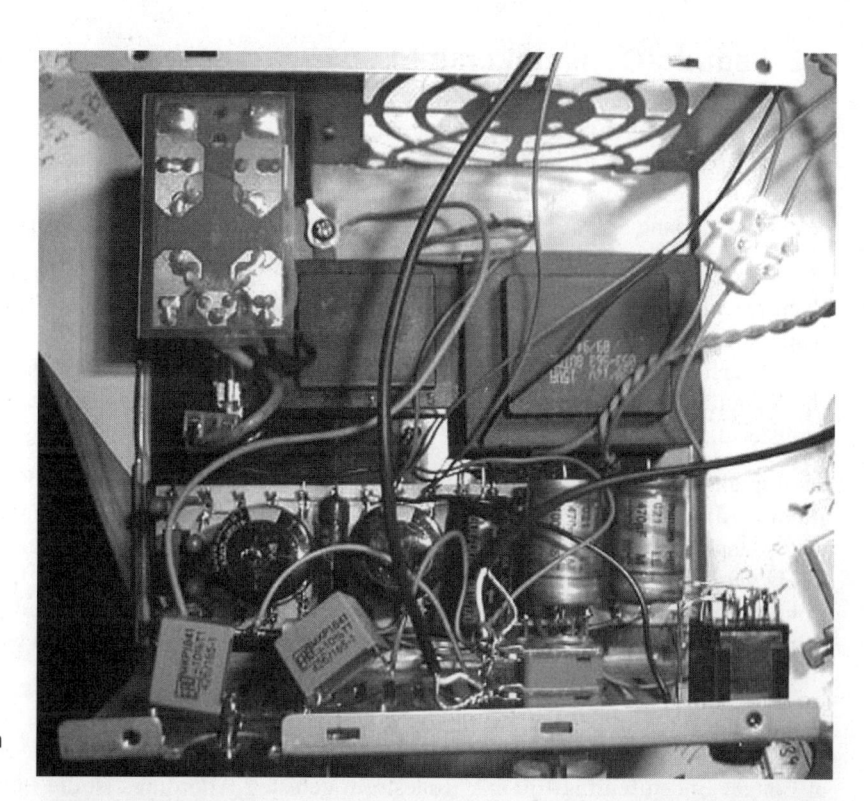

Abb. 4.4 Die Verdrahtung im Gehäuse

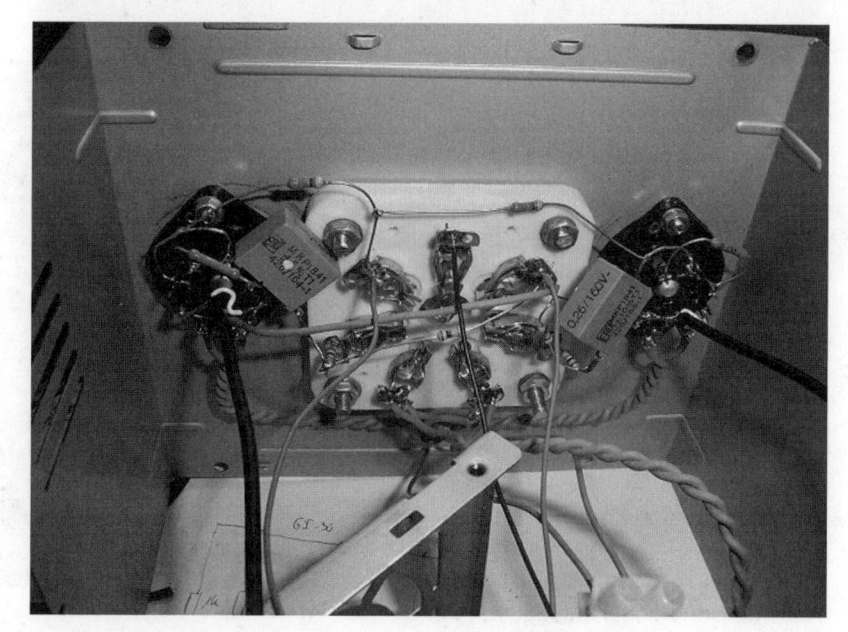

Abb. 4.5 Die Röhrenfassungen im Oberteil

4.2 Pseudo-Gegentakt mit EL504

Die hier vorgestellten Schaltungen wurden von Burkhard Kainka entwickelt, um mit relativ kleinen Spannungen und preiswerten Ausgangsübertragern relativ viel Ausgangsleistung und einen guten Klang zu erreichen. Es wird kein ausgereifter Verstärker beschrieben, sondern verschiedene Schaltungsvarianten, die zu weiteren Versuchen anregen sollen.

Der Stereo-Verstärker mit vier EL504 lief zunächst im Eintakt-Parallelbetrieb mit 60 V als Nachsetzer für eine Mini-Kompaktanlage. Da genügend Steuerspannung am Lautsprecherausgang der Anlage vorhanden war, wurde keine Vorstufe benötigt. Der Verstärker sollte nicht in erster Linie mehr Leistung bringen, sondern den Klang verbessern. Die ursprüngliche Schaltung sollte nun mit mehr Anodenspannung und im Gegentaktbetrieb mehr Ausgangsleistung bringen.

Die Eintakt-Endstufe hat schon einige Eigenschaften, die für einen guten Klang sorgen. Vor allem wird der Lautsprecher nicht bedämpft, weil die Pentodenschaltung einen hohen Innenwiderstand hat. Mit den verwendeten Lautsprechern konnte eine Resonanzüberhöhung bei 80 Hz gemessen werden, was die Tiefen gut betont. Außerdem bringt die leicht gekrümmte Röhrenkennlinie den typischen Röhrenklang. Weil der Eingang sehr niederohmig ist und keinen Koppelkondensator braucht, bleibt der Arbeitspunkt konstant, auch wenn Gitterstrom einsetzt.

Der EL504-Verstärker soll weiterhin mit preiswerten 30-W-Netztrafos mit 115+115 V: 12+12 V als Ausgangsübertrager auskommen. Diese Trafos wurden auch schon mit Erfolg in Eintakt-Endstufen bis 100 mA Ruhestrom getestet. Allerdings ist die Induktivität zu ge-

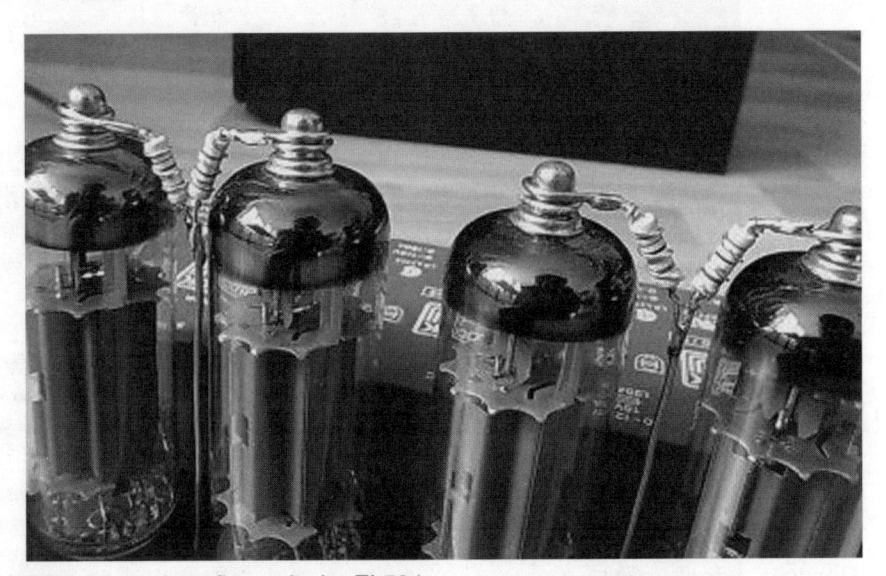

Abb. 4.6 Der Versuchsaufbau mit vier EL504

4.2 Pseudo-Gegentakt mit EL504

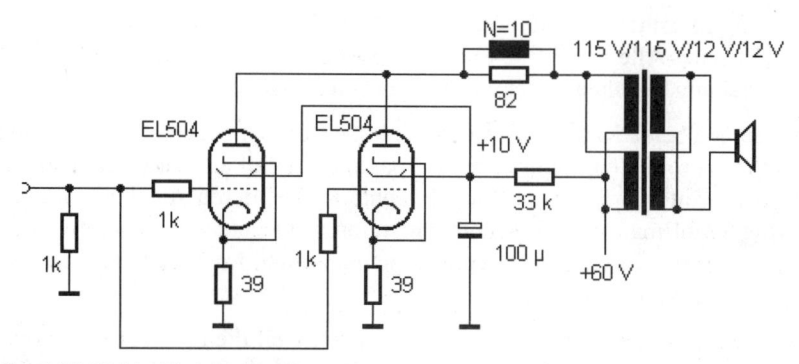

Abb. 4.7 Zwei EL504 in Eintaktschaltung

ring für eine gute Tiefenwiedergabe. Die untere Grenzfrequenz sinkt aber, wenn man den Übertrager niederohmig einsetzt, also bei relativ kleiner Anodenspannung und großem Anodenstrom, was mit Zeilenendröhren wie der EL504 problemlos möglich ist (vgl. Kap. 9.4).

Bei eisenlosen Endstufen kennt man die Variante, dass eine Röhre nur als Stromquelle mit möglichst hohem Innenwiderstand arbeitet. Das Prinzip funktioniert auch mit einem Übertrager. Die rechte Röhre bildet nur ein Gegengewicht zur linken, trägt aber nicht zur Verstärkung bei. Das bringt zwei Vorteile: Erstens hebt sich die Magnetisierung im Kern auf, und zweitens wird ein mögliches Brummen der schlecht gesiebten Anodenspannung kompensiert. Ansonsten ist es aber immer noch eine Eintakt-Endstufe.

Diese Schaltung wurde mit einer Anodenspannung von 120 V getestet. Nun sind größere Kathodenwiderstände möglich. Die Röhren arbeiten mit einer Gittervorspannung von –6 V und einem Anodenstrom von ca. 30 mA pro Röhre. Die Schaltung verhält sich immer noch

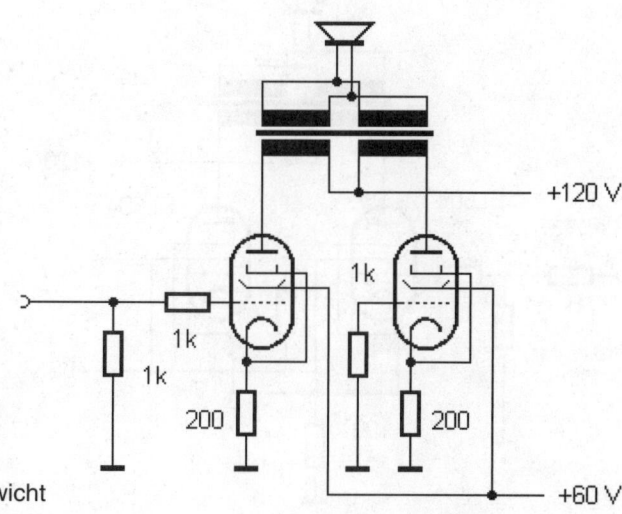

Abb. 4.8 Eine Röhre als Gegengewicht

wie eine Eintakt-Endstufe, ist aber besonders brummfrei. Im Netzteil kommt ein Trafo mit 2 * 24 V zum Einsatz. Alle vier EL504 werden in Reihe an 24 V geheizt. 48 V wird in einer Verdopplerschaltung gleichgerichtet und bringt etwa 2 mal 60 V.

Verbindet man nun beide Kathoden, steuert die linke Röhre die rechte gegenphasig an. Wenn links der Anodenstrom steigt, gibt es mehr Spannungsabfall an den Kathodenwiderständen und damit mehr Gittervorspannung für die rechte Röhre, deren Anodenstrom damit sinkt. Die Schaltung kennt man von Phasenumkehrstufen in Gegentaktverstärkern. Hier wird sie jedoch in der Endstufe verwendet. Mit einem gemeinsamen Kathodenwiderstand von 100 Ω ergibt sich ein Ruhestrom von 60 mA.

Der Begriff Pseudo-Gegentakt wurde hier verwendet, weil die rechte Röhre tatsächlich geringer ausgesteuert wird als die linke. Im gewählten Arbeitspunkt beträgt die Steilheit ca. 10 mA/V. Damit wird der Eingangswiderstand der rechten Röhre als Gitterbasisverstärker Ri = 1/S = 100 Ω. Der Kathodenwiderstand hat auch 100 Ω und übernimmt damit die Hälfte des Signalstroms, d.h. die rechte Röhre erreicht nut 50 % Aussteuerung Sie ist also weiterhin in erster Linie ein Gegengewicht zur linken, hilft aber bei der Signalverstärkung etwas mit.

Trotz der ungleichen Aussteuerung beider Röhren ist das Ergebnis relativ gut. Bei großer Aussteuerung mit einem Sinussignal sieht man mit dem Oszilloskop an den Kathoden schon die typischen unsymmetrischen Röhrenverzerrungen. Am Lautsprecher findet man aber wieder ein sauberes Sinussignal, d.h. die Verzerrungen beider Röhren heben sich teilweise auf, was für jeden Gegentaktverstärker gilt. Bis nahe an die Vollaussteuerung bleiben die Verzerrungen gering.

Wenn man statt des Kathodenwiderstands eine Konstantromquelle einsetzt, verbessert sich die Symmetrie der Schaltung. Dann verhält sich die Schaltung weitgehend wie eine echte

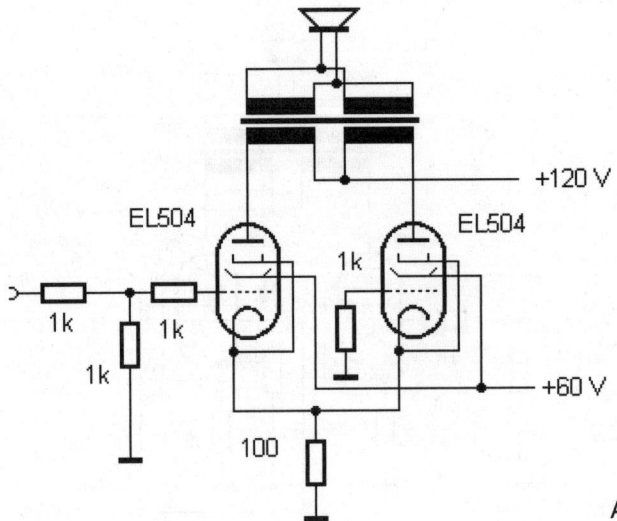

Abb. 4.9 Die Pseudo-Gegentaktstufe

4.2 Pseudo-Gegentakt mit EL504

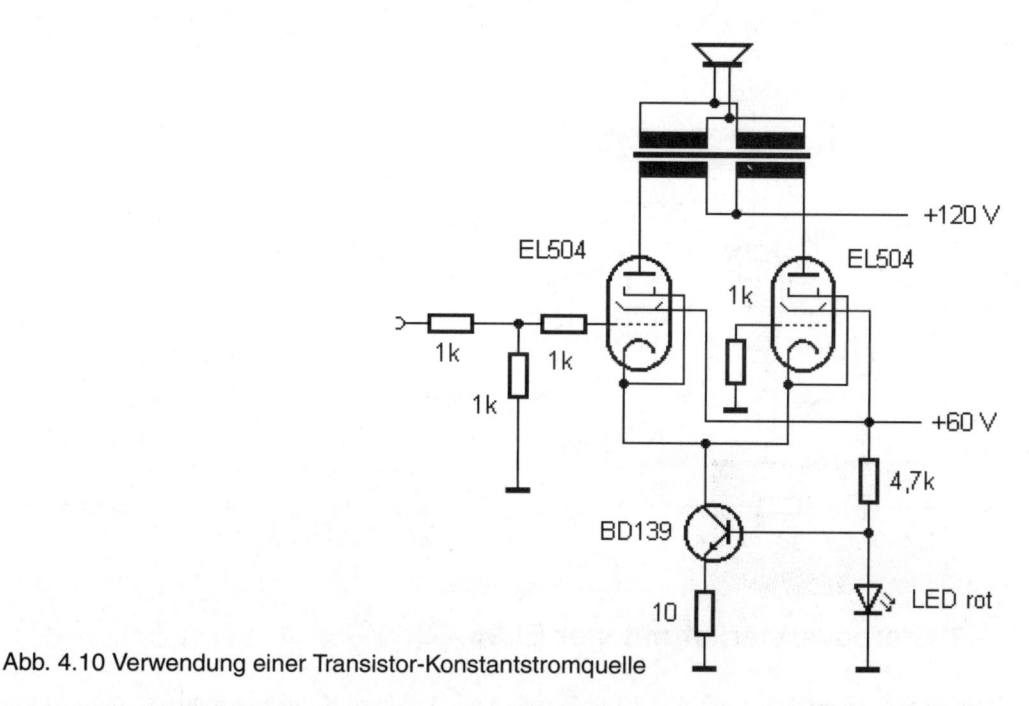

Abb. 4.10 Verwendung einer Transistor-Konstantstromquelle

Gegentakt-Endstufe. Die Konstantstromquelle wird hier mit einem NPN-Transistor und einer LED als Spannungsreferenz aufgebaut. Der Transistor ändert übrigens nichts am Klang, weil er selbst nicht aktiv verstärkt, sondern nur den Gesamtstrom beider Röhren stabilisiert. Der Emitterwiderstand bestimmt den Ruhestrom.

Die vorgestellten Pseudo-Gegentaktendstufen haben gegenüber üblichen AB-Gegentaktendstufen noch einen Nachteil: Wenn die linke Röhre schon sperrt, wird auch die rechte nicht mehr ausgesteuert. Das führt zu einer unsymmetrischen Begrenzung im Falle einer Übersteuerung. Die Röhren sollten also nur so weil ausgesteuert werden, dass sie nach A-Betrieb arbeiten.

Aber es gibt eine Möglichkeit, auch den AB-Betrieb ohne eine Phasenumkehrstufe zu erreichen. Wenn wie im vorgesehenen Anwendungsfall genug Steuerleistung vorhanden ist, kann man eine der Röhren über die Kathode ansteuern. Sie arbeitet dann als Gitterbasisstufe mit umgekehrter Phase und geringem Eingangswiderstand. Nun wird jede Röhre für sich angesteuert, auch wenn die andere Seite schon gesperrt ist. Die Schaltung arbeitet also auch im B-Betrieb symmetrisch. Diese Schaltungsvariante wird auch im folgenden Abschnitt mit der EL95 angewandt.

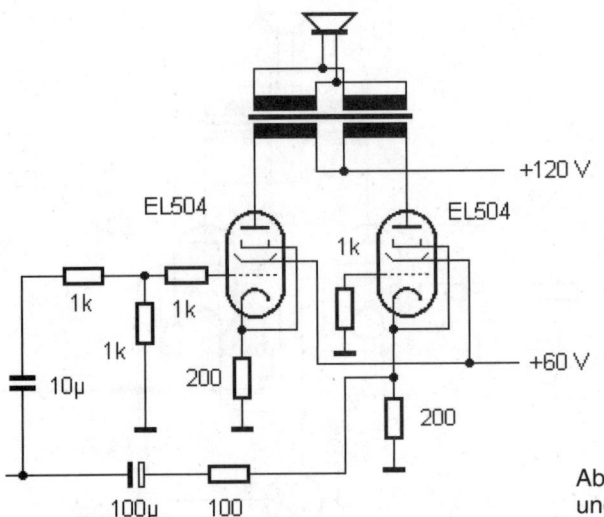

Abb. 4.11 Gegentakt mit Kathodenstufe und Gitterbasisstufe

4.3 Stereoverstärker mit vier EL95

Dieser Stereoverstärker mit vier EL95 wurde von Burkhard Kainka besonders kompakt gebaut, weil er neben der Mini-Kompaktanlage im Bücherregal Platz finden sollte. Als Gehäuse dient ein kleines CD-Magazin aus Holz. Mit vier EL95 und einer Anodenspannung von 120 V wird eine Ausgangsleistung von ca. 2 W pro Kanal erreicht. Die geringe Wärmeentwicklung der EL95 ermöglicht den Betrieb direkt neben den Büchern im Regal. Unten im Gehäuse befinden sich das Netzteil und die Ausgangstrafos. Die Röhrenfassungen sind auf schwarzem Platinenmaterial befestigt.

Der Netztrafo hat zwei Wicklungen mit 12 V. Er sollte die Heizspannung und zugleich auch die Anodenspannung liefern. Mit einer Spannungsvervierfachung werden aus 24 V Wechselspannung 120 V Gleichspannung erzeugt. Das ist für eine EL95 nicht gerade viel. Eine Endstufe im reinen A-Betrieb würde zu wenig Ausgangsspannung liefern. Deshalb wurde hier eine einfache Gegentaktstufe für AB-Betrieb verwendet, die im vorigen Abschnitt bereits für die EL504 vorgestellt wurde.

An den Kathoden wurde jeweils eine Spannung von +3 V gemessen. Daraus ergibt sich ein Ruhestrom von ca. 23 mA pro Röhre. Dieselbe Eingangsspannung steuert die Röhren gegenphasig aus, weil sie einmal am Steuergitter und einmal an der Kathode zugeführt wird. Bei kleiner und mittlerer Aussteuerung bleiben beide Röhren im A-Betrieb. Jede Röhre für sich kann aber weiter als bis zum doppelten Ruhestrom ausgesteuert werden, wenn die jeweils andere Röhre bereits gesperrt ist. In den Spitzen arbeitet die Schaltung daher im B-Betrieb.

Die Kompaktanlage wird durch den nachfolgenden Verstärker mit ca. 40 Ω belastet. Außerdem liegt am Eingang eine Gleichspannung von +1 V. Dies ist möglich, weil die Ausgangs-

4.3 Stereoverstärker mit vier EL95

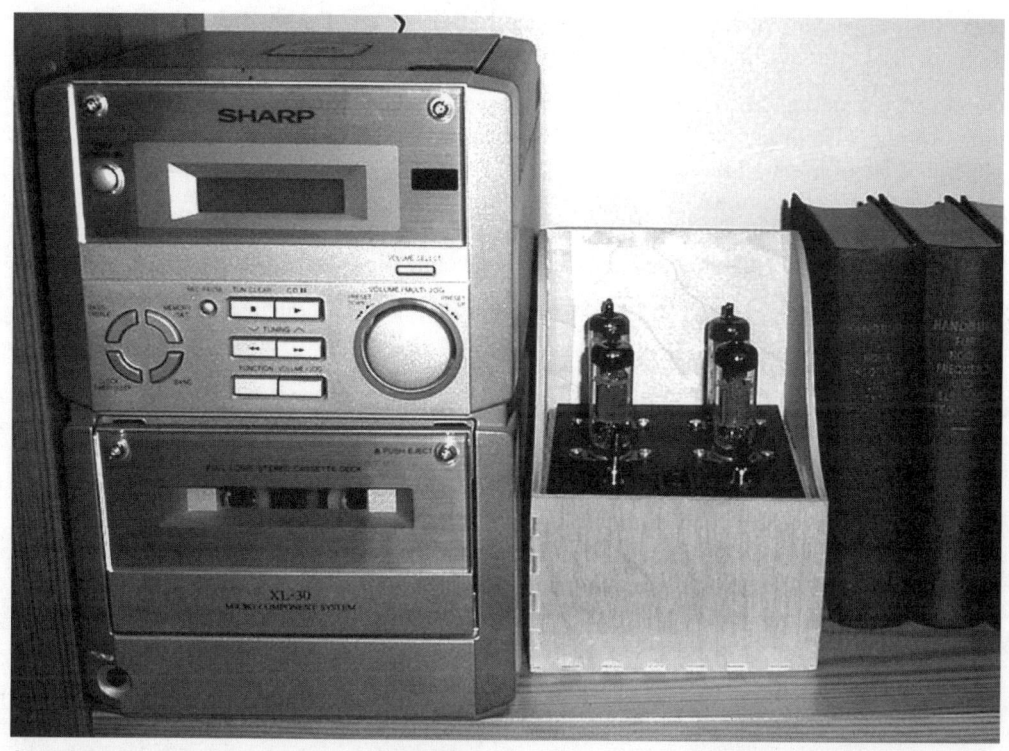

Abb. 4.12 Der Miniverstärker mit vier EL95

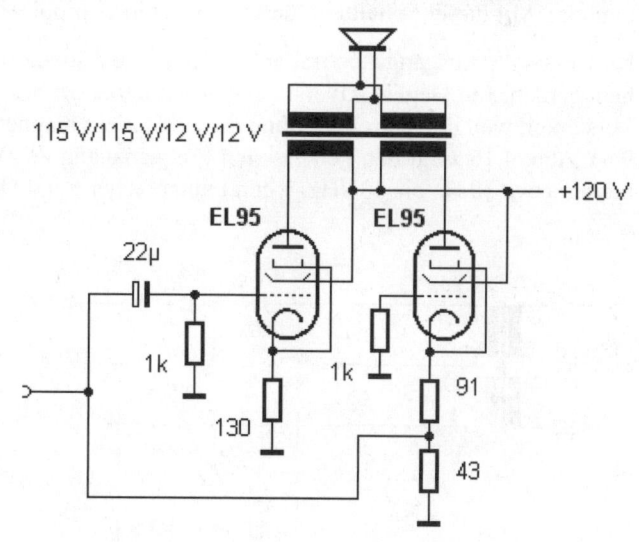

Abb. 4.13 Gegentaktansteuerung über Gitter und Kathode

115 V/115 V/12 V/12 V
+120 V
EL95 EL95
22µ
1k 1k
130 91
43

stufe im treibenden Verstärker einen Ausgangselko besitzt. Damit diese Gleichspannung nicht an das Gitter der linken Röhre gelangt, muss dort ein Kondensator eingesetzt werden.

Der EL95-Verstärker besitzt Umschalter für zwei Lautsprecherpaare und für den Betrieb ohne Röhren, also direkt am Ausgang der Kompaktanlage. Das erleichtert den direkten Vergleich. Es ist zu hören, dass der Verstärker nicht wirklich verstärkt, sonder etwa die gleiche Ausgangsleistung bringt wie die Anlage allein. Im Mittelpunkt stand aber auch nicht die große Ausgangsleistung, sondern der schöne Klang. Der Klang unterscheidet sich deutlich und wird subjektiv als angenehmer empfunden als ohne die Röhren.

Die EL95 hat im Vergleich zur EL504 nur eine geringe Steilheit und bringt bei gleicher Spannung weniger Ausgangsleistung. Der Klang ist jedoch gut. Außerdem neigt die EL95 nicht zu wilden Schwingungen und kennt keine Probleme mit Verzerrungen im Zusammenhang mit der Stromverteilung Schirmgitter/Anode. Angenehm ist auch die kleinere Heizleistung (6,3 V, 0,2 A) und die geringere Wärmeentwicklung.

Das Netzteil verwendet einen Trafo mit 24 V. Im ersten Versuch wurde die Trafospannung von 24 V einmal negativ und einmal positiv gleichgerichtet. Dabei ergab sich jedoch ein Problem: Die Heizfäden der vier EL95 bekamen eine positive Vorspannung gegenüber den Kathoden. In den Spitzen addieren sich ca. +60 V und die positiven Scheitelspannung der unteren Trafowicklung auf ca. +90 V. Dies führte nach einiger Zeit zum Ausfall von zwei Röhren. Vermutlich reichte das Isolieren des Heizfadens nicht aus, so dass ein zusätzlicher Gleichstrom über den Heizfaden floss. Man konnte ein helles Leuchten sehen, und die Kathodenwiderstände sowie die Heizfäden brannten durch.

In einem zweiten Versuch wurde das Netzteil nach Abb. 4.15 so umgebaut, dass die Heizwicklung an Masse liegt. Dazu wurden teilweise Elkos mit höherer Spannungsfestigkeit benötigt. Mit dieser Schaltung läuft der Verstärker problemlos.

Netztrafos als Ausgangsübertrager sind nicht ideal sondern müssen als Kompromiss angesehen werden. Ein Gegentaktverstärker bringt dabei oft bessere Ergebnisse als ein Klasse-A-Verstärker, weil der Trafokern ohne Luftspalt nicht magnetisch vorgespannt wird (vgl. Kap. 9.4). Abb. 4.16 zeigt den gemessenen Frequenzgang des Verstärkers. Die 3-dB-Bandbreite beträgt etwa 30 Hz bis 40 kHz, wenn Lautsprecher mit 4 Ohm angeschlossen werden.

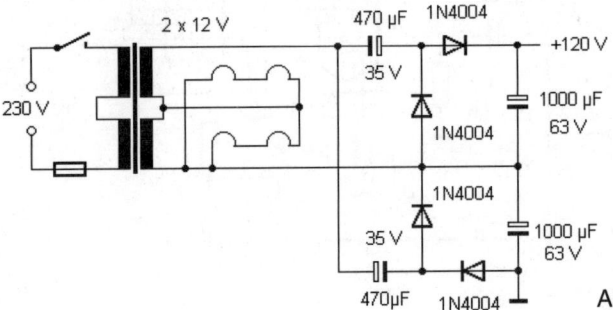

Abb. 4.14 Die Spannungsverdopplung

Abb. 4.15 Das verbesserte Netzteil

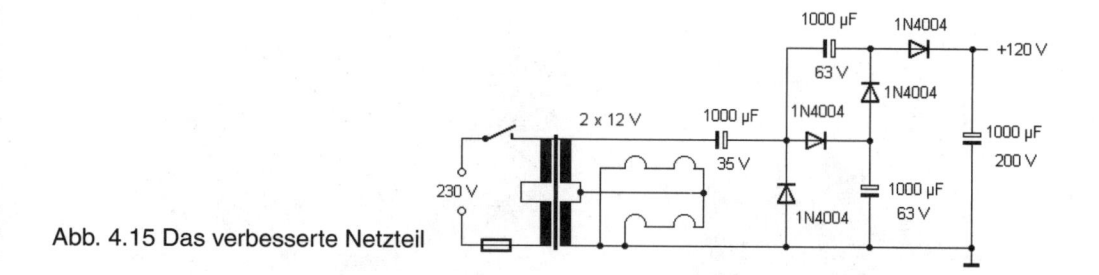

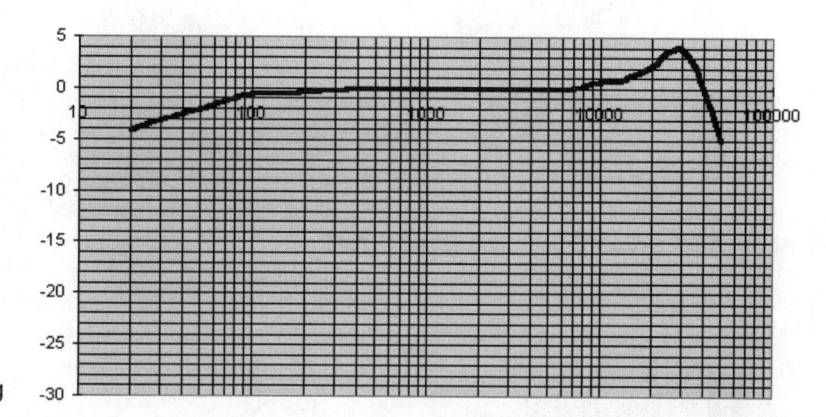

Abb. 4.16
Der Frequenzgang

4.4 Der PCL81-Brüllwürfelersatz

Dieser einfache Stereo-Verstärker mit zwei PCL81 wurde von Johannes Schmitz als Ersatz für PC-Lautsprecher (sogenannte „Brüllwürfel") entwickelt. Viel Leistung ist für den Einsatz am PC nicht erforderlich. Wichtiger ist die geringe Baugröße des Verstärkers und die geringe Leistungsaufnahme, damit ein einfaches Steckernetzteil verwendet werden kann.

Die PCL81 ist übrigens verwandt mit der legendären ECL113, einer echten Audio-Röhre z.B. für Autoradios. Als P-Röhre kam sie dann in Fernseher zum Einsatz. Das Steckernetzteil liefert 24 V. Damit lassen sich beide PCL81 in Reihe heizen. Auch die Anodenspannung von ca. 65 V lässt sich mit wenig Aufwand aus dieser Spannung erzeugen. Der Verstärker passt insgesamt in eine kleine Holzschachtel aus dem Baumarkt.

Die Röhre bringt ca. 15 mA bei 65 V. Für den Schreibtisch reicht die Anodenleistung von ca. 1 W vollkommen aus. Und auch das Poti ist nicht sinnlos, denn meist muss man die Lautstärke zurückdrehen.

Die PCL81 besitzt einen gemeinsamen Kathodenanschluss für die Triode und die Pentode. Eine Erzeugung der Gittervorspannung für die Pentode nur durch einen Gitterwiderstand erwies sich als ungünstig. Der Gitterstrom der Pentode setzt so markant ein, dass das Gitter

Abb. 4.17 Der Verstärker mit Steckernetzteil

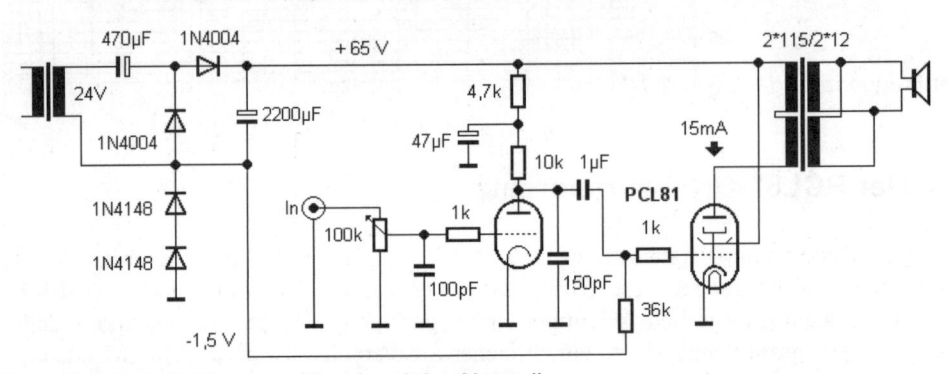

Abb. 4.18 Schaltbild für einen Kanal und das Netzteil

sich bei Aussteuerung negativ auflädt und den Arbeitspunkt verschiebt. Mit einem relativ kleinen Ableitwiderstand von 36 kΩ und einer negativen Gittervorspannung von 1,5 V wurde es besser. Weil die Triode sich mit der Pentode eine Kathode teilt, konnte die Vorspannung nicht über einen Kathodenwiderstand erzeugt werden. Die Lösung waren zwei zusätzliche Dioden im Netzteil mit einem Spannungsabfall von zusammen 1,5 V.

Der Verstärker ist in dieser Form gut für den Schreibtisch geeignet. Die elektrische Sicherheit liegt im Steckernetzteil. Der Verstärker wird auch nicht besonders heiß, denn die Anodenverlustleistung beträgt nur rund 1 Watt pro Kanal. Am meisten Wärme erzeugen die Kathoden.

Abb. 4.19 Verdrahtung und Ausgangsübertrager

Im Gehäuse befinden sich die beiden einfachen Netztrafos als Ausgangsübertrager. Es handelt sich 30-Watt-Printtrafos mit 2 mal 115 V und 2 mal 12 V/1,25 A. Die Verdrahtung ist fliegend aufgebaut.

4.5 Die EF95 als NF-Verstärker

Die hier vorgestellten Schaltungen mit der EF95 wurden von Michael Gaedtke entwickelt. Die EF95 ist ein Abkömmling der amerikanischen 5654 und wurde hautsächlich in Hochfrequenzschaltungen eingesetzt. Sie ist aber auch eine sehr gute NF-Röhre und wurde u.a. in Telefunken-Equipment für Rundfunkstudios eingesetzt. Die gleiche Röhre wurde von anderen Firmen als 6AK5W, 6Sh1P und M8100 gebaut.

Die 5654 und ihre Abkömmlinge sind Qualitätsröhren für den Einsatz in kritischen Industrie- und Militäranwendungen, für die hohe Stabilitätsanforderungen gelten. Dazu ist das Röhreninnenleben mechanisch besonders robust aufgebaut und hat eine stabile Heizungs-

4 Lowpower-Röhrenverstärker

Abb. 4.20 Ein Vorverstärker mit der 6Sh1P

Kathoden-Konstruktion. Eigene Versuche haben insbesondere ergeben, dass die Röhre erstaunlich wenig zu Mikrofonie neigt. Sie wird mit 6,3 V beheizt und zieht 175 mA Heizstrom. Die Anodenspannung darf 200 V nicht übersteigen, empfohlen wird der Betrieb mit 120 V an der Anode. Der Anodenwiderstand liegt bei rund 340 kΩ, die Steilheit bei 5 mA/V, als Anodenstrom sind immerhin 7,5 mA zulässig.

Ein einfaches Verstärkermodul auf einer kleinen Platine dient dazu, die Röhre im Betrieb testen zu können. In Abb. 4.21 wird der Betrieb als Pentode gezeigt. Mit einem Kathodenwiderstand R5 von 680 Ω wird eine Kathodenspannung von rund 1,4 Volt eingestellt. Das ergibt einen eher sparsamen Anodenstrom von rund 2,1 mA, was für die meisten Audioanwendungen völlig ausreicht. Gitter 2 wird mit R2 ungefähr auf Betriebsspannungspotential gelegt. Als Betriebsspannung wurde 180 Volt gewählt, so dass auch ohne Strom durch die Röhre keine unzulässig hohe Spannung an der Anode liegen kann. Der Anodenwiderstand hat wegen der niedrigen Betriebsspannung nur 39 kΩ. Die Anodenspannung stellt sich damit im Betrieb auf rund 100 Volt ein, also nahe an den empfohlenen 120 Volt.

Der Gitterstopper R3 ist ziemlich unkritisch, man kann auch 2,2 kΩ oder 3,3 kΩ nehmen.

Der Rest der Schaltung dient wie üblich zur Gleichspannungsentkopplung. Bei den Elkos und Kondensatoren kommt es auf ausreichende Spannungsfestigkeit an.

4.5 Die EF95 als NF-Verstärker

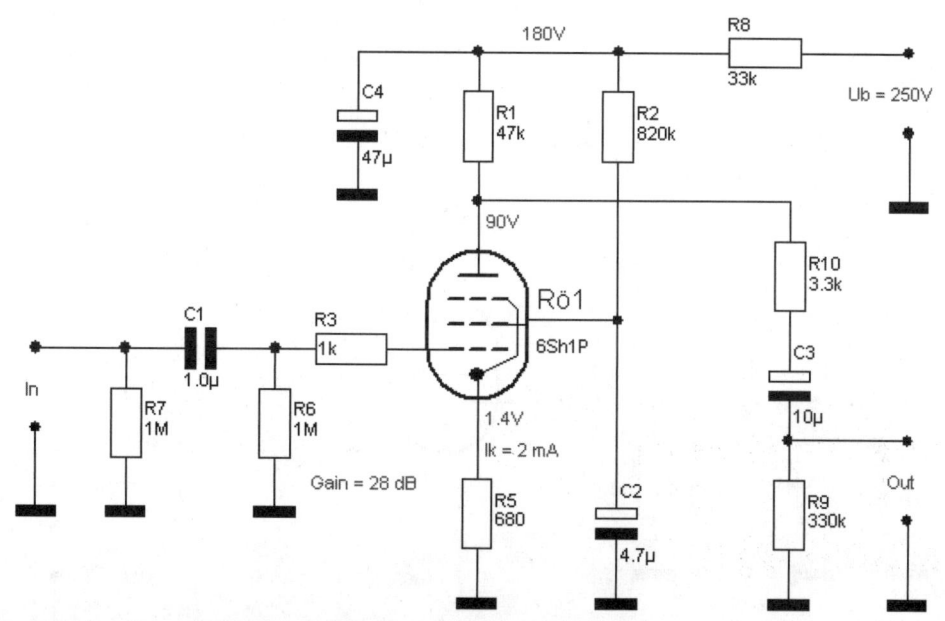

Abb. 4.21 Der Vorverstärker in Pentodenschaltung

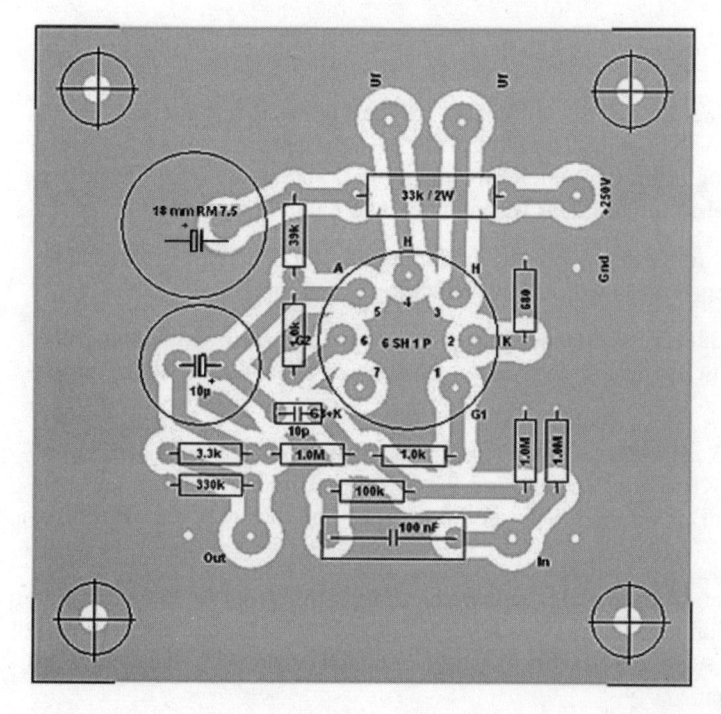

Abb. 4.22 Platinenlayout des Vorverstärkers

4 Lowpower-Röhrenverstärker

Abb. 4.23 Die 6Sh1P in Triodenschaltung

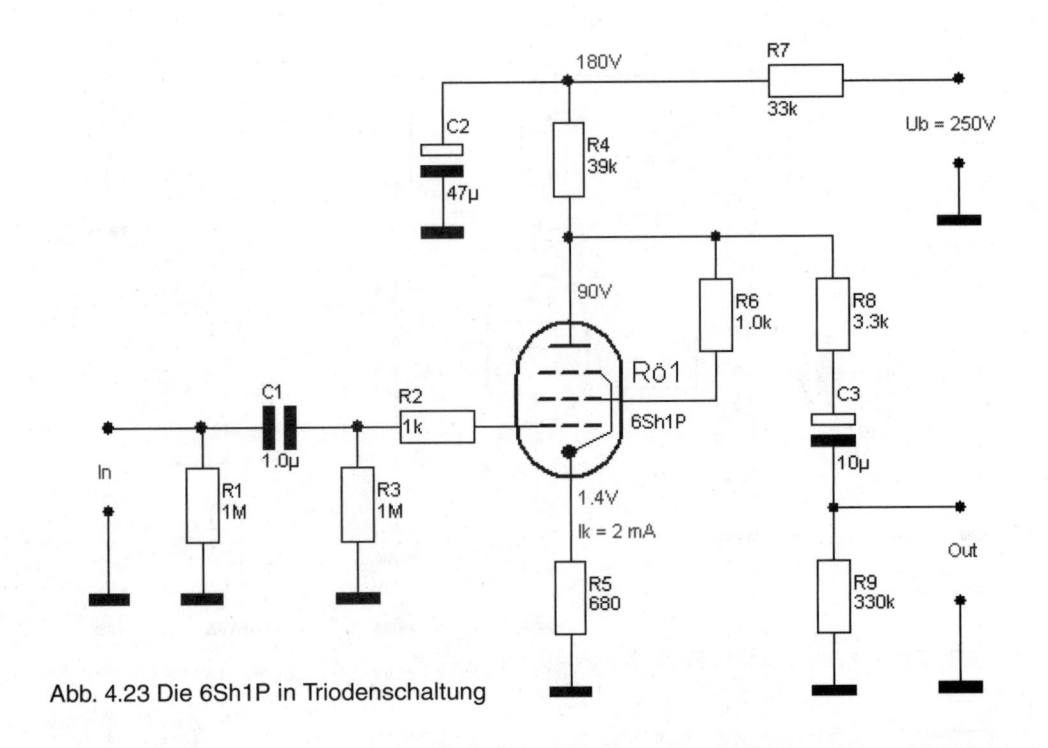

Das Testmodul wurde auf einer 80 mal 80 Millimeter großen Platine aufgebaut. Zur Versorgung braucht man ein kleines Netzteil, das rund 250 V Betriebsspannung und 6,3 V Heizspannung liefert. Die Heizung erfolgt mit Gleichspannung, die mit einem LM317-Standardspannungsregler konstant gehalten wird. Das IC braucht einen Kühlkörper.

Auf der Platine kann die Röhre für den Pentoden- und alternativ für den Trioden-Betrieb beschaltet werden. Im Pentoden-Betrieb wurde eine Verstärkung von rund 28 dB gemessen.

In Abb. 4.23 wurde das Modul für den Triodenbetrieb abgewandelt. Dazu wird Gitter 2 über einen kleinen Widerstand mit der Anode verbunden. Ansonsten blieb die Schaltung unverändert.

Das Diagramm in Abb. 4.25 zeigt das gemessene Klirrspektrum bei einer typischen Signalspannung von 1 Vrms. Der Klirrfaktor ist mit rund 0.2 Prozent erfreulich niedrig. Im Spektrum dominiert K2 mit –55 dB. Darüber hinaus ist nur noch K3 mit mehr als –80 dB erkennbar.

Die bisher beschriebenen Verstärkermodule dienten zur Untersuchung der Grundlagen. Eine echte Anwendung ist ein Übungs-Gitarrenverstärker mit den EF95. Um einen teuren Ausgangsübertrager zu sparen, sollte eine Hybridlösung mit einem Stromverstärkermodul mit MOSFETs verwendet werden.

4.5 Die EF95 als NF-Verstärker

Abb. 4.24 Das Platinenmodul für Triodenschaltung

Abb. 4.26 zeigt die fertig aufgebaute und betriebsbereite Verstärkerplatine, die an eine Ausgangsstufe angeschlossen werden kann, mit der man aber natürlich auch eine Röhren-Ausgangsstufe betreiben könnte. Damit nicht noch eine weitere Platine anfällt, sollte es eine kompakte Lösung werden, bei der die Verstärkung so hoch und der Ausgangswiderstand so niedrig ist, um den Stromverstärker direkt ansteuern zu können. Daher ist zu den zwei Vorstufenröhren, die die Vorverstärkung übernehmen und um die herum Gain-, Volumen- und Klangeinstellung angeordnet sind, auch noch eine Kaskadenstufe mit einer 6N3P-Doppeltriode auf die Platine gekommen.

Im Schaltbild nach Abb. 4.27 ist leicht zu erkennen, dass das Triodenmodul mit der EF95/6Sh1P zweifach eingesetzt wurde. Die Eingangsstufe wird durch einen Serienwiderstand von 10 kΩ geschützt. C1 verhindert HF-Einstrahlungen, C2 blockt Gleichspannungen ab. Mit R3 und R5 ist eine Serien-Rückkopplung realisiert, die die Gesamtverstärkung begrenzt und stabilisiert.

Mit einer einstellbaren Serien-Rückkopplung arbeitet auch die zweite Stufe, deren Verstärkung bzw. Dämpfung sich in einem weiten Bereich einstellen lässt. Wird mit dem Schalter das Dioden-Netzwerk parallel zum Rückkopplungswiderstand gelegt, stellen sich erhebliche Verzerrungen ein. Diese Einstellung braucht man für den richtigen Hardrock-Sound. Natürlich könnte man auch eine Röhre übersteuern, um den ganz richtigen Röhrensound zu erzeu-

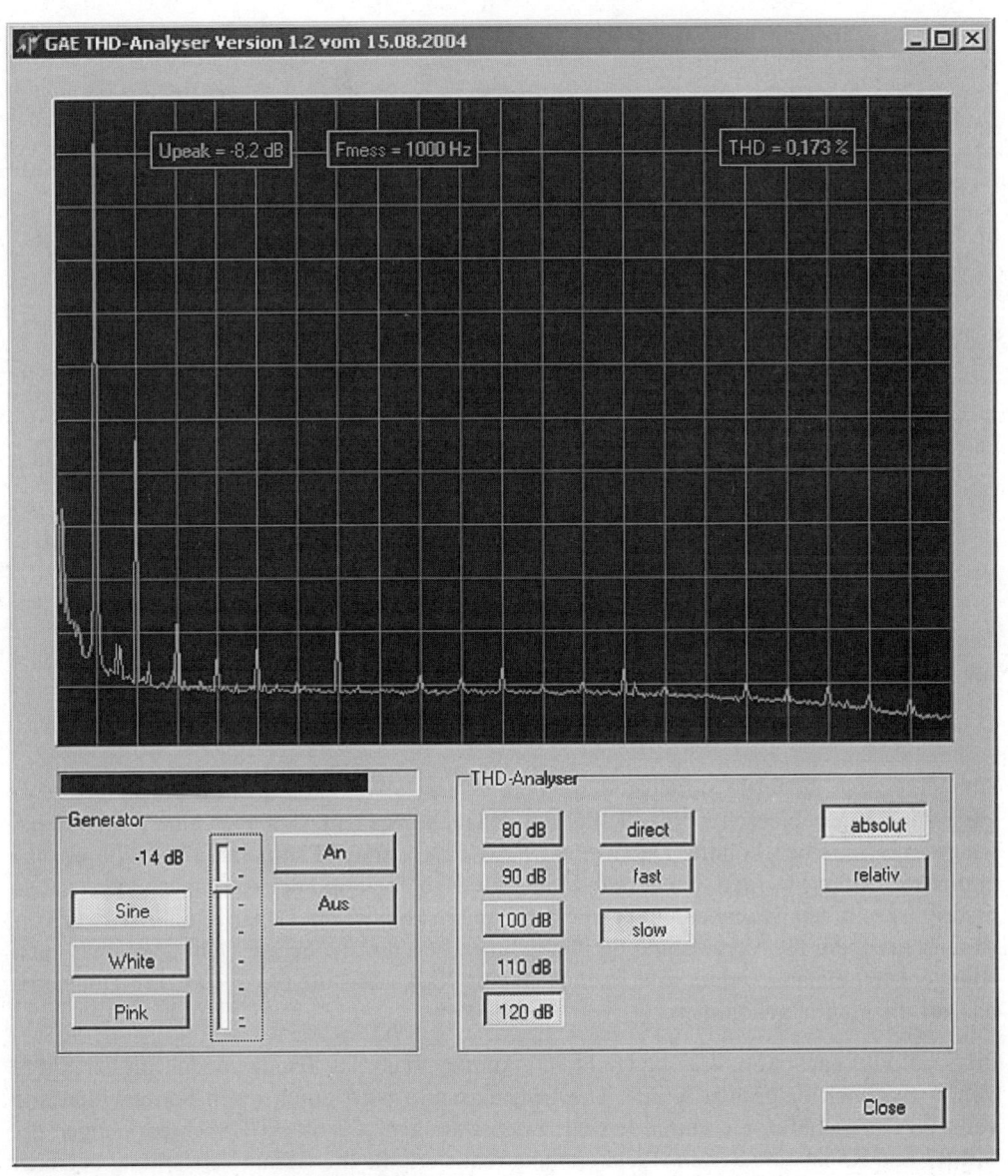

Abb. 4.25 Messung des Klirrspektrums

gen. Aber dazu müsste man mindestens noch eine weitere Röhrenstufe haben und die enorm hohe Signalspannung anschließend wieder herunterteilen.

Für das Dioden-Netzwerk wurden nach einigen Hörversuchen zwei Zenerdioden mit unterschiedlicher Spannung genommen, weil sich durch die Asymmetrie ein von geradzahligen

Abb. 4.26 Der Gitarrenverstärker

Komponenten stärker dominiertes Klirrspektrum mit einem gefälligeren Sound einstellt. Es funktionieren aber auch zwei gegeneinander geschaltete LEDs sehr gut.

Die Verstärkungsreserve ist ausreichend hoch, um ein passives Klangregelnetzwerk betreiben zu können. Das spart eine Röhrenstufe und Platz. Der simple Klangregler ist vom „Big Muff"-Typ, was man wohl ungefähr mit „Dickes Flanschstück" übersetzen könnte. Big Muff Pi von Electro Harmonix war eines der ersten und erfolgreichsten Soundeffekt-Pedale für E-Gitarristen und wurde wegen seines „cremigen" Sounds von zahllosen Musikern, darunter Hendrix und Santana eingesetzt. Big Muff hat 30 Jahre lang den Sound der Rock-Gitarre definiert. Dabei ist die Schaltung gar nicht besonders kompliziert.

Uns geht es hier nur um den Tone-Regler. Im Prinzip handelt es sich um die Kombination je eines passiven Hoch- und Tiefpasses, zwischen denen ein Poti angeordnet ist. Für Hifi ist eine Klangregelung à la Big Muff weniger geeignet, da sich bei der Originalbeschaltung (4 nF und 10 nF) eine deutliche Senke mit Mitteltonbereich einstellt – für den Gitarrensound ist das aber gerade angenehm. Wer will, kann mit den Kondensator- und Widerstandswerten experimentieren: Die Senke im Mitteltonbereich wird um so breiter und tiefer, je weiter die beiden Kapazitätswerte auseinander liegen. Bei gleichen Werten kann man die Senke sogar völlig zum Verschwinden bringen.

In jedem Fall kostet der passive Klangregler aber Verstärkung, die bei der Planung des Verstärkers als Reserve berücksichtigt werden muss. Big Muff wurde hier ausgewählt, mit dem man ein Lautstärkepoti auf einfache Weise direkt hinter das Klangregelnetzwerk schalten

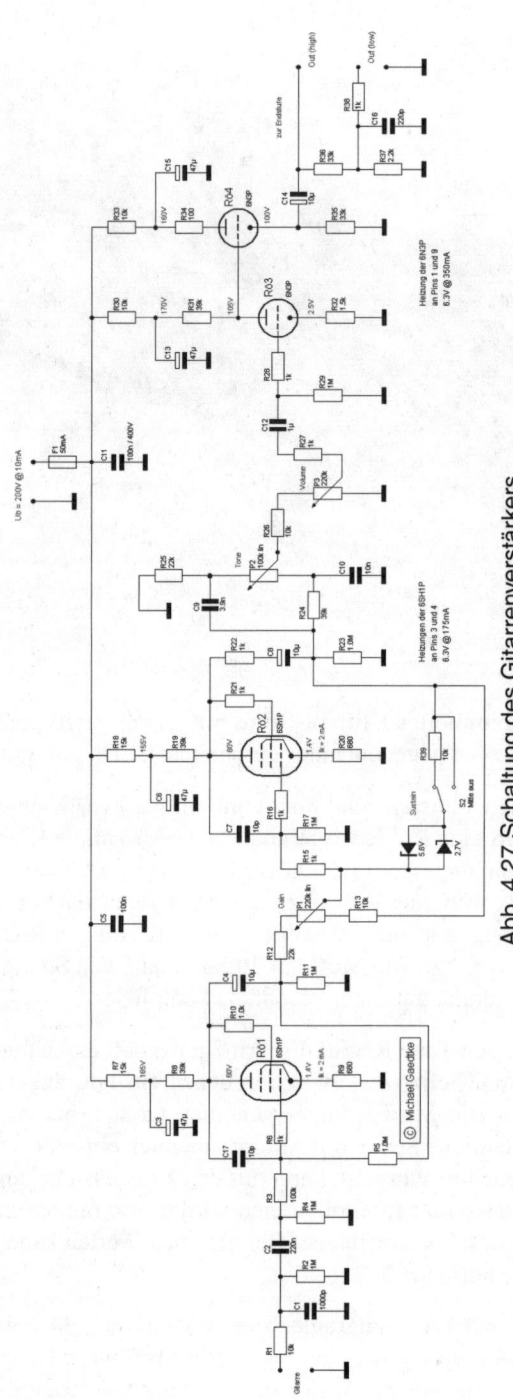

Abb. 4.27 Schaltung des Gitarrenverstärkers

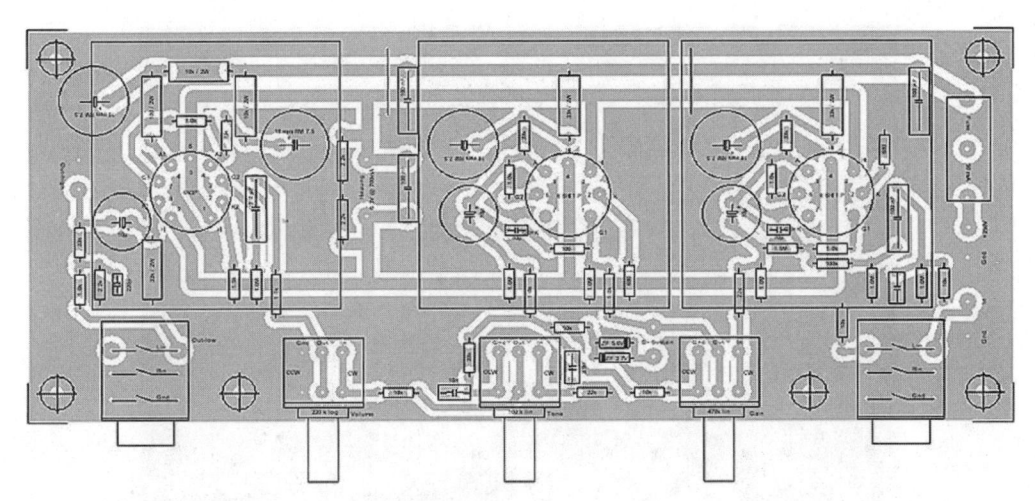

Abb. 4.28 Die Platine zum Gitarrenverstärker

kann. Das spart eine Verstärker- oder Pufferstufe und macht die Gesamtschaltung übersichtlich.

Auf die Klangstufen folgt eine lineare Triodenstufe aus einer Hälfte einer 6N3P und ein nachgeschalteter Kathodenfolger für die niederohmige Ansteuerung der MOSFET-Ausgangsstufe. Damit man bei Bedarf das Signal für die Aufnahme über ein Mischpult oder zum Anschluss eines weiteren Verstärkers abnehmen kann, wird es am Ausgang heruntergeteilt und über eine zweite Klinkenbuchse ausgekoppelt.

Die gesamte Schaltung ist auf einer 250 × 100 Millimeter großen Platine aufgebaut, die auch die drei Potis und die beiden Klinkenbuchsen trägt. Als Potis wurden preisgünstige Stereotypen verwendet, deren Widerstandsbahnen und Schleifer für mehr mechanische und elektrische Stabilität parallel geschaltet sind. Die Platine braucht zur Versorgung rund 220 bis 250 V, der Strom ist mit 10 mA gering. Die Heizungen werden mit 6,3 V bei rund 700 mA versorgt. Wie sich herausgestellt hat, ist die Schaltung in der so aufgebauten Form anfällig für Brumm.

Einige zusätzliche Tests wurden in die Entscheidungsphase investiert, wie die „richtigen" Verzerrungen produziert werden sollen. Die nichtlineare Rückkopplung sollte für den rockigen Sound sorgen. Dazu gibt es eine Vielzahl von Schaltungsvorschlägen. Geprüft wurden:

1. zwei antiparallel geschaltete LEDs (eine grüne und eine rote), die das Signal ziemlich symmetrisch begrenzen,
2. zwei in Serie geschaltete Dioden, die das Signal nur einseitig begrenzen und das Verhalten einer übersteuerten Single-Ended-Endstufe simulieren und
3. zwei gegeneinander in Serie geschaltete Zenerdioden mit unterschiedlichen Spannungen (5,6 V und 2,7 V), die für eine asymmetrische Begrenzung des Signals sorgen.

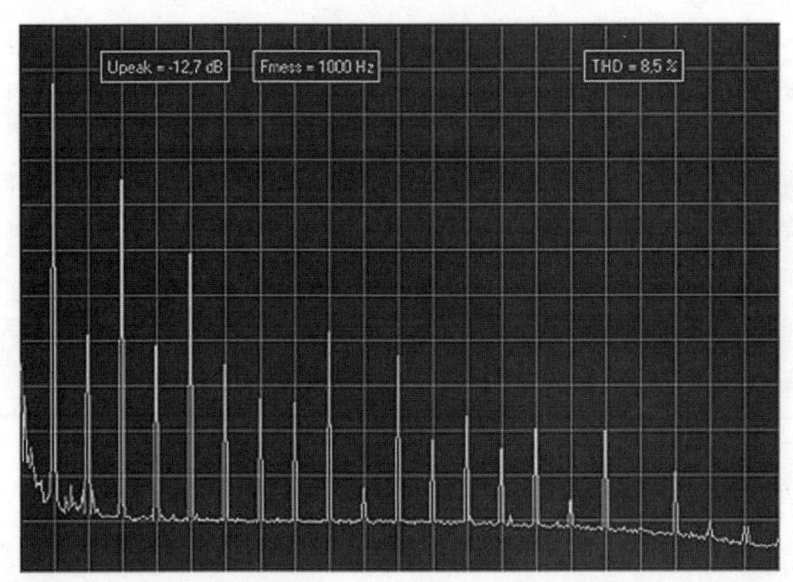

Abb. 4.29 Verzerrungen mit zwei LEDs

Das Diagramm in Abb. 4.29 zeigt das Klirrspektrum der beiden antiparallel geschalteten LEDs im Rückkopplungsnetzwerk der zweiten Verstärkerstufe: Die geradzahligen Verzerrungen 2., 4. und 6. Ordnung sind mit −56 dB, −58 dB und −62 dB stark unterdrückt, dafür treten die ungeradzahligen Verzerrungen K3, K5 und auch noch K9 und K11, denen man einen harten Sound nachsagt, sehr stark in Erscheinung (−21 dB, −38 dB). Wer einen besondern harten Sound wünscht, wird mit dieser Lösung zufrieden sein.

Das Diagramm in Abb. 4.30 zeigt das andere Extrem: Hier treten vor allem K2 und K4 mit −15 dB und −36 dB auf. Insbesondere K3 ist mit −40 dB stark bedämpft, K5 weist nur noch −50 dB auf. Das verursacht auch im Übersteuerungsfall einen eher warmen, „bluesigen„ Sound.

Das Diagramm in Abb. 4.31 zeigt das Klirrspektrum zweier gegeneinander in Serie geschalteter Zenerdioden mit 5,6 V und 2,7 V, die bei niedrigem Signalpegel zu einseitigem, bei höherem Signalpegel zu stark asymmetrischem Clipping des Signals führen. Insgesamt verursachen die beiden Zenerdioden ein ausgewogenes Klirrspektrum mit gleichmäßig abfallenden Klirrprodukten. Allerdings überwiegen die warmen Komponenten etwas.

Diese Einstellung erschien als der beste Kompromiss. Der Sound lässt sich wegen des asymmetrischen Verhaltens mit Hilfe des Gain-Reglers in weiten Grenzen variieren. Ein Schalter dient dazu, das Verzerrer- oder Sustain-Netzwerk zu aktivieren oder für einen „cleanen" Sound aus dem Rückkoppelpfad zu nehmen.

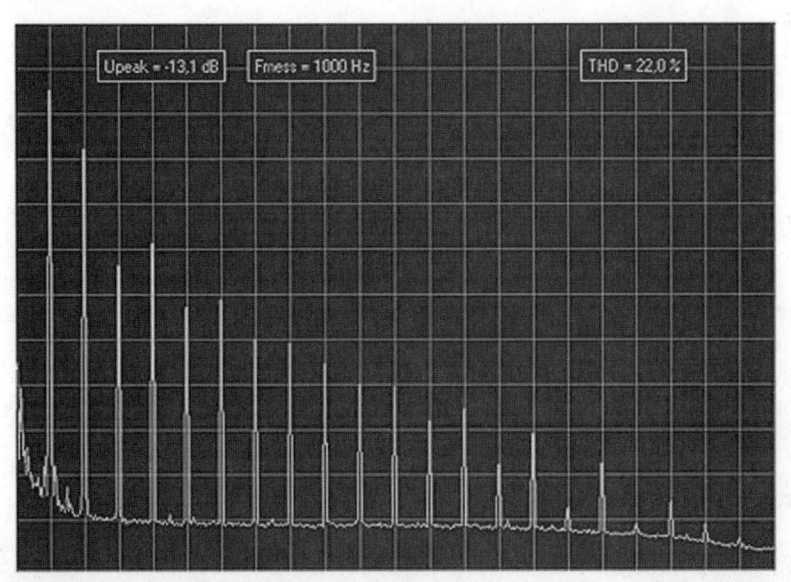

Abb. 4.30 Spektrum mit zwei Si-Dioden

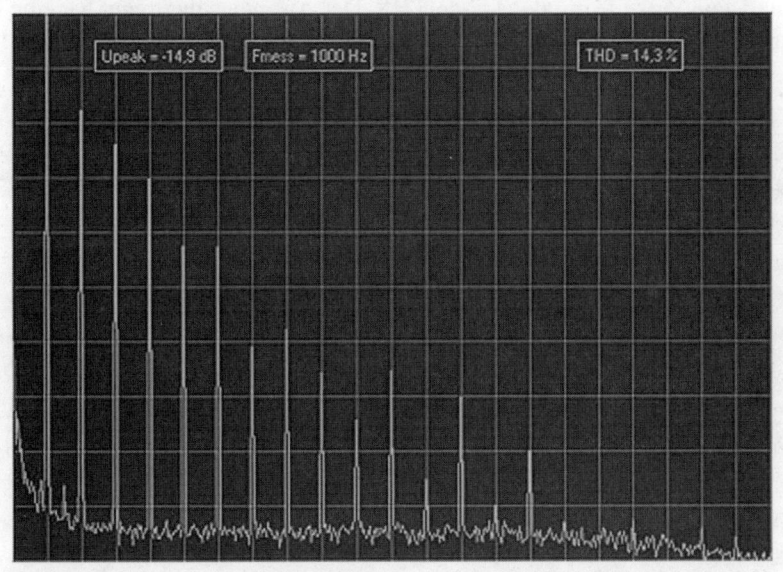

Abb. 4.31 Klirrspektrum mit zwei Zenerdioden

5 Miniaturverstärker

Wer baut den kleinsten Stereo-Röhrenverstärker? Dies war die Aufgabenstellung im zweiten Forumswettbewerb von Jogis Röhrenbude. Die Ergebnisse können sich sehen lassen! Dieses Kapitel stellt einige besonders kreative Lösungen vor. Hier geht es weniger um die beste Schaltung oder um die größte Ausgangsleistung, sondern vielmehr um die Gesamtlösung. Die Einsendungen wurden nach dem Verhältnis Ausgangsleistung / Volumen bewertet.

5.1 Miniatur-SE-Amp mit Miniaturröhren

Dieser Mini-Amp mit der Miniaturröhre 5902 (= EL71) wurde von Herrmann gebaut. Der Verstärker bringt etwa 0,8 bis 1 W Ausgangsleistung an 8 Ohm.

Die Schaltung dieses kleinen Verstärkers nach Abb. 5.3 zeigt eine klassischen Klasse-A-Endstufe und eine Vorstufe mit der Triode 5718. Der Ausgangsübertrager hat eine Primärimpedanz von 4 kΩ.

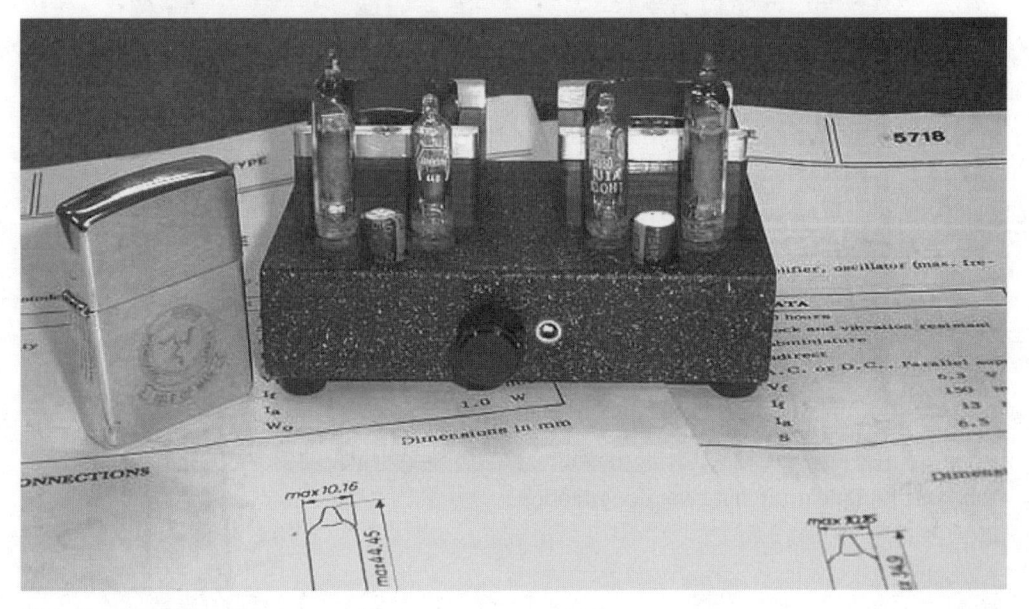

Abb. 5.1 Der fertige Stereoverstärker

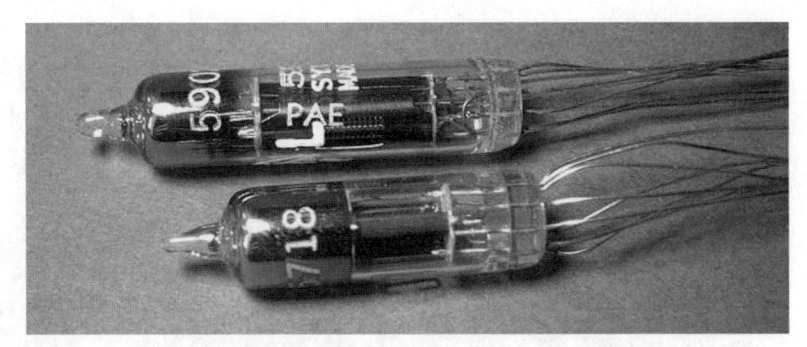

Abb. 5.2 Die verwendeten Miniaturröhren

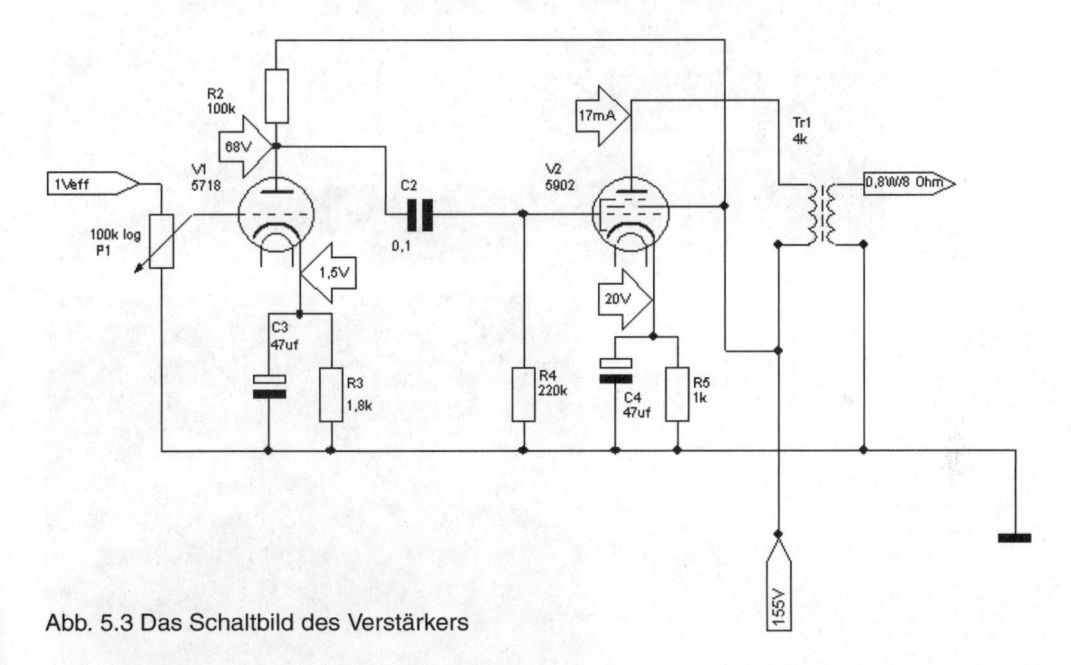

Abb. 5.3 Das Schaltbild des Verstärkers

5.2 Darling-Amp mit 1626

Dieser Miniaturverstärker von Gerd Reinhöfer verwendet die Leistungstriode 1626 in der Klasse-A-Endstufe mit einer Ausgangsleistung von knapp einem Watt. In Anlehnung an den bekannten „Darling" von Bob Danielak wurde auch dieser Verstärker Darling getauft. Hier ging es speziell um das Design und den kompakten Aufbau. Insbesondere die speziell angefertigten Trafohauben runden den optischen Eindruck ab.

Die 1626 ist eine Sendetriode für Telegraphiesender kleiner Leistung. Die Röhre wurde im zweiten Weltkrieg in amerikanischen Flugzeug-Funkgeräten eingesetzt. Die Heizdaten sind

5 Miniaturverstärker

Abb. 5.4 Die Verdrahtung

Abb. 5.5 Der Darling

12,6 V und nur 0,25 A, die erlaubte Anodenverlustleistung ist 5 W. Bob Danielak war einer der ersten, die diese kleine Senderöhre für Audiozwecke einsetzten. Sein bekannter Artikel „Hello, Darling. 3/4 W of Cheap Fun" (Sound Practices Magazine, Ausgabe 15, 1998) etablierte den Namen „Darling" und machte Bob Danielak zum „Papa Darling". Inzwischen gibt es einen weltweiten Darling-Club. In dieser Tradition steht auch der Darling von Gerd Reinhöfer.

Abb. 5.6 zeigt den Schaltplan des Verstärkers. In der Vorstufe arbeitet eine Pentode 717A. Die Endröhre benötigt eine separate Gittervorspannung.

Das Netzteil verwendet einen speziell gewickelten Trafo. Die Anodenspannung wird mit einer Transistorstufe stabilisiert und geglättet. So spart man die große Netzdrossel und erhält eine brummfreie Spannungsversorgung, was bei einer Trioden-Endstufe besonders wichtig ist.

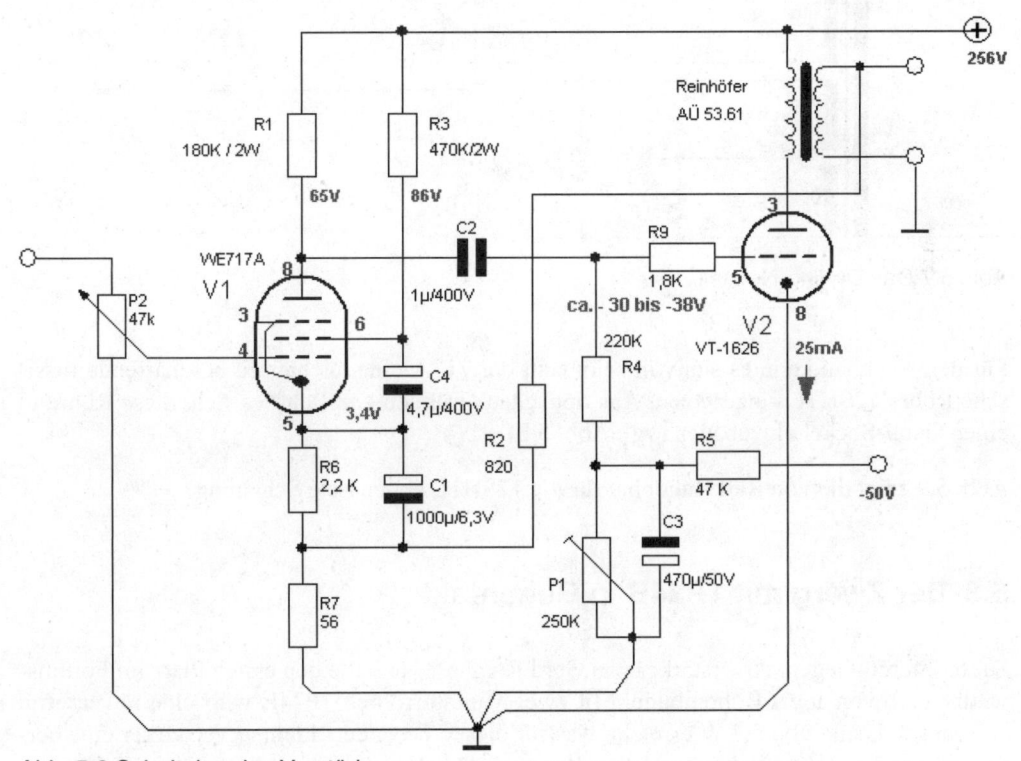

Abb. 5.6 Schaltplan des Verstärkers

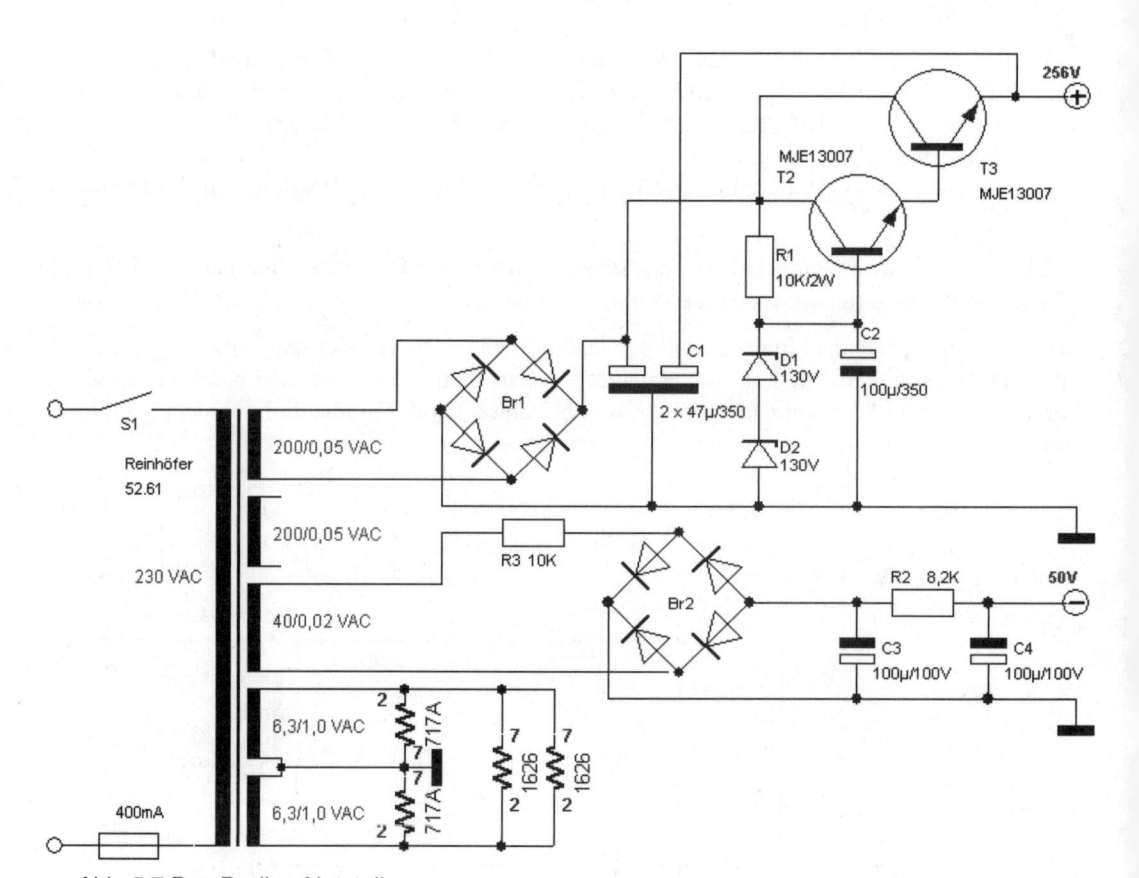

Abb. 5.7 Das Darling-Netzteil

Für den Nachbau kann es sinnvoll sein, statt der 717A eine leichter zu beschaffende russische Röhre 12SH1L einzusetzen. Aus optischen Gründen empfiehlt es sich, diese Röhre in einen Oktal-Sockel einzubauen (vgl. Abb. 5.8).

Abb. 5.9 zeigt die von Ralf Raudonat für die 12SH1L angepasste Schaltung.

5.3 Der Zwerg mit 1P24B in Gegentakt

Dieser Stereo-Gegentaktverstärker von Gerd Reinhöfer erzielte den ersten Platz im Forumswettbewerb von Jogis Röhrenbude. Mit zwei Miniaturröhren 1P24B wird eine unverzerrte Ausgangsleistung von 5,7 W erreicht, was für diesen besonders kleinen Verstärker eine hervorragende Leistungs-Volumenrelation bedeutet. Der Verstärker wurde von seinem Erbauer kurz und prägnant „Zerg" getauft.

5.3 Der Zwerg mit 1P24B in Gegentakt 107

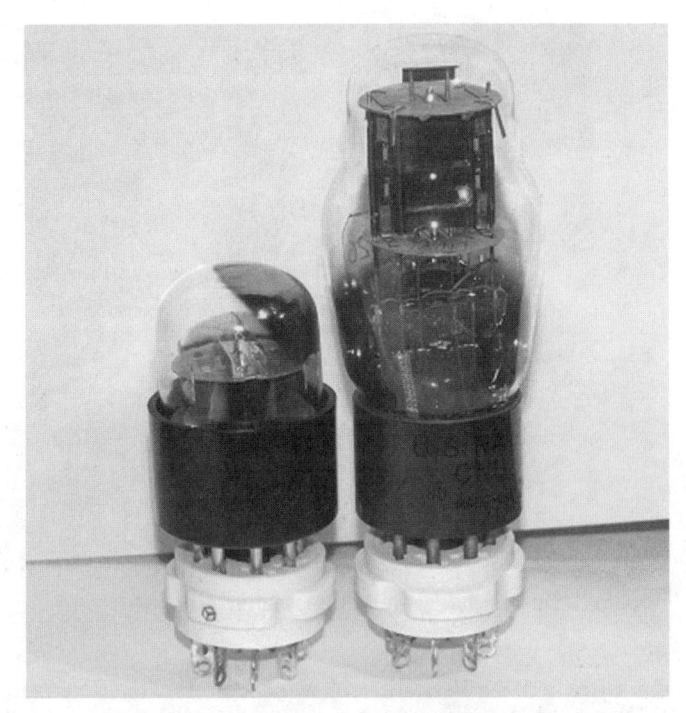

Abb. 5.8 Die umgesockelte
12SH1L neben der 1626

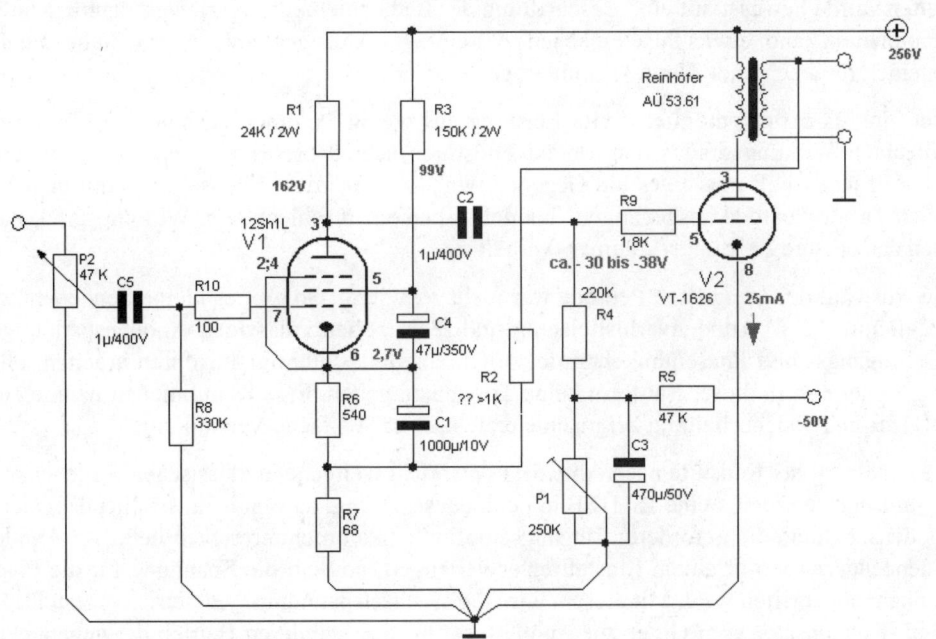

Abb. 5.9 Darling mit 12SH1L

Abb. 5.10 Der Verstärker mit abgesetztem Netzteil

Der extrem kleine Verstärker verwendet ein separates Netzteil. Bei der Gestaltung der Frontplatten wurde bewusst auf eine Beschriftung der Bedienelemente verzichtet, denn eigentlich kann man da kaum etwas falsch machen. Als einziges Anzeigeelement wurde in beiden Teilen eine grünleuchtende Neon-Glimmlampe verwendet.

Hier ging es darum, möglichst viel Leistung aus wenig Volumen zu holen. Aufgrund des schlechten Wirkungsgrades der Eintakt-Endstufen schied dieses Konzept von vornherein aus. Auf jeden Fall musste es ein Gegentaktverstärker werden. Ebenso ist es mit dem Vergleich Triode-Pentode ausgegangen. Trioden haben einen schlechteren Wirkungsgrad, Pentoden das bessere Leistungs/Volumen-Verhältnis.

Die Auswahl der geeigneten Pentode war nicht schwierig. So gibt es kleine Sendepentoden 1P24B mit 2,5 W Anodenverlustleistung und recht hohen zulässigen Anodenspannungen. Als Eingangs- und Phasenumkehrstufe sollten ebenfalls Subminiaturröhren arbeiten, allerdings scheint es in dieser Bauform keine Trioden zu geben. Eine Kennlinienaufnahme einer 1SH18B in Triodenschaltung zeigte eine erzielbare ca. 17-fache Verstärkung.

Die Schaltung der Endstufe nach Abb. 5.11 entspricht weitgehend klassischer Vorgehensweise. Im Eingang arbeitet eine 1SH18B in Pentodenschaltung, da sich herausstellte, dass sich in Triodenschaltung die geforderte Eingangsempfindlichkeit nicht erreichen ließ. Der Anodenwiderstand wurde mit einem Einstellregler verlängert, an dem die Spannung für die Phasenumkehr abgegriffen wird. Mit diesem wird die Wechselspannungssymmetrie eingestellt. Der 15-pF-Kondensator vom Gitter zur Anode sorgt für den stabileren Betrieb der gegengekoppelten Endstufe. Die Endstufe arbeitet mit M55-Gegentaktübertragenr mit R_{aa} = 8 KΩ

5.3 Der Zwerg mit 1P24B in Gegentakt

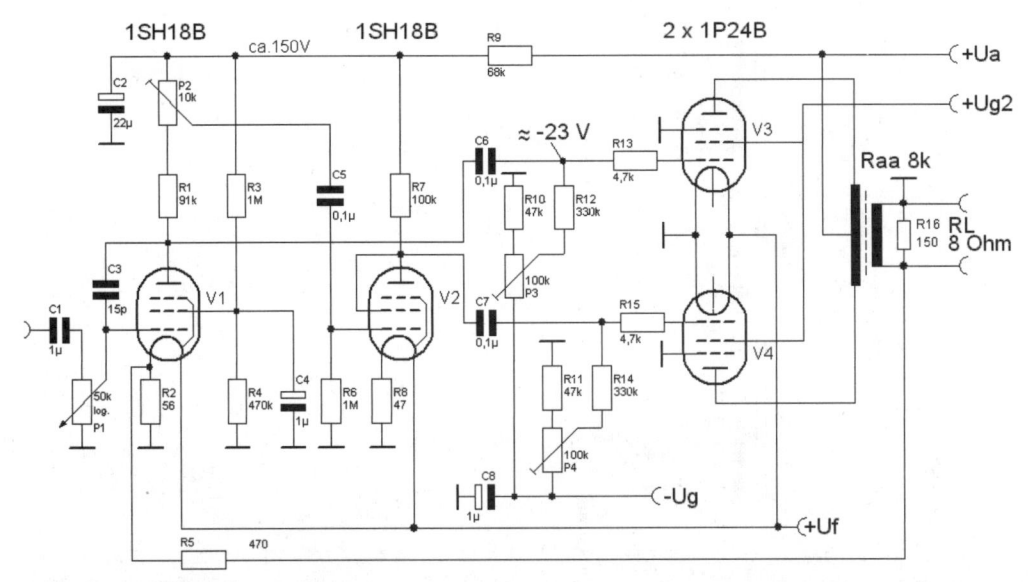

Abb. 5.11 Schaltbild des „Zwerg"

Die Phasenumkehr erledigt die zweite 1SH18B in Triodenschaltung. Die beiden gegenphasigen Signale gelangen dann über die 4,7-kΩ-Schutzwiderstände an die Gitter der Endröhren. Deren Arbeitspunkt kann mit den 100-kΩ-Potis getrennt eingestellt werden. Eine Besonderheit ist die Erzeugung der Gittervorspannung der Vorstufenröhren. Vorwiderstände passen die Heizspannung an die vorhandenen 2,4 V an und sorgen gleichzeitig für eine Gittervorspannung von ca. −1,8 V. Der Vorwiderstand der Vorröhre wurde etwas größer gewählt, da die Gegenkopplung gleichstrommäßig parallel liegt.

Das Netzteil ist kanalgetrennt aufgebaut. Jeder M65-Trafo liefert die Spannung für eine Endstufe. Die Anodenspannung wird mit einer Transistorsiebung stabilisiert und gesiebt. Aus der stabilisierten Spannung wird auch die Ug2-Spannung gewonnen. Der 10-kΩ-Widerstand vor der 160-V-Zenerdiode sorgt für eine Begrenzung des Schirmgitterstroms. Ab 9 mA bricht Ug2 zusammen und verhindert zu starkes Aussteuern der Endröhren. Die Gittervorspannung hat als Besonderheit einen 4,7-KΩ-Widerstand in der Trafozuleitung. Dieser begrenzt den Ladestrom des Ladekondensators. Im Kurzschlussfall wirkt er als Sicherung, da nur etwa 9 mA fließen können. Die Heizspannung wird mit Schottkydioden gleichgerichtet und über einen Lowdrop-Regler LT1085 auf knapp 2,5 V stabilisiert. An den Heizungen liegen dann wegen der Kabelwiderstände ca. 2,4 V an.

Das Gehäuse für den Zwerg schließt die Ausgangsübertrager als Seitenteile mit ein. Bei 2 mm Wandstärke und 55 mm Außenmaß ist genügend Platz für den Quereinbau der Röhren vorhanden. Unter Verwendung der M55-Ausgangsübertrager sind die Seitenmaße 55 × 55 mm festgelegt. Die Gesamtlänge von 160 mm ergibt sich aus dem Platzbedarf der vier Röhren. Insgesamt beträgt das Volumen damit knapp 0,5 Liter.

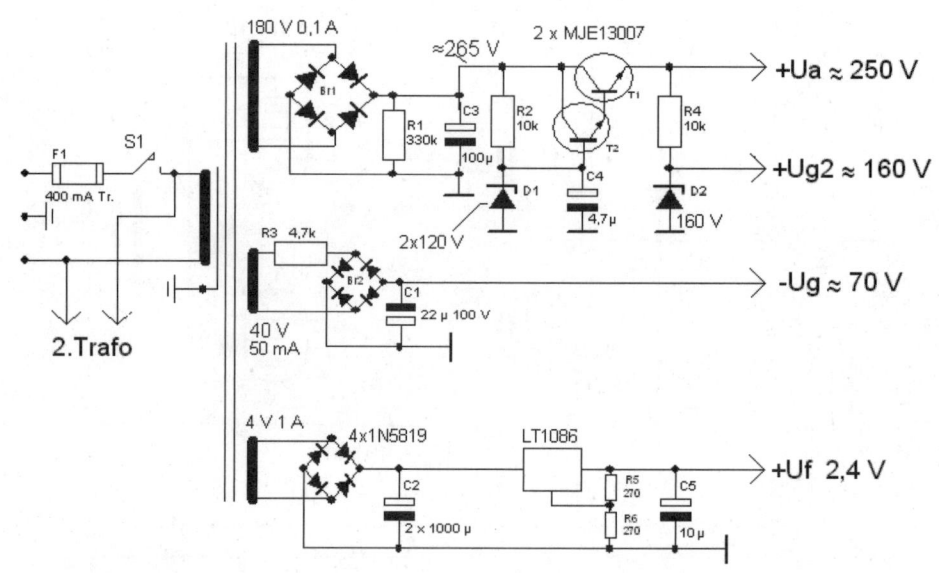

Abb. 5.12 Das Netzteil

Die Anforderungen bei einem solch kleinen Gehäuse sind vor allem gute Zugänglichkeit der Schaltung, und dass alle Teile einzeln abnehmbar sind. Zu diesem Zweck wurden kleine Rahmen gebaut, an die von allen Seiten die Gehäusewände angeschraubt werden können. Gehalten wird das Ganze mit vier durchgehenden Gewindestangen, die alle Teile verbinden.

Aus dem Quereinbau der Röhren ergab sich die Anordnung 2×4 Röhren nebeneinander. Aus Platzgründen musste ein Platine entwickelt werden. Die Leiterplatte ist etwa 50×50 mm groß und trägt alle Bauteile. Zusätzlich gibt es noch eine kleine Lötleiste für die Endröhren, die mit den Masseverbindungen an Rückwand und Stromversorgungsanschluss verbunden ist.

Die Rückwand trägt die komplette Elektronik und braucht nur über je fünf Drähte mit den Ausgangsübertragern verbunden werden. Mechanisch wird die Leiterplatte dann durch die Verschraubung des Potis in der Front verdrehsicher gehalten, zusätzliche Befestigungen sind nicht nötig.

Die Stromversorgung erfolgt über ein Kabel mit neunpoligen Sub-D-Verbindern. Als einzige gemeinsame Masseleitung für beide Endstufen dient der Schirm von einem Stück Koaxkabel RG58, der über die 8 Einzellitzen gezogen wurde.

Die Gehäuseteile bestehen aus 2-mm-Aluplatten mit dunkelbraun eloxierter Oberfläche, die Hilfsrahmen aus Kunststoff. Als seitlicher Abschluss sitzt auf den Ausgangsübertragern jeweils eine Abdeckhaube H55SW. Über vier Gewindestangen wird alles zusammengehalten, die Gehäusewände sind jeweils mit den Hilfsrahmen verschraubt. Das Netzteil wurde nach dem gleichen Konzept gebaut, allerdings mit M65-Trafos und demzufolge etwas größeren Abmessungen.

5.3 Der Zwerg mit 1P24B in Gegentakt

Abb. 5.13 Die bestückte Platine

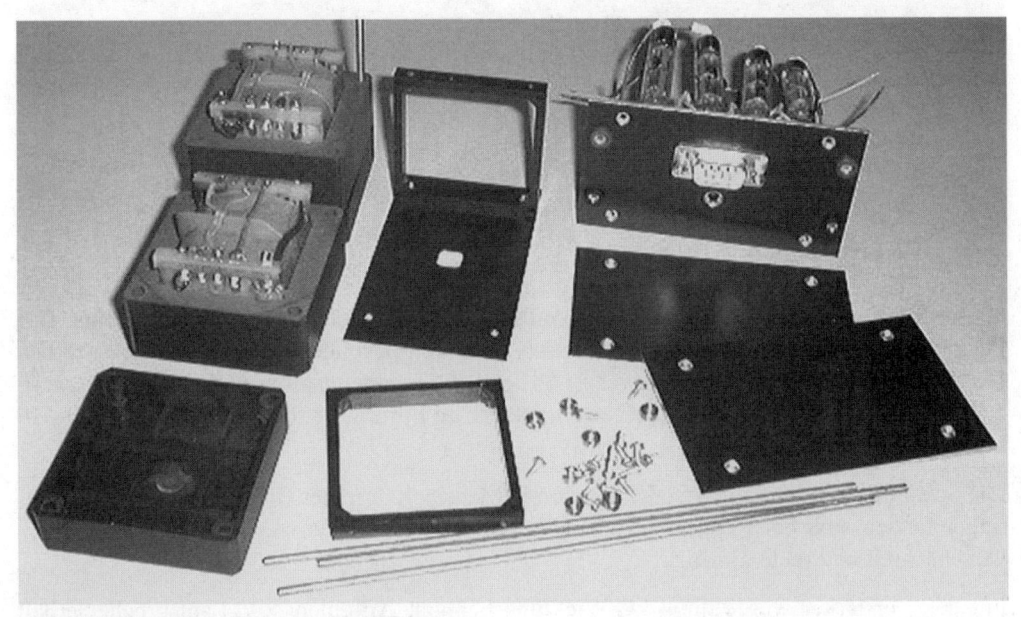

Abb. 5.14 Die Einzelteile des Verstärkers

Abb. 5.15 Der Zwerg mit geöffnetem Gehäuse

5.4 Der Harddisk-Amp

Dieser Röhrenverstärker wurde von Dieter Tepel aus einer Computer-Festplatte gebaut. Das Festplattengehäuse bietet ein ideales Chassis für einen besonders kleinen Audioverstärker. Der Stereoverstärker verwendet zwei EL84 in den Eintaktendstufen und liefert unverzerrt 2 W pro Kanal. Er errang damit den zweiten Platz im Forumswettbewerb von Jogis Röhrenbude.

Die Schaltung geht auf einen Vorschlag von RIM zurück. Von der Größe her passende Übertrager fanden sich bei Raphael-Audio. Die TSE-4 haben einen EL60-Kern, sind vierfach verschachtelt und recht günstig.

Für den Verstärker wurde die 4-kΩ-Wicklung benutzt. An einem 8-Ω-Lautsprecher erhält man eine Primärimpedanz von 6,4 kΩ. Das Trioden-System der ECC83 bringt genügend Verstärkung für den Einsatz einer Gegenkopplung. Die Vorteile sind ein geringerer Klirrfaktor und ein besserer Frequenzgang. Ohne Gegenkopplung arbeitet der Verstärker ebenfalls

5.4 Der Harddisk-Amp

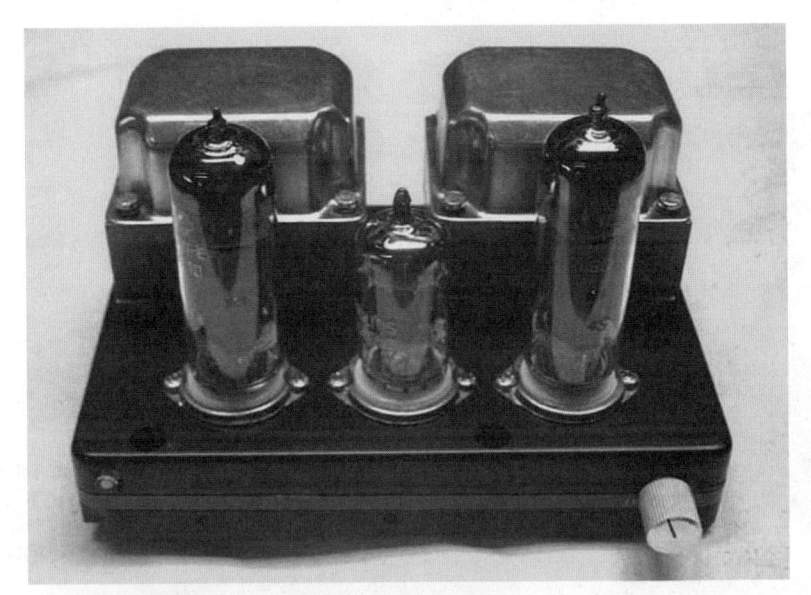

Abb. 5.16 Der Stereoverstärker im Festplattengehäuse

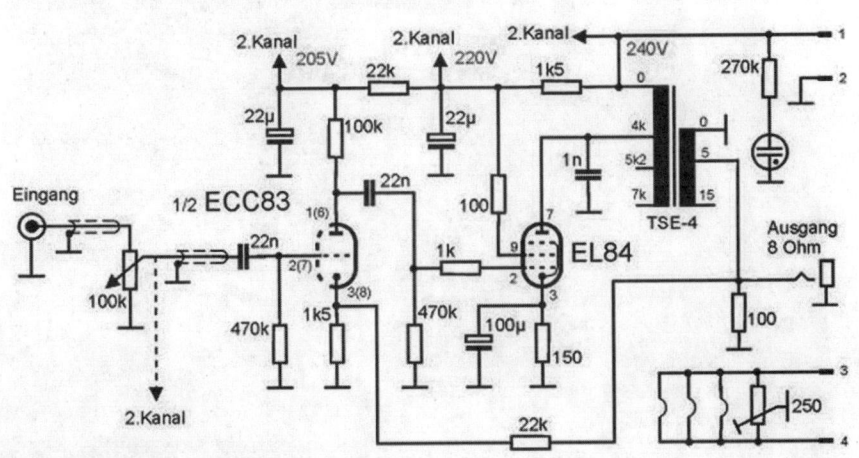

Abb. 5.17 Schaltung des Eintaktverstärkers

problemlos, allerdings wesentlich empfindlicher. Mit Gegenkopplung neigt der Verstärker zu wilden Hochfrequenzschwingen, wird aber mit dem 1-nF-Kondensator an der Anode stabil. Dieser Kondensator braucht eine Spannungsfestigkeit von mindestens 500 V.

Während Seagate-Platten (HardMouse) extrem hartes Material als Bodenteil aufweisen, lassen sich WD-Festplatten sehr gut verarbeiten. Der Mittelteil des Bodens muss mit der Stichsäge entfernt werden, so dass nur noch der Rand stehen bleibt. Die Elektronik-Platine der Festplatte sollte dann später als Boden-Deckel dienen.

5 Miniaturverstärker

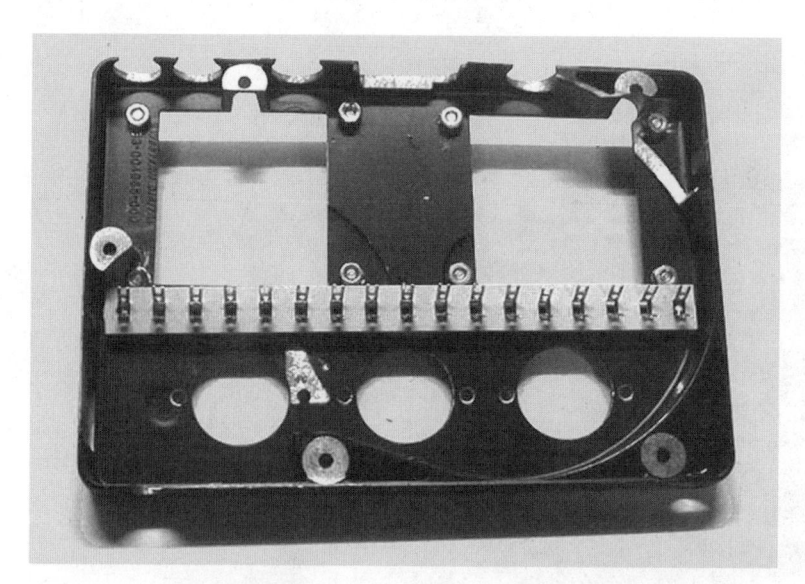

Abb. 5.18 Aussparungen für die Röhrensockel und die Übertrager

Abb. 5.19 Der HardAmp mit geöffneter Abdeckung

5.4 Der Harddisk-Amp

In den Deckel wurden die Löcher für die Röhrenfassungen gebohrt und die Aussparungen für die Übertrager gesägt. Da unter den Übertragern noch Bauteile liegen, wurde eine Montage auf Abstandhaltern vorgesehen. Zum Bohren der Löcher für den Lautstärke-Regler und die Anschlüsse mussten die beiden Gehäuseteile zusammengeschraubt werden. Als Lautsprecher-Anschlüsse wurden 6,3-mm-Klinkenbuchsen gewählt.

Da der Verstärker möglichst klein sein sollte, kam nur ein externes Netzteil in Frage. Als Steckverbindung zum Netzteil wurde die 4-polige Buchse einer PC-Stromversorgung verwendet. Im Netzteil selbst wird eine Drossel für eine wirksame Glättung eingesetzt. Das Netzteil wurde in ein PC-Netzteilgehäuse eingebaut. Abb. 5.21 zeigt den Gesamtaufbau mit Verstärker und Netzteil.

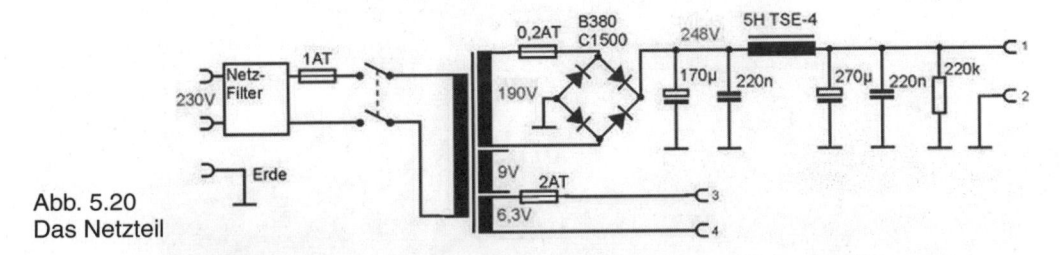

Abb. 5.20
Das Netzteil

Abb. 5.21
Das abgesetzte Netzteil

5 Miniaturverstärker

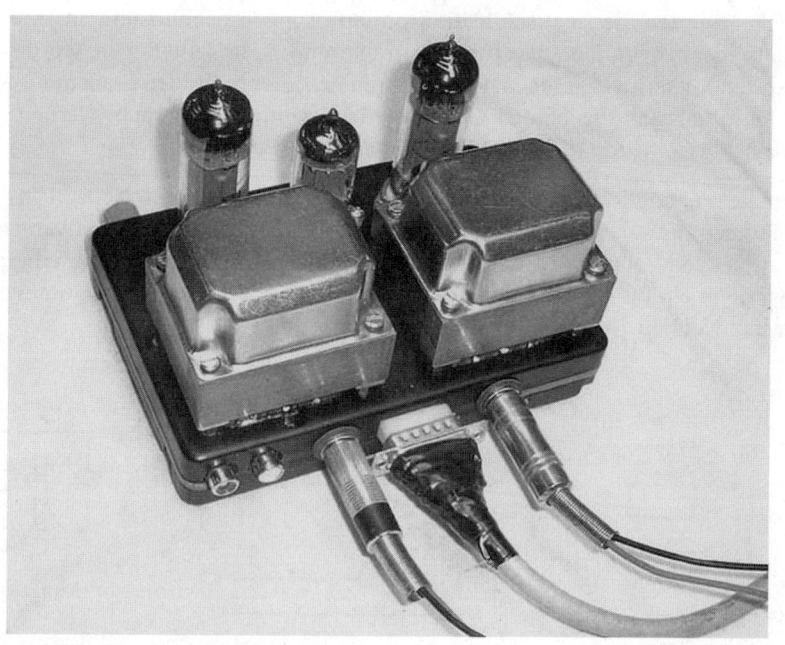

Abb. 5.22 Hinteransicht des Verstärkers

6 Einfache Hochfrequenzschaltungen

Das Audion ist eines der am meisten eingesetzten Empfängerschaltungen, nicht nur in der Anfangszeit des Rundfunks, sondern vor allem auch im Amateurfunk. Wer einen solchen Empfänger aufbaut, wird erstaunt sein, welche Empfangsleistung mit wie wenig Aufwand möglich ist. Ein Audion kann mehr als nur AM-Rundfunk empfangen. Auch Einseitenband-Sprechfunk und Telegraphie ist zu hören. Und sogar die ersten Gehversuche mit dem digitalen Rundfunk DRM gelingen mit einem Audion.

6.1 EF80-Einkreiser

Einfache Röhrenempfänger gehörten lange Zeit zur Grundausstattung eines jeden Funkamateurs. Diese Einführung in die Technik der Röhren-Einkreiser stammt von Dieter Rauschenberger (DF4NX). Hier geht es mehr um die theoretischen Grundlagen und um die Schaltungstechnik als um ein konkretes Bauprojekt.

Der Einkreiser stellt den einfachsten, möglichen Empfänger dar, mit dem auf Kurzwelle Amateurfunkaussendungen verfolgt werden können. Heutzutage wird zwar bei einfachen Konzepten dem Direktmischer der Vorzug gegeben, allerdings hat dieser auch einige Nachteile. Zum Beispiel muss die gesamte Verstärkung im NF-Teil bewerkstelligt werden. Daneben kann es leicht Probleme mit dem Großsignalverhalten des Mischers und der Abstrahlung des starken Oszillatorsignals geben.

Daneben erscheint es auch heute noch ratsam, Experimente mit Einkreisern auf Kurzwelle durchzuführen, nicht so sehr, um einen Stationsempfänger zu erhalten, sondern mehr um Erfahrungen im Umgang mit Hochfrequenzschaltungen zu sammeln. Diese Erfahrungen und das erworbene Wissen werden später beim Bau von aufwändigeren Schaltungen sehr wertvoll sein.

Zunächst soll das Arbeitsprinzip eines Einkreisers vorgestellt werden: Abb. 6.1 zeigt eine Standardschaltung, wie sie in den 50er und 60er Jahren so oder in ähnlicher Form von vielen Amateuren gebaut wurde. Die Schaltung arbeitet folgendermaßen:

Gitterkreis
Das Antennensignal gelangt über die Koppelwicklung „Lant" zum Schwingkreis L/C. Dieser Schwingkreis ist auf die Empfangsfrequenz abgestimmt. Über die R/C Gitterkombination 1 MΩ / 100 pF gelangt die HF an das Gitter der Pentode. Hier am Gitter geschieht zum einen die Gleichrichtung der HF, zum anderen wird dem Gitter auch gleichzeitig die HF zu-

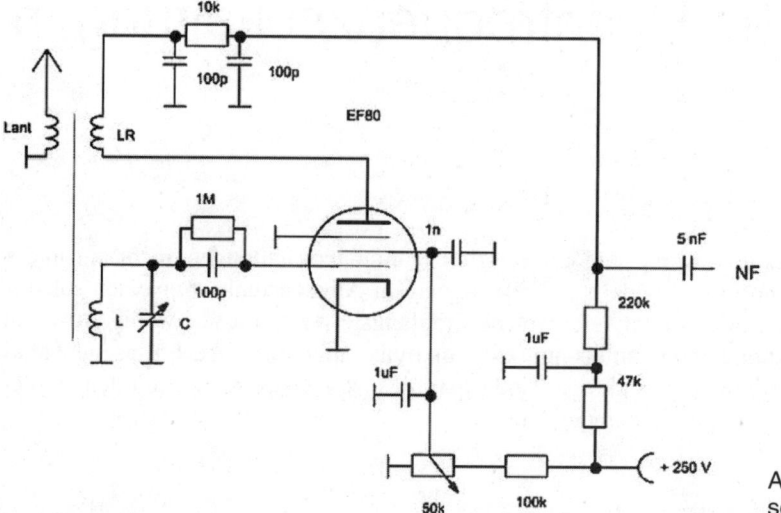

Abb. 6.1 Der Einkreiser mit einer EF80

geführt, d.h. am Gitter liegt die gleichgerichtete NF mit einer überlagerten HF an. Die Röhre verstärkt also sowohl HF als auch NF. Dies ist einer der Hauptvorteile des Einkreisers: Doppelte Ausnutzung einer Röhre. Für das korrekte Arbeiten des Einkreisers ist es wichtig, dass die Schwingkreisspule und die Rückkopplungsspule so gepolt sind, dass eine Mitkopplung und nicht eine Gegenkopplung eintritt. Abb. 6.2 zeigt die konstruktiven Details bei einlagigen Spulen. Alle Spulen haben den gleichen Wickelsinn. Wichtig ist, dass die Schwingkreisspule und die Rückkoppelspule bei gleichem Wickelsinn so angeschlossen werden, dass die beiden benachbarten Enden jeweils die HF-mäßig kalte Seite der Spule darstellen. Dann ist die Polung für eine Mitkopplung richtig, und die kapazitive Streukopplung zwischen beiden ist minimal.

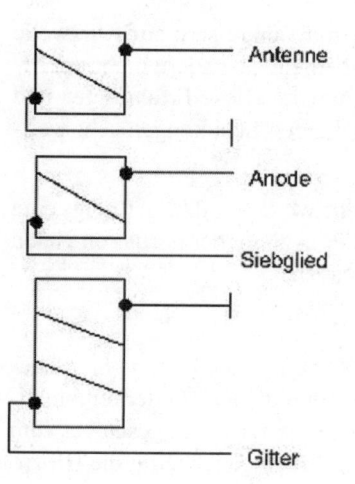

Abb. 6.2 Aufbau der Spule

Kritisch ist ebenfalls die konstruktive Ausführung des R/C Gliedes 1 MΩ/100 pF. Es wird empfohlen, einen Rohrkondensator zu verwenden, und den Widerstand im Inneren des Röhrchens zu platzieren. Die Einheit wird dann so angeschlossen, dass der Innenbelag des Rohrkondensators mit dem Gitter der Röhre verbunden wird. Die Kombination wird mit kürzestem Abstand direkt an die Röhre gelötet, sonst besteht Gefahr von NF-Brummeinstreuungen in den hochempfindlichen Gitterkreis. Steht kein Rohrkondensator zur Verfügung, so wird das R/C Glied dennoch direkt an die Röhrenfassung gelötet.

Karl Schultheiß, DL1QK, hat in „Der Kurzwellenamateur", 11. Auflage, auf Seite 34, folgende Wickeldaten für die Spulen angegeben – es handelt sich um Luftspulen mit 35 mm Durchmesser:

Band	L	LR	Lant
80 m	26	3	4
40 m	12	2	3
20 m	5	1,5	2
15 m	3..4	2	2
10 m	2	1	1

Anodenkreis
An der Anode liegt sowohl die verstärkte HF als auch die verstärkte NF. Die HF wird über die Wicklung „LR" auf den Eingangskreis rückgekoppelt. Diese Rückkopplung führt zur Entdämpfung des Eingangskreises, d.h. die Verluste des Eingangskreises werden ausgeglichen. Die Entdämpfung bewirkt, dass der Eingangskreis sehr schmalbandig und damit sehr selektiv wird. Wird so stark rückgekoppelt, dass die Röhre schwingt, so können CW- und SSB-Sendungen empfangen werden. Das Oszillatorsignal des Einkreisers wirkt wie der BFO beim Super. Für AM-Empfang ist die Rückkopplung kurz vor dem Schwingungseinsatz einzustellen, da in diesem Betriebspunkt der Einkreiser die beste Selektivität hat.

Nach LR folgt ein Siebglied, welches das Abfließen der HF in Richtung des NF-Verstärkers verhindern soll. Der folgende Widerstand mit 220 kΩ stellt den Arbeitswiderstand für die NF dar, d.h. an dieser Stelle kann über einen Koppelkondensator die erste NF-Stufe angeschlossen werden. Das folgende Siebglied 1 µF/47 kΩ blockt die Versorgungsspannung ab.

Schirmgitterkreis
Damit das Schirmgitter HF-mäßig kalt ist, wird es direkt an der Röhre mit 1 nF nach Masse abgeblockt. Die Schirmgitterversorgung geschieht mit dem Poti 50 kΩ. Damit die optimale Verstärkung der Röhre erzielt wird, muss der Arbeitspunkt so eingestellt werden, dass an der Anode ca. 40–50 V, am Schirmgitter ca. 20–30 V anliegen. Dies geschieht durch richtige Dimensionierung des NF-Arbeitswiderstandes im Anodenkreis (220 kΩ) und durch den

Schirmgitterkreis. Gleichzeitig muss aber durch die Schirmgitterspannung der Schwingungseinsatz der Röhre sehr feinfühlig eingestellt werden können. Man geht folgendermaßen vor:

Arbeitspunkteinstellung
Zunächst wird der Einkreiser ohne LR in Betrieb genommen, d.h. die Anode wird direkt mit dem Siebglied verbunden. Man kann deshalb nur starke AM-Sender empfangen. CW- und SSB-Empfang ist zunächst nicht möglich. Eventuell ist ein AM-Messsender zu verwenden. Steht der nicht zur Verfügung, so stellt man zunächst eine Schwingkreisspule für 40 m her, mit der die im Bereich über 7,1 MHz arbeitenden Rundfunksender ebenfalls zu empfangen sind. Eventuell kann man auch das 49-m-Rundfunkband abhören. Dann werden die Anoden und Schirmgitterspannung mit einem hochohmigen Voltmeter überwacht. Man sucht durch Einstellung der Schirmgitterspannung mittels des 50-kΩ-Potis den Punkt, bei dem die Lautstärke maximal ist. Dabei sollten sich die genannten Spannungen ergeben. Man kann nun experimentieren und den Anodenwiderstand (220 kΩ) variieren. Man wird feststellen, dass bei kleineren oder größeren Werten die Lautstärke allmählich abnimmt. Erfahrungsgemäß stimmt die angegebene Dimensionierung für eine EF80. Wer mit anderen Röhren oder Versorgungsspannungen arbeitet, kommt um eigene Experimente nicht herum. Man wird überrascht sein, wie viel hier durch Optimierung herauszuholen ist.

Rückkopplung
Erst wenn der Gleichstromarbeitspunkt für optimale NF-Verstärkung feststeht, fügt man LR ein. Da der Schwingungseinsatz ebenfalls mit der Schirmgitterspannung geregelt wird, beeinflussen sich Schwingungseinsatz und Arbeitspunkt. Deshalb soll die Windungszahl von LR so gewählt werden, dass der Punkt des Schwingungseinsatzes mit dem Punkt der optimalen NF-Verstärkung übereinstimmt. Dies stellt das eigentliche Geheimnis der Einkreiser dar. Die eine oder andere Enttäuschung beim Bau von Einkreisern ist darauf zurückzuführen, dass diese Gesetzmäßigkeit nicht bekannt war, und deshalb die Empfangsergebnisse des Einkreisers zu wünschen übrig ließen.

Verfährt man derart, dann benötigt man nur noch eine NF-Röhre für Kopfhörerempfang. Man wird feststellen, dass man am Schirmgitterpoti nur einen sehr kleinen Bereich zur Einstellung benötigt. Gemäß Abb. 6.3 kann man das Poti elektrisch spreizen.

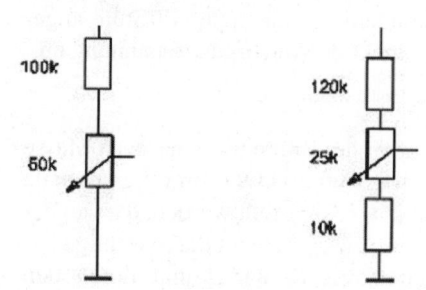

Abb. 6.3 Varianten des Rückkopplungsreglers

Antennenkopplung

Beim Betrieb eines solchen Einkreisers ist darauf zu achten, dass die Antenne nur sehr schwach an den Schwingkreis angekoppelt wird, d.h. „Lant" soll nur wenige Windungen besitzen. Bei zu starker Kopplung kann es besonders bei resonanten Antennen passieren, dass keine Erregung mehr stattfindet, weil dem Schwingkreis durch die resonante Antenne Energie entzogen wird (Dipmeter-Effekt). Zum anderen übersteuern zu starke Eingangssignale den Gittergleichrichter. Ein Abschwächer nach Abb. 6.4 kann hilfreich sein.

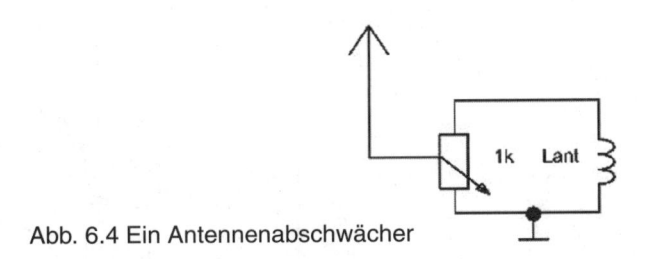

Abb. 6.4 Ein Antennenabschwächer

Lang- und Mittelwellenempfang

Die Schaltung nach Abb. 6.1 mit der sogenannten „Ohmschen Regelung", also Regelung der Schirmgitterspannung zur Einstellung des Schwingungseinsatzes, hat den Vorteil, dass sie die Abstimmung des Empfängers nicht verstimmt. Der Nachteil ist, dass gleichzeitig mit dem Schwingungseinsatz auch der Arbeitspunkt, und damit die NF-Verstärkung verändert wird. Ein weiterer Nachteil tritt zu Tage, wenn ein breiteres Frequenzband abgedeckt werden soll. Dann ist die Einstellung zwischen Bandanfang und Bandende sehr unterschiedlich. Es gibt Schaltungen, bei denen die Einstellung des Schwingungseinsatzes nicht mittels der Schirmgitterspannung, sondern auf HF-Wegen vorgenommen wird. Solche Schaltungen verstimmen allerdings bei Änderung der Rückkopplung den Eingangskreis etwas. Allerdings kann man mit ihnen ein sehr großes Frequenzband ohne Bandumschaltung abdecken. Deshalb hat man sie eher bei Lang- und Mittelwellenempfängern verwendet. Abb. 6.5 zeigt die „Leithäuser-Schaltung". Diese hat allerdings den Nachteil, dass der Rückkopplungskondensator potentialfrei zu montieren ist.

Einstellung des Arbeitspunktes

Die Einstellung des Arbeitspunktes ist bei dieser Schaltung einfacher als bei ohmscher Regelung, da es keine gegenseitige Beeinflussung zwischen dem Arbeitspunkt und der Rückkopplung gibt. Es gelten die gleichen Kriterien wie bei ohmscher Regelung: Anodenspannung 40–50 V, Schirmgitterspannung 20–30 V. Rsg und der Anodenwiderstand werden so gewählt, dass ohne Rückkopplung maximale Lautstärke erreicht wird. Auf Mittelwelle findet sich immer ein starker Ortssender, so dass diese Arbeit bequem ohne Messender durchgeführt werden kann. Man beginnt mit Rsg = 800 kΩ und einem Anodenwiderstand von 220 kΩ. Es ist auch möglich, zunächst für beide Widerstände ein Trimmpoti einzusetzen. Dann werden beide abwechselnd so lange verstellt, bis keine Lautstärkeerhöhung mehr möglich ist. Dieses Experiment ist sehr lehrreich, weil man mit einfachen Mitteln sofort fest-

Abb. 6.5 Die Leithäuser-Schaltung

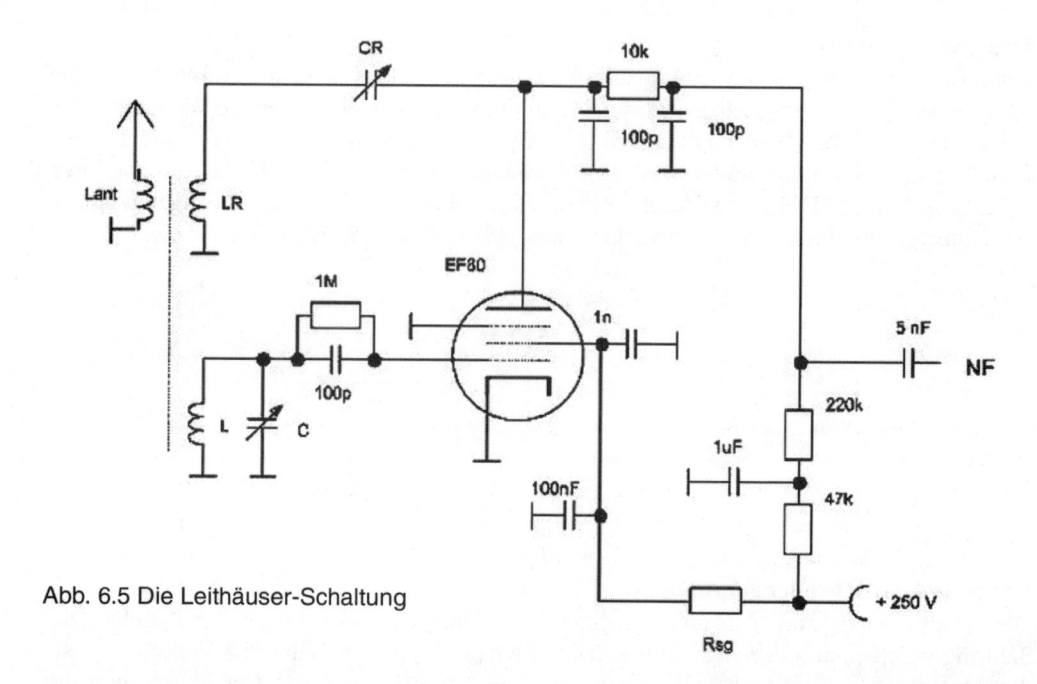

stellen kann, in welchem Maße die Verstärkung vom Arbeitspunkt abhängt. CR und LR sind so zu wählen, dass sich der Schwingungseinsatz weich und ohne Hysterese im gesamten Band einstellen lässt. Für LR sind mehr Windungen erforderlich als in Abb. 6.1, da LR nicht in der Anodenleitung liegt, sondern HF-mäßig parallel zur Anode. Dadurch muss LR einen höheren induktiven Widerstand besitzen. Auf Mittelwelle kann für CR ein normaler Abstimmdrehko mit ca. 300 pF verwendet werden.

Um den potentialfrei zu montierenden Rückkopplungskondensator zu umgehen, könnte man auch daran denken die Reihenfolge von CR und LR zu tauschen. Also CR an Masse, und LR an die Anode. Dies hat aber den Nachteil, dass LR dann an beiden Enden HF-mäßig „heiß" wäre, was zu unerwünschten kapazitiven Kopplungen mit dem Gitterkreis führen würde. Die „Schnell-Schaltung" nach Abb. 6.6 umgeht diesen Nachteil, indem CR an die Stelle des ersten Siebkondensators rückt.

Die Einstellung des Arbeitspunktes geschieht genau wie bei der Leithäuser-Schaltung. Da LR hier wie bei Abb. 6.1 in Reihe mit der Anode liegt, gelten etwa die gleichen Verhältnisse, was die Windungszahl betrifft. CR kann ein Drehko mit ca. 100–200 pF sein. Auch ein Abstimmdrehko mit ca. 300 pF ist verwendbar.

Der berühmte „Heinzelmann" von Grundig verwendete ein Variometer zur Einstellung der Rückkopplung (vgl. Abb. 6.7). Dieses war mechanisch derart ausgeführt, dass LR mittels einer Achse, die mit dem Rückkopplungsknopf bedient werden konnte, von der Schwingkreisspule weggeschwenkt werden konnte. Dadurch hat man sich einen Drehkondensator eingespart. Der Arbeitspunkt wird auch hier nach dem bekannten Verfahren eingestellt.

6.1 EF80-Einkreiser   **123**

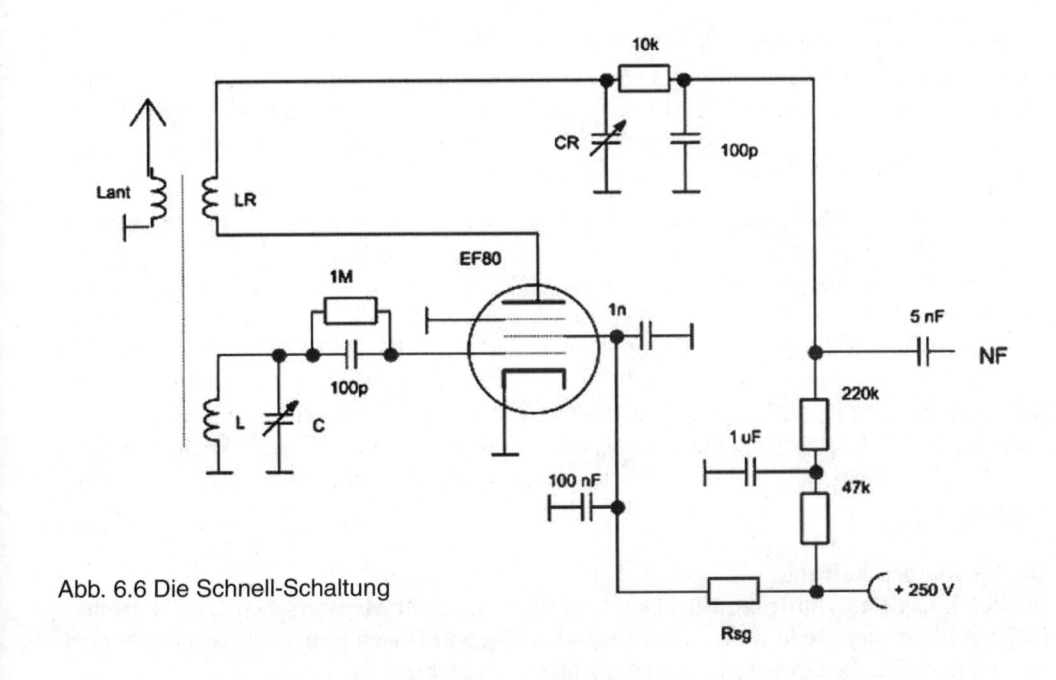

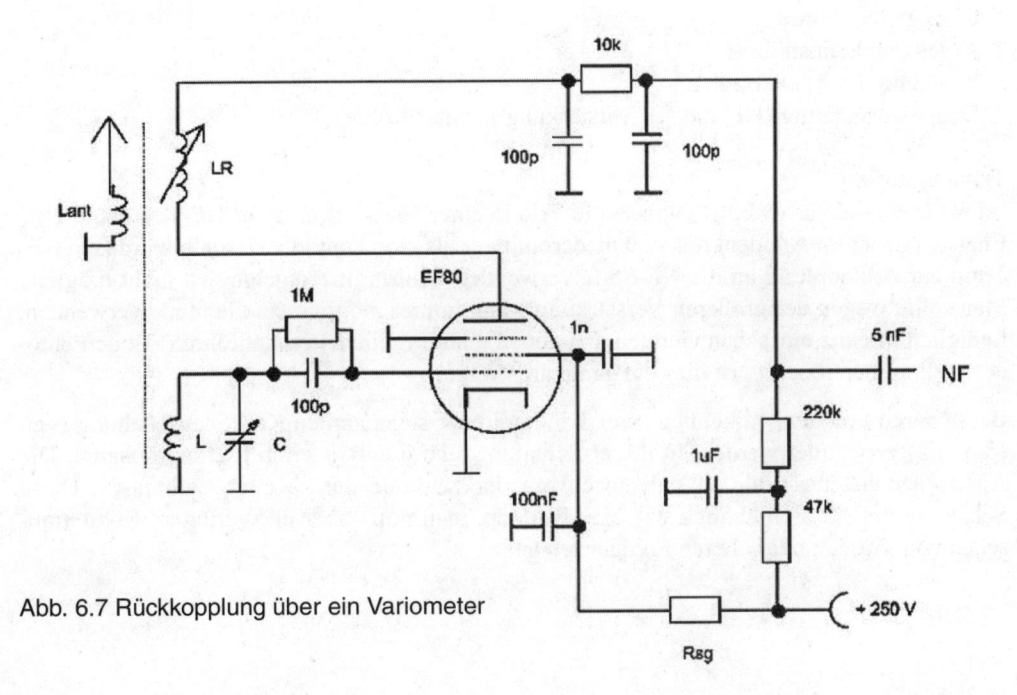

Abb. 6.6 Die Schnell-Schaltung

Abb. 6.7 Rückkopplung über ein Variometer

Anmerkung zum Wicklungssinn von LR

Bisher wurde immer davon ausgegangen, dass alle Spulen einlagige Zylinderspulen seien. Dann sind L und LR wie in Abb. 6.2 zu schalten, wenn sie den gleichen Wickelsinn haben. Die beiden HF-mäßig kalten Enden stehen sich gegenüber. Dies ist – wie erwähnt – deshalb praktisch, weil dann die kapazitive Kopplung der Anode aufs Gitter minimal ist.

Verwendet man Wabenspulen, wie sie auf Lang- und Mittelwelle aufgrund der größeren Windungszahl praktisch sind, versucht man immer die äußere Lage an Masse zu legen. Dadurch erhält man eine gewisse Schirmwirkung. Die äußeren HF-mäßig kalten Lagen schirmen die inneren HF-mäßig heißen Lagen ab. Dann muss man allerdings den Wickelsinn von LR umdrehen, um die für eine Mitkopplung nötige Phasenlage zu erhalten. Denn in allen vorgestellten Schaltungen wird die Röhre in Kathodenbasisschaltung betrieben. Diese Schaltung hat eine Phasendrehung von 180 Grad. Will man Mitkopplung erreichen, so muss man mittels LR die Phase erneute um 180 Grad drehen. Bei den einlagigen Spulen erreichte man dies, indem bei gleichem Wickelsinn das kalte Ende von LR dem kalten Ende von L benachbart ist.

Die Oszillatorschaltung

In allen Beispielen wurde die Rückkopplung nach Art einer Meißnerschen Oszillatorschaltung vorgenommen. Jede andere Oszillatorschaltung würde sich prinzipiell genauso eignen. Es sind lediglich die Grundprinzipien des Einkreisers zu berücksichtigen:

1. Gittergleichrichtung
2. Arbeitspunkteinstellung
3. Regelung der Rückkopplung
4. Doppelausnützung (HF und NF Verstärkung in einer Röhre)

Triodenaudion

Im Volksempfänger (VE301) wurde die Triode einer Verbundröhre im HF-Teil eingesetzt. Eine Triode ist im Anodenkreis viel niederohmiger als eine Pentode. Deshalb wurde ein NF-Trafo zur Ankopplung an die NF-Stufe verwendet. Schirmgitterregelung ist nicht möglich. Man sollte wegen der größeren Verstärkung wann immer möglich eine Pentode verwenden. Lediglich in ganz einfachen Geräten, bei denen man mit einer Verbundröhre (Triode/Pentode) auskommen möchte, ist dies ein gangbarer Weg.

Bei höheren Frequenzen können zwei Trioden in der sogenannten Kaskodenschaltung (vgl. Kap. 6.2) verwendet werden. In dieser Schaltung sind die Trioden in Reihe geschaltet. Die Anode der ersten Triode ist galvanisch mit der Kathode der Zweiten verbunden. Diese Schaltung verhält sich ähnlich wie eine Pentode, man nützt aber das geringere Röhrenrauschen von Trioden bei höheren Frequenzen aus.

6.2 Kurzwellen-0V2 mit ECC81

Dieser Audionempfänger wurde von Michael Kammerer weitgehend nach einer Schaltung von Karl Schultheiß aufgebaut. Die Bezeichnung 0V2 bezieht sich auf die Abfolge der Empfängerstufen: Keine HF-Vorstufe, eine Audionstufe (V) und zwei NF-Stufen. Das Gerät wurde auf einem Aluminiumchassis aufgebaut und mit Lötösen frei verdrahtet. Der Empfänger verwendet eine drehbare Skala auf der Drehkoachse.

Die Schaltung des Audions mit zwei hintereinandergeschalteten Trioden bezeichnet man als Kaskodenschaltung. Trioden wie die ECC81 arbeiten in einem Audion rauschärmer als Pentoden.

Der Antennenanschluss wird hier an die Kathoden-Anzapfung der Spule gelegt. Damit bleibt der Einfluss der Antenne auf den Schwingkreis gering. Eine Antenne muss übrigens nur zum Empfang wirklich schwacher Signale angeschlossen werden. Für starke Sender auf Kurzwelle reichen die verwendeten Korbbodenflachspulen als Antenne völlig aus.

Das übliche Rückkopplungspoti wurde durch zwei Potis für Grob- und Feineinstellung ersetzt. Der Stellbereich bis insgesamt 65 V reicht für diverse ECC81 unterschiedlicher Hersteller.

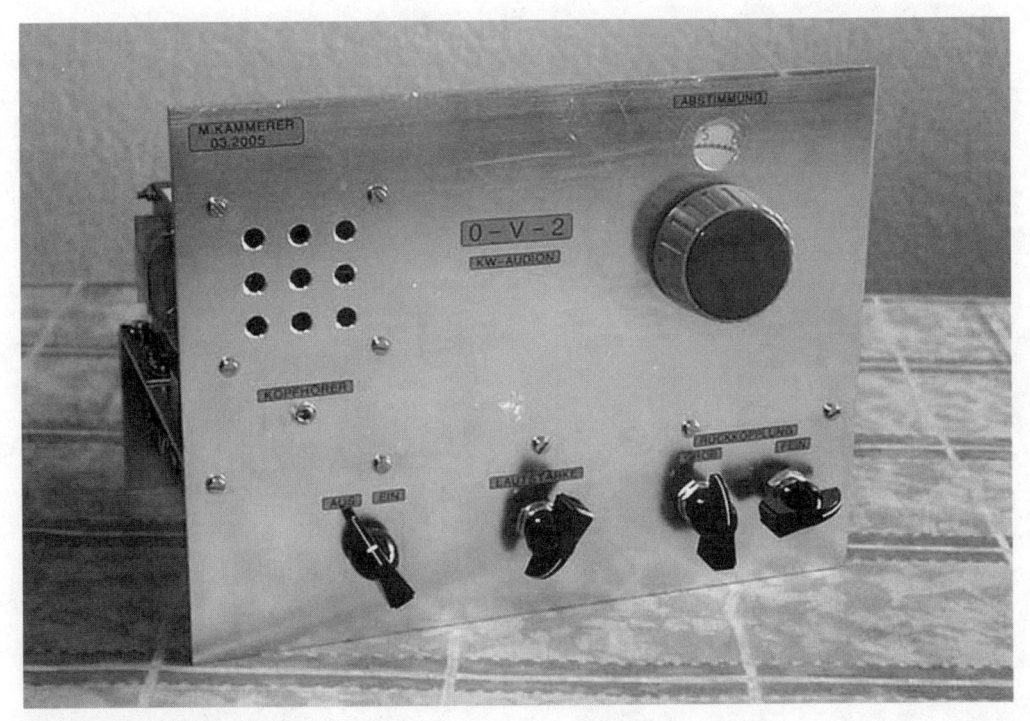

Abb. 6.8 Das fertige Audion

6 Einfache Hochfrequenzschaltungen

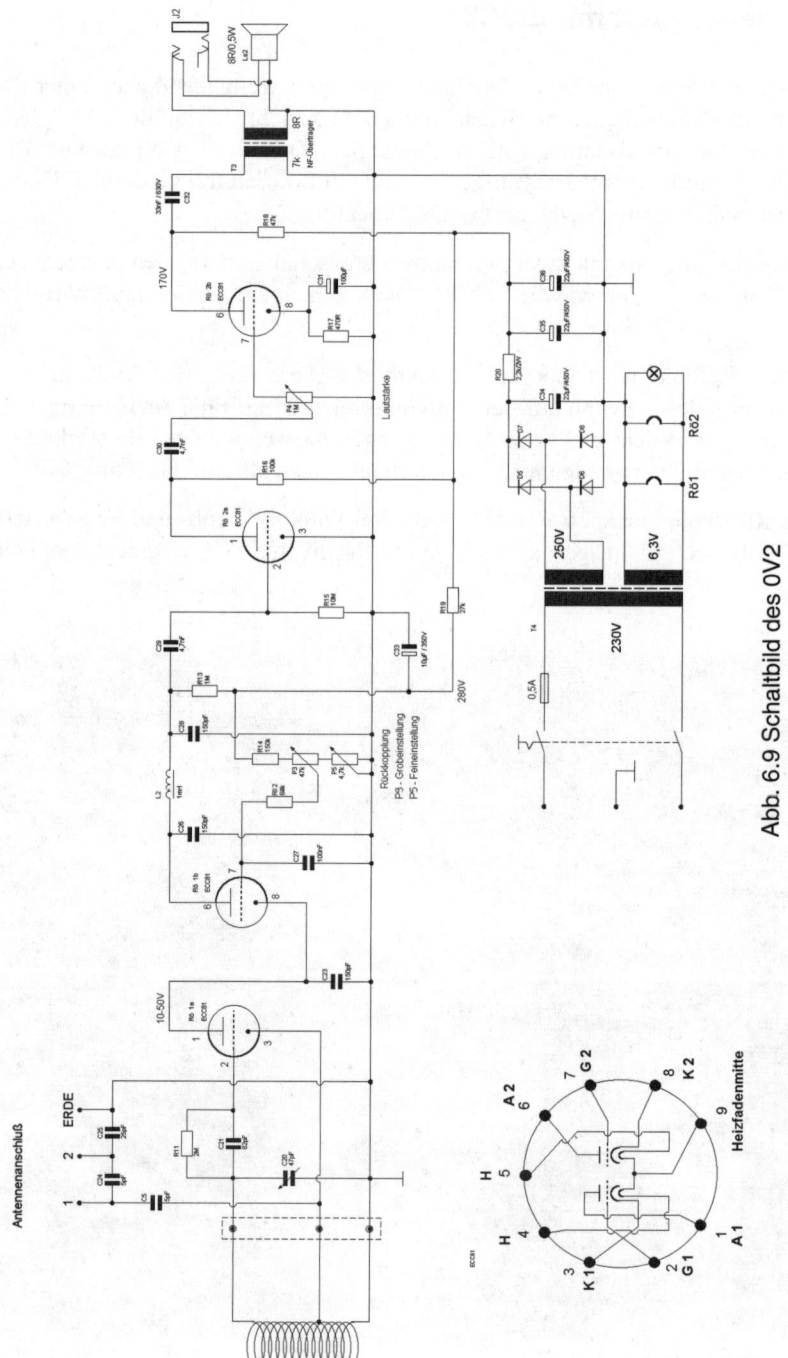

Abb. 6.9 Schaltbild des 0V2

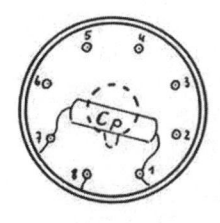

Blick in den Spulenkörper
Stiftbezeichnung daher spiegel-
bildlich (Ziffern von rechts
nach links)

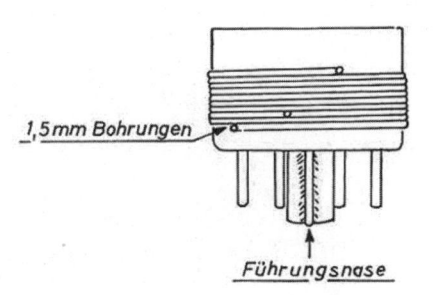

Seitenansicht eines bewickelten Spulenkörpers

1,5mm Bohrungen

Führungsnase

Band	Draht ⌀	Windg.	Anzapfung	Spulen ⌀	Cp
80	0,3	29 ¾	5	29 mm	35
40	0,7	11 ¾	3		80
20	0,7	5	2		90
15	0,7	3 ¼	1		75
10	0,7	2 ¼	1		80

Abb. 6.10 Aufbau und Daten von Steckspulen

Entscheidend für die Empfangleistung eines Audions sind die Schwingkreisspulen. In früheren Zeiten hat man für die Steckspulen gerne alte Oktal-Röhrensockel verwendet. Hierzu klopfte man von unbrauchbar gewordenen Röhren den Glaskolben ab und räumte das Innere des Sockels so aus, dass die Stiftanschlüsse unversehrt blieben. Direkt auf das noch vorhandene Röhrenunterteil wurde dann der Spulendraht aufgewickelt und mit Klebstoff fixiert. Die Anschlüsse der Drähte verlegte man durch kleine Löcher ins Innere und lötete sie an die Stiftkontakte.

Statt der traditionellen Oktal-Steckspulen werden hier Flachspulen mit 4-mm-Steckern eingesetzt. Alle Spulen sind mit HF-Litze gewickelt. Jede Spule hat einen Aufkleber, der am PC entworfen und dann ausgedruckt wurde.

Die Einfachheit eines Audions und die erzielbaren Empfangsergebnisse sind erstaunlich.

Allerdings muss ein Audion mit Feingefühl bedient werden, wenn man SSB oder CW empfangen will. Weil die Rückkopplungseinstellung auch die Kapazitäten der HF-Röhre etwas ändert, muss meist der Drehkondensator zusätzlich nachgestellt werden. Ein Nachteil ist die fehlende Genauigkeit der Frequenzeinstellung. Auf Kurzwelle kommt eine gewisse Handempfindlichkeit hinzu.

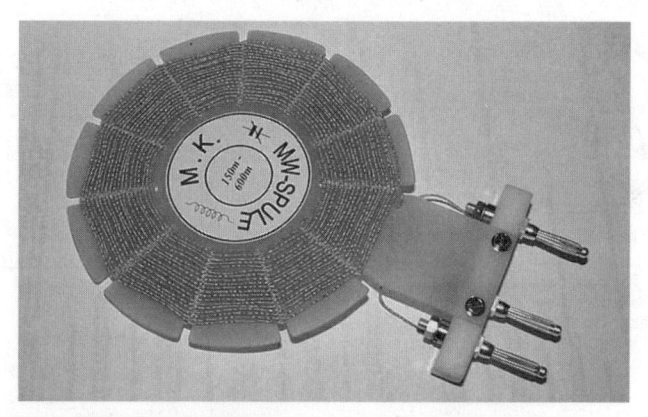

Abb. 6.11 Die Mittelwellenspule 150–600 m

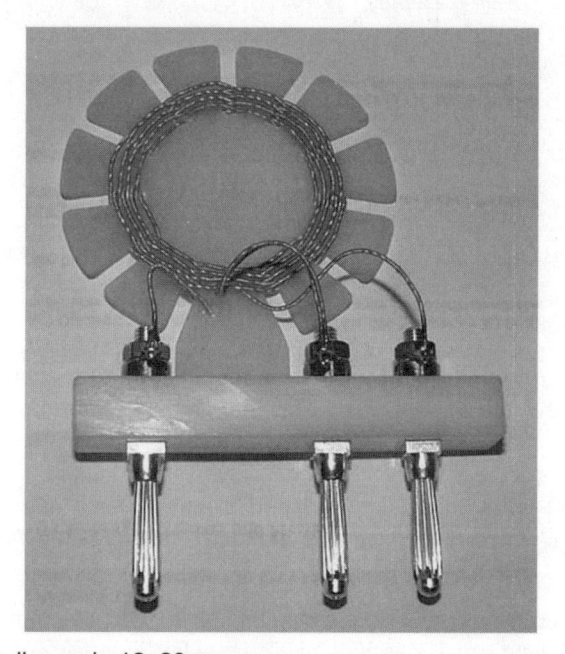

Abb. 6.12 Die Kurzwellenspule 18–30 m

Die Empfindlichkeit dieses Empfängers ist sehr gut. Der Vergleich mit einem Kurzwellentransceiver IC718 mit durchgehendem Empfänger zeigte, dass fast alle Stationen, die mit dem kommerziellen Gerät empfangen werden konnten, auch mit dem Audion zu hören waren. In den Abendstunden konnte z.B. der Flugwetterdienst Shannon-Volmet auf 5,505 MHz in SSB ohne Antenne schwach empfangen werden. Die weibliche Synthetikstimme von RAF-Volmet auf 5,450 MHz war noch besser zu hören. Im Rundfunkbereich konnte auf 6,3 MHz „Space-Radio" ohne Probleme gehört werden. Im 31-m-Band waren z.B. Radio

Abb. 6.13 Das Gerät von der Rückseite

Kairo und zahllose andere Sender ohne Antenne zu hören. Bei manchen leisen Stationen bringt eine Langdrahtantenne Vorteile.

6.3 Der Kleinempfänger Hercules

Dieses besonders kleine Röhrenradio mit zwei Wellenbereichen von Ralf Raupach war der Sieger des Röhrenbuden-Bastelwettbewerbs 2003. Das Radio verwendet eine PCF801 und eine PCC88 und kommt mit einer Anodenspannung von 20 V aus.

Um geeignete Röhren zu finden, wurden einige Typen mit einem Röhrenprüfgerät bei der geringst möglichen Anodenspannung von 20 V auf Anodenstrom und Steilheit geprüft.

Abb. 6.14 Herkules ganz klein

Die günstigsten Werte brachten die PCC88 die mit Ia = 9 mA und S = 7 mA/V und die PCF801 mit den Daten der Triode von Ia = 8 mA und S = 6 mA/V und der Pentode von Ia = 2,5 mA und S = 2 mA/V.

Für die HF-Seite des Gerätes wurde eine Audionschaltung mit selektiver Vorstufe gewählt. Dadurch wird es zum Zweikreiser. Es ist Mittel- und Kurzwellenbetrieb vorgesehen.

Die Daten zum Schaltbild:

FA – Ferritstab 10 × 100 mm
L1 – 20 Wdg. HF-Litze
L2 – 60 Wdg. HF-Litze
L3 – 8 Wdg. HF-Litze

6.3 Der Kleinempfänger Hercules

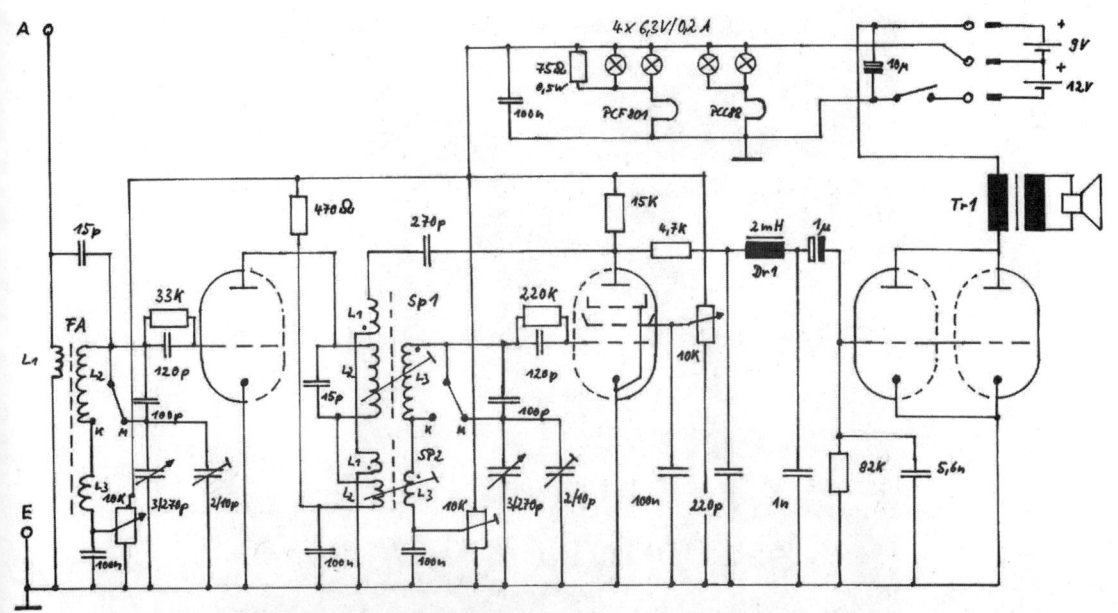

Abb. 6.15 Die Schaltung des Zweikreisers

Sp1 – Doppelfilter (Reinhöfer-Electronic)
L1 – 20 Wdg. 0,15 CuL
L2 – 200 Wdg. HF-Litze
L3 – 240 Wdg. HF-Litze

SP2 – kl. Spulenkörper, 5 mm Durchmesser
L1 – 10 Wdg. 0,15 CuL
L2 – 20 Wdg. 0,15 CuL
L3 – 14 Wdg. 0,3 CuL

Dr1 – Spulenkörper (Reinhöfer Electronic)
Ferrithülse, vollgewickelt mit 0,15 CuL
Tr1 – prim. 3,2 kΩ, sek. 6 Ω, Kern M42

Den Eingangskreis FA bildet ein Ferritstab (10 mm Ø × 100 mm Länge). Damit lässt sich ein stärkerer Ortssender auch ohne Außenantenne hören. Da L1 bei KW kaum noch wirkt, wird der Eingangskreis über den 15-pF-Kondensator an die Antenne gekoppelt. Das stellt allerdings einen Kompromiss dar, da die Kapazität der Außenantenne eine relativ starke Verstimmung des Kreises bewirkt. Bei Verwendung eines Wellenschalters mit mehr Kontakten könnten alle Koppelspulen und Kreise separat geschaltet werden.

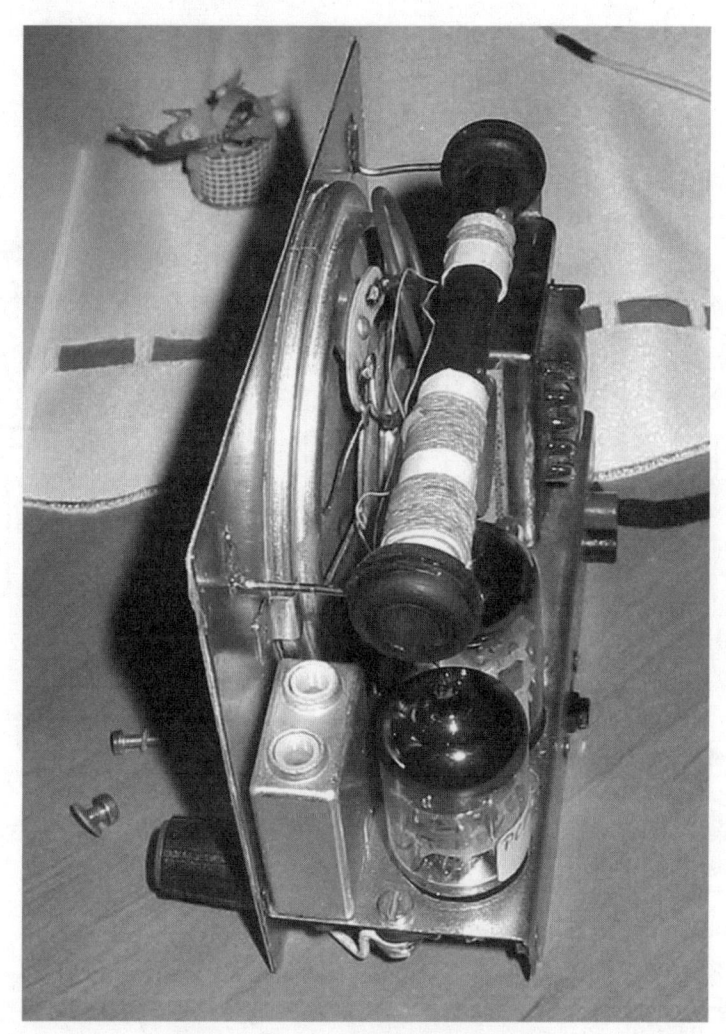

Abb. 6.16 Das Empfängerchassis mit Ferritantenne und Filter

Das 10-kΩ-Tandempoti regelt sowohl die Gittervorspannung der Triode als auch die Spannung am Gitter 2 der Pentode. Der 100-pF-Kondensator verkürzt den Kapazitätsbereich des Drekos auf Kurzwelle.

Der zweite Kreis SP1 ist analog dem ersten aufgebaut. Koppelspule L2 ist dabei auf einen separaten Körper gewickelt. Die Rückkoppelspule L1 ist auf L3 gewickelt. In gleicher Weise ist SP2 für KW auf einen kleinen Stiefelkörper aufgebaut. Der 10-kΩ-Einstellregler bestimmt den Arbeitspunkt der Pentode und wird so eingestellt, dass bei voll aufgedrehtem Verstärkungspoti ein ausreichender Schwingungseinsatz des Audions gewährleistet ist.

Das an der Anode der Pentode anliegende NF-Signal wird über ein zweifaches Tiefpassfilter mit 4,7 kΩ und Dr1 sowie 220 pF und 1 nF von der restlichen HF befreit und der NF-Endstufe zugeführt. Diese besteht aus den zwei parallel geschalteten Triodensystemen der PCC88. Durch den dadurch halbierten Innenwiderstand der Stufe wurde die Verwendung eines vorhandenen Ausgangsübertragers möglich. Wenn die Stufe mit einem Eingangspegel von ca. 2 Vss angesteuert wird, ist eine Ausgangsleistung von etwa 50 mW zu erwarten. Allerdings wird dieser Pegel von dem Audion nur bei extrem kräftigen HF-Eingangssignal geliefert.

Die Stromversorgung wird durch einen Bleigel-Akku mit 12 V und 4,5 Ah als Heizstromquelle und einer 9-V-Blockbatterie als aufgestockter Anodenbatterie realisiert. Wenn der Clip der 9-V-Batterie kurzgeschlossen wird und nur der 12-V-Akku als Anodenversorgung wirkt, ist noch Ortsempfang möglich.

Die Heizspannungen von 7 V (PCC88) und 8,5 V (PC 801) erforderten Parallelschaltung der Heizfäden. Die Spannungsunterschiede werden dabei durch kleine einlötbare Lämpchen ausgeglichen.

Abb. 6.17 Das Chassis im Gehäuse

Der HF-Abgleich erfolgt stufenweise. Zuerst wird das Steuergitter der Eingangstriode kurzgeschlossen. Über ca. 10 pF an der Anode dieser Röhre wird das Signal entweder von der Außenantenne oder vom Messgenerator eingekoppelt. Der Kern der Koppelspule L2 ist voll eingedreht. Nun wird mit L3 abgestimmt und bei ca. 600 kHz mit fast ganz eingedrehtem Drehko ein Sender gesucht. Beim Abgleichvorgang ist die Rückkopplung jeweils nachzustellen. Dann wird der Drehko fast voll herausgedreht und ein Signal bei ca. 1400 kHz gesucht und mit dem Trimmkondensator 2/10 pF eingestellt. Der Vorgang ist mehrmals wechselseitig zu wiederholen. Beim KW-Bereich sind die Eckfrequenzen 6 und 7 MHz.

Nach Aufhebung des Gitterkurzschlusses und der Einkopplung über die Antennenbuchse kann der Abgleich des ersten Kreises FA in gleicher Weise durchgeführt werden. Nun ist dabei auch noch der richtige Gleichlauf zwischen beiden Kreisen gefragt.

Abb. 6.18 Das Gehäuse von vorn

6.4 Mittelwellen-Audion mit der ECC86

Dieses Mittelwellen-Audion mit einer Niederspannungsröhre ECC86 wurde von Michael Kraemer gebaut. Das Radio ist für Ohrhörerempfang ausgelegt und befindet sich in einem Holzgehäuse, das mit Ziegenleder bezogen wurde.

Die Schaltung nach Abb. 6.20 zeigt das Mittelwellen-Audion mit Rückkopplung über einen zusätzlichen Drehko. Bereits mit einer Anodenspannung von 9 V ist lautstarker Empfang möglich.

Das Gerät empfängt den Wellenbereich von 520–1700 kHz. Die Schwingspule ist als Flachspule auf 3 mm starkes Sperrholz gewickelt. 8 Windungen dienen als Antennenspule auf dem variablen Antennenkoppler. Mit diesem Koppler kann man in jeder Situation die optimale Antennenkopplung einstellen.

Abb. 6.21 zeigt links oben den Rückkopplungsdrehko, darunter den Antennenkoppler und rechts oben den Schwingkreisdrehko. Im Unterteil des Gehäuses erkennt man den Heizakku.

Abb. 6.22 zeigt den Antennenkoppler im Detail. Die flache Koppelspule ist mit einer Klebefolie auf dem Holzträger befestigt. In Abb. 6.23 sieht man den Aufbau mit fertig montierter Stellachse.

Abb. 6.19 Das ECC86-Audion

6 Einfache Hochfrequenzschaltungen

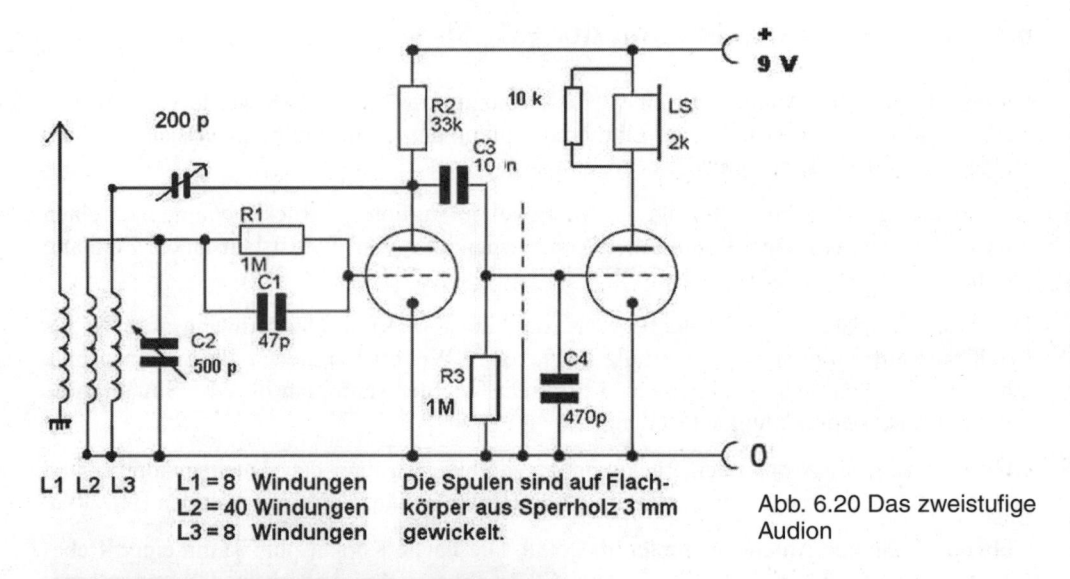

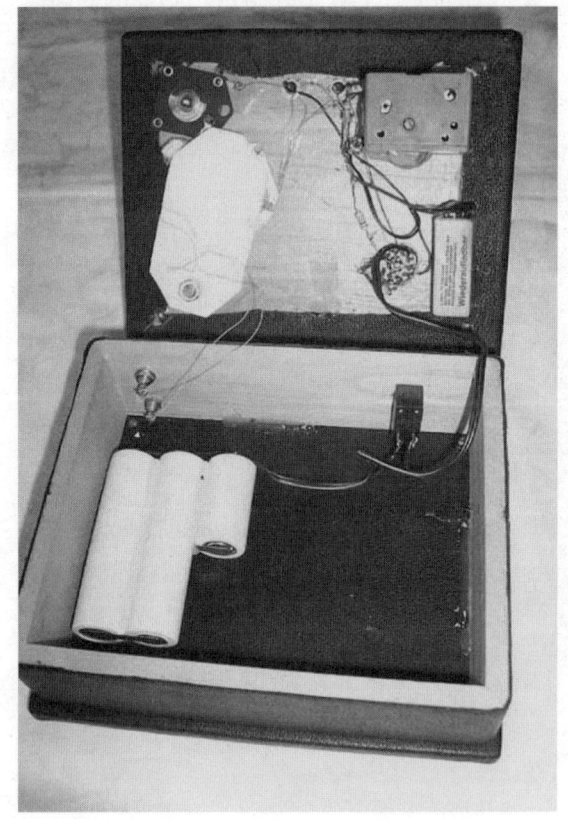

L1 L2 L3

L1 = 8 Windungen
L2 = 40 Windungen
L3 = 8 Windungen

Die Spulen sind auf Flachkörper aus Sperrholz 3 mm gewickelt.

Abb. 6.20 Das zweistufige Audion

Abb. 6.21 Das Innenleben des Empfängers

Abb. 6.22 Die Koppelspule von unten

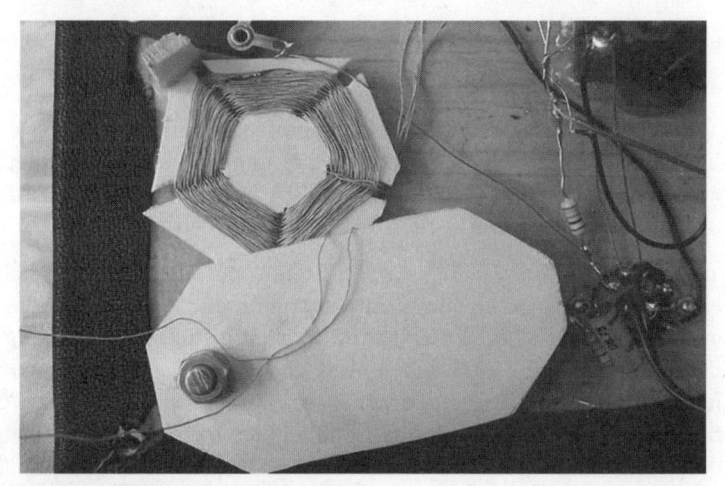

Abb. 6.23 Die Koppelspule auf der Reglerachse

6.5 Audion mit Abstimmanzeige

Dieses Audion mit Abstimmanzeige wurde von Wolfgang Holtmann entwickelt.

Man findet zwar eine Unmenge an Bauanleitungen mit Audionschaltungen, allerdings fast nie mit einer Abstimmanzeige. Mit der geeigneten Schaltung ist es möglich, mit nur einer weiteren Röhre, dem Magischen Auge selbst auszukommen. Verwendet wurde die EM800, aber auch ähnliche Typen sind brauchbar.

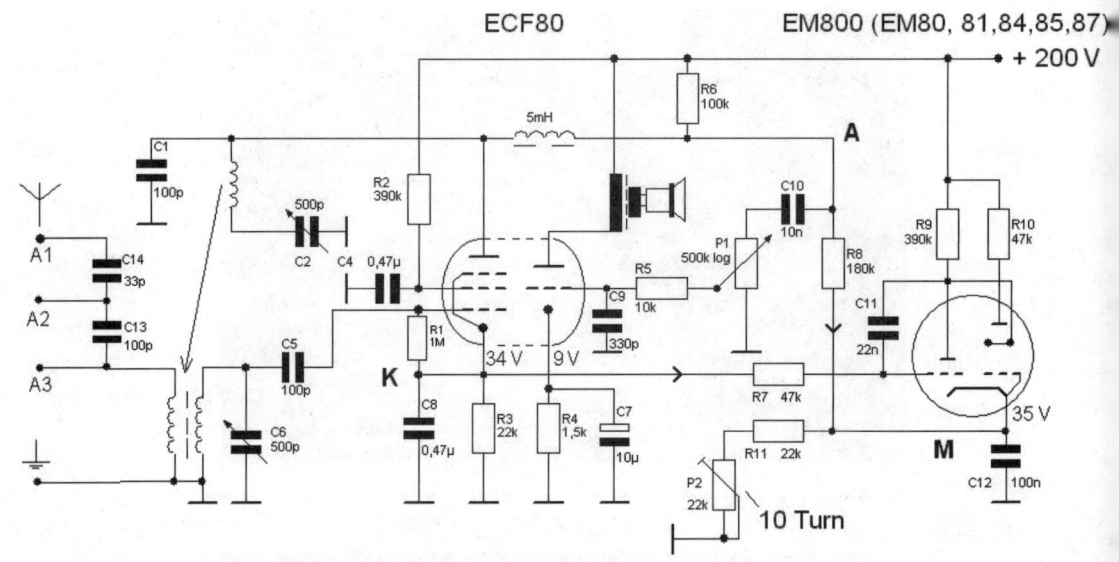

Abb. 6.24 Schaltbild des Audions mit Abstimmanzeige

Abb. 6.24 zeigt im linken Teil den eigentlichen Empfänger mit einer ECF80. Die Pentode dient als Audion, die Triode als NF-Verstärker und ermöglicht leisen Lautsprecherempfang. Im Anodenzweig liegt ein kleiner Netztrafo mit 230 V zu 6 V. Die Stufe wird etwas unterhalb der max. zulässigen Anodenverlustleistung von 1,5 W betrieben.

Bekanntlich nimmt bei Empfang einer starken Station die durch Gittergleichrichtung erzeugte negative Vorspannung zu. Dadurch sinkt der gemittelte Anodenstrom, was einen Anstieg der Spannung an Punkt A zur Folge hat. Gleichzeitig sinkt die Spannung an Punkt K, welche sich durch den ungewöhnlich hohen Wert von R3 in der Kathodenzuleitung bildet. Diese gegenläufigen Spannungen werden zur Doppelsteuerung der Anzeigeröhre benutzt. Nur dieser Trick bewirkt die gute Anzeigeempfindlichkeit und erspart damit eine zusätzliche Verstärkerstufe.

Das Steuergitter des Magischen Auges bekommt die feldstärkeabhängige Kathodenspannung der Audionstufe zugeführt, während die Kathode des Magischen Auges über R8 mit einem Teil der entgegengesetzt reagierenden Anodenspannung des Audions beaufschlagt wird. Mit Trimmpoti P2 wird ohne Empfang an Punkt M eine Spannung ca. 1 Volt höher über der des Steuergitters eingestellt. C11 und C12 verhindern ein Flattern der Anzeige im Rhythmus der Modulation.

6.6 DRM-Audion mit EL95

Dieses einstufige Audion wurde von Burkhard Kainka mit dem Ziel gebaut, nicht nur AM, sondern auch den neuen digitalen Rundfunk DRM zu empfangen. Dabei kommt es auf maximale Frequenzstabilität an. Das Ausgangssignal wird der Soundkarte eines PC zugeführt und im PC dekodiert. Das eigentliche NF-Signal ertönt dann aus den PC-Lautsprechern.

Die Schaltung sollte mit 6 V auskommen, damit nur eine Spannung für die Heizung an der Anode nötig ist. Da bietet sich die EL95 an, zwar eigentlich keine HF-Röhre sondern eine Endpentode, aber mit großer Steilheit, auch schon bei kleiner Anodenspannung. Außerdem braucht sie nur 200 mA für die Heizung. Alles kann mit einem kleinen Akku betrieben werden, so dass es keine Probleme mit 50-Hz-Brummen gibt.

Die Schaltung nach Abb. 6.26 zeigt ein ECO-Audion mit Rückkopplung über die Kathode. Über die Schirmgitterspannung stellt man die Rückkopplung ein. Am Ausgang liegt ein Anodenwiderstand, an dem die NF-Signalspannung kapazitiv ausgekoppelt wird. Mehr Verstärkung ist nicht nötig. Die Spannung reicht für den direkten Anschluss an den Line-Anschluss der PC-Soundkarte. Zur Verbindung wird ein abgeschirmtes Kabel verwendet.

Abb. 6.25 Das DRM-Audion

6 Einfache Hochfrequenzschaltungen

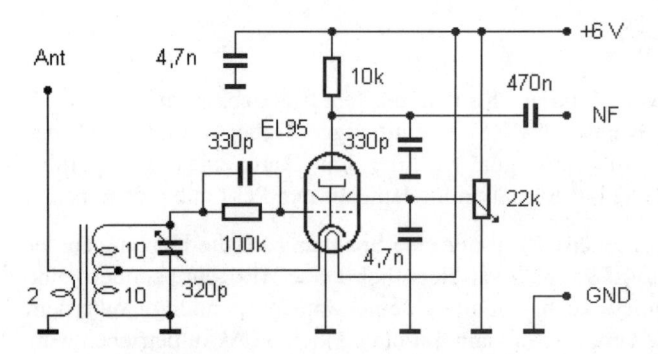

Abb. 6.26 Das Audion mit einer EL95

Die Stabilität steht und fällt mit dem Schwingkreis. Deshalb wurde eine kräftige Spule mit 20 Windungen aus 1,5 mm dickem Draht auf ein PVC-Rohr mit 18 mm Durchmesser gewickelt. Mit kurzen Verbindungen zum Luftdrehko erhält man eine hohe Leerlaufgüte weit über 300. Auch alle anderen Verbindungen sind sehr stabil ausgelegt. Nichts darf wackeln oder mechanisch schwingen. Sogar die Röhre wurde an ihrem Glasstutzen schwingungsdämpfend abgestützt.

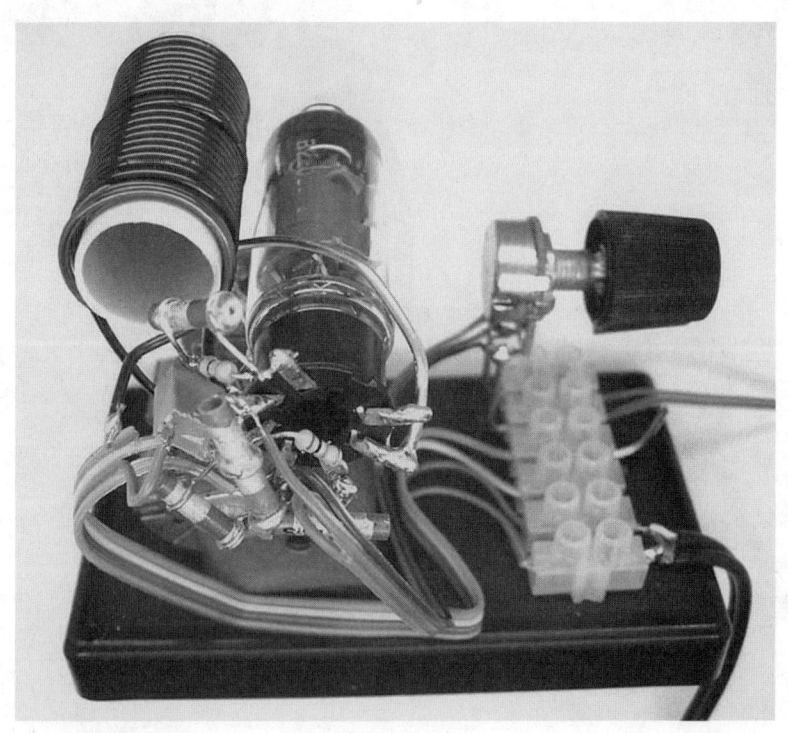

Abb. 6.27 Die Verdrahtung

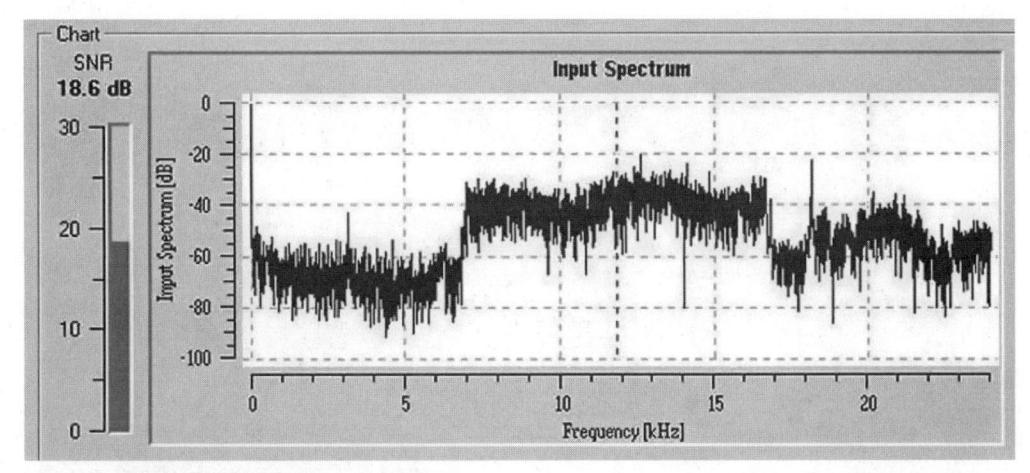

Abb. 6.28 Das DRM-Spektrum in DREAM

Am kalten Ende des Schwingkreises liegt eine Antennenspule mit zwei Windungen. Die Antenne ist damit sehr lose angekoppelt, was für eine gute Stabilität wichtig ist.

Und so sind auch die Ergebnisse. Trotz der offenen Bauweise driftet die Frequenz weniger als 1 Hz pro Minute, was für den DRM-Empfang entscheidend ist.

Die Rückkopplung sollte stark angezogen werden. Das Audion arbeitet dann wie ein Direktmischer oder wie eine selbstschwingende Mischstufe. Die Frequenz lässt sich mit dem untersetzten Drehko sehr genau einstellen. Mit der Dekodersoftware DREAM sieht man jedes starke DRM-Signal und kann es auf die Sollfrequenz 12 kHz bringen. In einzelnen Fällen hat es sich als günstig erwiesen, etwas höher oder tiefer abzustimmen, um Spiegelstörungen aus dem Weg zu gehen. In diesem Punkt ist der Empfänger sogar einem quarzstabilen DRM-Empfänger überlegen.

Abb. 6.28 zeigt DREAM beim Empfang von RTL DRM 2 auf 5990 kHz. Insgesamt konnten sechs verschiedene DRM-Frequenzen im 49- und 41-m-Band empfangen werden.

Wenn einmal keine starken DRM-Stationen vorhanden sind, kann der Empfänger auch AM-Sender aufnehmen. Die Rückkopplung muss nur weiter zurück gedreht werden. Der PC darf dann ausgeschaltet bleiben, denn nun reicht eine direkte Verbindung zur PC-Aktivbox.

6.7 AM-Sender für Mittelwelle

Dieser kleine Mittelwellensender mit zwei EF95 wurde von Burkhard Kainka entwickelt. Wer alte Radios sammelt und restauriert, hat manchmal auch das Bedürfnis, die passende Musik aus dem Lautsprecher zu hören. Aber nicht immer findet man auf Mittelwelle das ge-

Abb. 6.29 Der experimentelle Mittelwellensender

eignete Programm. Da hilft nur eins: ein eigener AM-Sender. Viel Leistung und eine große Reichweite sind nicht notwendig und auch unerwünscht, weil man damit die zuständigen Behörden auf den Plan rufen würde. Es reicht ein ganz kleiner Sender, der hier mit zwei Röhren EF95 und einer Betriebsspannung von 12 V realisiert wurde.

Der kleine Mittelwellensender wurde auf einem Experimentiersystem der Firma AK MODUL-BUS aufgebaut. Ein 12-V-Steckernetzteil liefert sowohl die Heizspannung wie auch die Anodenspannung für den Sender. Das Experimentiersystem verfügt über zwei Miniaturfassungen und zwei Novalfassungen, so dass man die Schaltung mit unterschiedlichen Röhren testen kann. Hier wurden zwei 6SH1P (= EF95) eingesetzt. Eine Röhre dient als freischwingender Oszillator, die andere als Modulationsverstärker.

Der freischwingende Oszillator wird über das Schirmgitter moduliert. Der vorgeschaltete Modulationsverstärker arbeitet in Triodenschaltung, um trotz der geringen Anodenspannung eine genügend große verzerrungsarme Aussteuerung zu erreichen. Der Arbeitspunkt wird mit einem Trimmer auf geringste Verzerrungen eingestellt. Die Kennlinien beider Stufen sind wegen der Phasendrehung des Modulationsverstärkers gegensätzlich gekrümmt. Mit einer optimalen Einstellung heben sich die entstehenden Verzerrungen weitgehend auf, so dass man einen großen Aussteuerungsbereich bis zu einem Modulationsgrad von ca. 50% erhält. Am Eingang liegt eine Stereobuchse, an die z.B. die PC-Soundkarte als Modulationsquelle angeschlossen werden kann. Beide Kanäle werden zu einem Monosignal addiert, weil man ja auf Mittelwelle leider nur einen Kanal überträgt.

6.7 AM-Sender für Mittelwelle 143

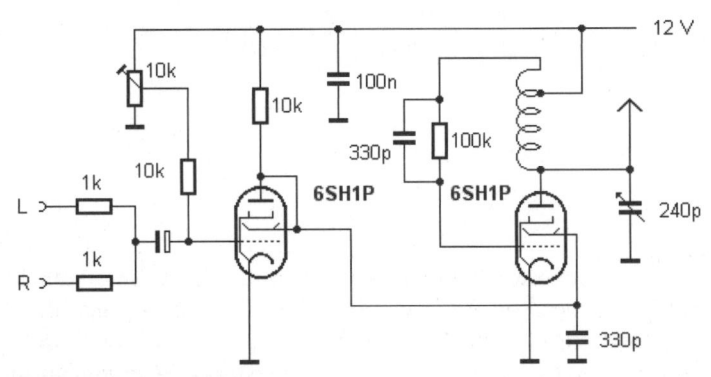

Abb. 6.30 Das Schaltbild des Senders

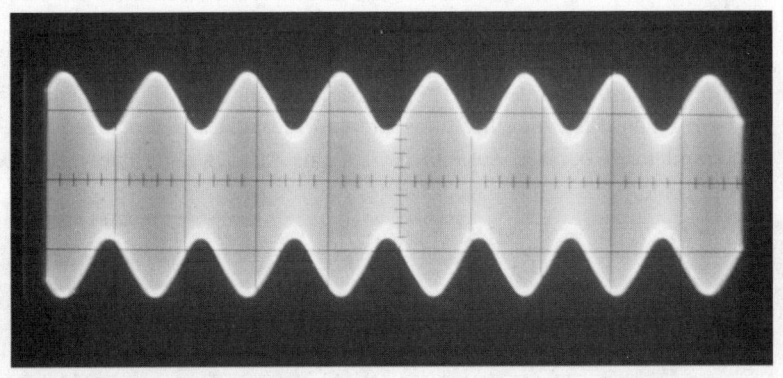

Abb. 6.31 Das modulierte Ausgangssignal

Die Schwingkreisspule ist hier auf einen Ferritstab gewickelt und kann zugleich auch als Antenne dienen, wenn man sie in die Nähe eines Radios mit Ferritantenne bringt. Alternativ kann auch eine Drahtantenne angeschlossen werden, was allerdings die Gefahr erhöht, dass das eigene Wunschprogramm auch in der Nachbarschaft zu hören ist.

7 Überlagerungsempfänger

Der Superhet zeichnet sich durch gute Trennschärfe und hohe Empfindlichkeit aus. Hier werden nicht nur AM-Super, sondern auch ein UKW-FM-Super vorgestellt. Aber auch der DRM-Empfang gelingt mit Röhren, wenn für eine gute Stabilität des Empfängeroszillators gesorgt wird. In Bezug auf Empfindlichkeit und Übersteuerungsfestigkeit müssen Röhren sich nicht hinter modernen Halbleitern verstecken.

7.1 Mittelwellen-Super mit D-Röhren

Dieser Vier-Röhren-Superhet wurde von Thomas Moppert für den Mittelwellenbereich gebaut. Das Gerät im Holzgehäuse ist mit einer transparenten Plexiglasscheibe abgedeckt. Die Batterieröhren werden mit 1,5 V beheizt. Zusätzlich wird eine Anodenbatterie mit 90 V gebraucht.

Abb. 7.1 Aufbau des Vier-Röhren-Superhet mit Chassis und Lötösen

Abb. 7.2 zeigt die Schaltung des Empfängers. Im Eingang findet sich eine Ferritantenne. Die verschiebbare Spule soll für gute Abgleichbarkeit etwa im vierten Fünftel des Ferritstabes ihre korrekte Induktivität haben.

Die Misch- und Oszillatorstufe mit der DK96 ist das Kernstück des Empfängers. Im Oszillator wird Serienspeisung der Oszillatoranode und Abstimmung im Gitterkreis angewendet. Die Kopplung zwischen Oszillatorkreisspule und Rückkopplungsspule muss eng sein. Deshalb wurden die Rückkopplungswindungen über die Kreisspule gewickelt. Die Zahl der Windungen beträgt 25–35 % der Windungszahl der Kreisspule. Die Kreispule LO hat 110 Windungen, die Koppelspule LP 32 Windungen. Die größte Mischsteilheit wird mit einer Oszillatorspannung von 4 Volt eff. am Oszillatorgitter erreicht. Der Oszillator-Gitterstrom beträgt dann 85 µA. Der Gitterwiderstand mit 27 KΩ führt zum positiven Heizfadenanschluss der DK96.

Der Oszillator soll in jeder Stellung des Doppel-Drehkos eine Frequenz erzeugen, die genau um die ZF oberhalb der Empfangsfrequenz liegt. Deshalb muss die Frequenzvariation des Oszillators an die Frequenzvariation des Eingangskreises angepasst werden.

Dazu wird ein Verkürzungskondensator in Serie zur Oszillatorspule benötigt. Der Wert dieses Verkürzungskondensators CS hängt vom vorhandenen Drehko ab. Für die Dimensionierung im Mittelwellenbereich gelten bei einer ZF von 455 kHz folgende Überlegungen:

Eingangskreis: 520 kHz–1620 kHz, Frequenzvariation = 1:3,115

Oszillator: 975 kHz–2075 kHz, Frequenzvariation = 1:2,128

Die Frequenzvariation eines Schwingkreises mit Drehko ergibt sich aus der Wurzel des Kapazitätsverhältnisses, wobei Schaltkapazitäten und Kapazitäten der Paralleltrimmer mit einbezogen werden müssen.

Eingangskreis: Mit der Kapazität des eingedrehten Drehkos, den Schaltkapazitäten (ca. 20 pF) und dem Mittelwert des Paralleltrimmers (z.B. 20 pF) kann die Spule berechnet werden. Das obere Ende des Frequenzbandes muss jetzt durch Abgleich des Trimmers einstellbar sein, das untere Frequenzende wird durch Verschieben der Spule auf dem Ferritstab angepasst.

Für die Schaltkapazitäten und den Paralleltrimmer im Oszillatorkreis können die gleichen Werte wie für den Eingangskreis angenommen werden. Nun muss die Frequenzvariation mit dem Verkürzungskondensator CS eingeschränkt werden.

Bei einem Oszillator-Drehko von 500 pF berechnet man zum Beispiel die Verhältnisse mit CS = 470 pF. Man bestimmt zuerst den Maximalwert, also 500 pF + 20 pF+ 20 pF in Serie mit 470 pF, also 251 pF. Die Kapazität des ausgedrehten Drehkos beträgt ca. 4 % von 500 pF, also 20 pF. Zusammen mit der Schaltkapazität von 20 pF und dem Trimmer mit 20 pF erhält man am oberen Ende 60 pF. In Serie mit 470 pF hat man 53 pF. Das Kapazitätsverhältnis ist 251:53, und die Wurzel daraus ergibt 2,176. So hat man etwa das gewünschte Frequenzverhältnis von 1:2,128.

7 Überlagerungsempfänger

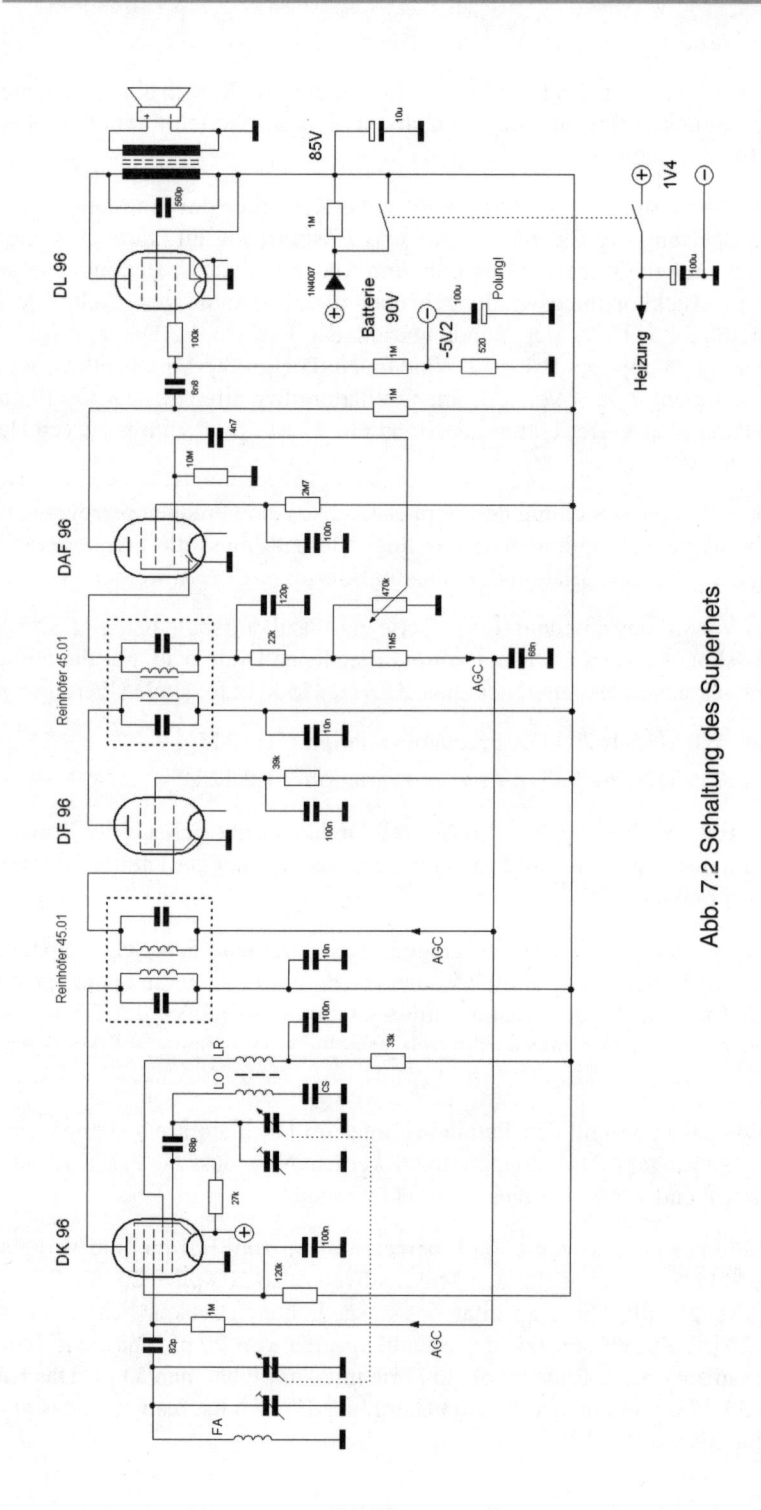

Abb. 7.2 Schaltung des Superhets

Abb. 7.3 Die Oszillatorspule

In der Praxis kann man den Serienkondensator CS auch durch Ausprobieren bestimmen. Der Abgleich in der Schaltung verläuft wie bei jedem Super: An der unteren Frequenzgrenze erfolgt der Abgleich mit dem Spulenkern, an der oberen Grenze mit dem Trimmer. Durch den Serienkondensator verändert sich der Kapazitätsverlauf des Drehkos. Ein Parallellauf mit dem Eingangskreis ist nicht unbedingt gegeben. Das bedeutet, dass nicht im ganzen Frequenzband die Differenz von Eingangs- zu Oszillatorfrequenz konstant ist, und genau der gewählten ZF entspricht, es sei denn, die Plattenschnitte der Drehkopakete berücksichtigen diese Tatsache. Deshalb wird der Abgleich für den Parallellauf nicht an den Frequenzgrenzen vorgenommen, sondern bei ca. 600 kHz und bei 1480 kHz. Dann ergibt sich etwa in der Mitte des Frequenzbereiches automatisch ein dritter Punkt des Parallellaufes. Man spricht deshalb auch von einem Dreipunkt-Abgleich.

Die Induktivität der Oszillatorspule berechnet man einfach mit der größten Kapazität, im Beispiel 251 pF, und der niedrigsten Frequenz, im Beispiel 975 kHz. Dies ergibt hier also 106 µH.

Der geregelte ZF-Verstärker mit der DF 96 ist wie üblich aufgebaut. Die benutzten ZF-Filter sollen für hohe Resonanzwiderstände ein hohes L/C-Verhältnis und eine hohe Güte haben. Die Filter von Reinhöfer-Electronic sind bestens geeignet, die Parallel-Kondensatoren haben 150 pF, Die Leerlaufgüte beträgt Q = 240. Die Kopplung der Filter und damit die Bandbreite lässt sich einstellen, so dass ein guter Kompromiss zwischen Tonfrequenzumfang und Trennschärfe gefunden werden kann.

Die Demodulation und AGC-Spannungserzeugung erfolgt mit der Diode in der DAF96. Nach dem Lautstärkesteller folgt die NF-Vorverstärkung im Pentodenteil der DAF96. Dieses System ist sehr hochohmig, eine korrekte Leitungsführung mit abgeschirmtem Kabel und eine masseschleifenfreie Erdung sind absolut notwendig. Die DAF96 ist klingempfindlich. Falls es zu Mikrofonie kommt, sollte man die Verstärkung z.B. durch Verkleinern des Gitterableitwiderstands der Endröhre reduzieren und den Lautsprecher und die Röhre akustisch entkoppeln. Die NF Endverstärkung mit der DL96 ergibt eine erstaunlich gute, verzerrungsarme Lautsprecherwiedergabe. Der Ausgangstrafo besitzt eine Impedanz von 10 KΩ. Das Gerät hat außerdem eine 3,5-mm-Klinkenbuchse für den Kopfhörer.

Beim Kopfhörermodus bietet es sich an, von der Möglichkeit der sogenannten Sparschaltung der DL 96 Gebrauch zu machen, indem nur einer der beiden parallelen Heizfäden benutzt wird.

Die Erzeugung der negativen Gittervorspannung geschieht, indem die Betriebsspannung über den Widerstand 520 Ω nach Masse geführt wird. Das Gerät zieht bei 90 Volt Batteriespannung etwa 10 mA. Damit fallen an diesem Widerstand 5,2 Volt ab. Das Radio funktioniert bereits ab einer Batteriespannung von 45 V, wenn auch mit schwächerer Empfangsleistung. Unterhalb dieser Spannung schwingt der Oszillator nicht mehr an.

Schon tagsüber können mit dem Empfänger mehrere Sender empfangen werden. Die Empfangsleistung ist mit größeren Radios vergleichbar. Bei Dunkelheit können alle Sender im Band mit ausgezeichneter Trennschärfe empfangen werden. Sender auf gleicher Frequenz lassen sich durch Drehen des Empfängers ausblenden, da die Ferritantenne sehr richtungsempfindlich ist.

7.2 MW-Superhet mit Abstimmanzeige

Dieser Einband-Superhet für Mittelwelle wurde von Ernst Rößler auf einer kompakten Platine mit den Maßen 166 mm × 112 mm aufgebaut. Drehkondensator und magisches Auge befinden sich mit auf der Platine.

Das Gerät arbeitet mit der traditionellen Röhrenbestückung alter Radios aus den 50er und 60er Jahren: ECH81, EBF89, ECL86 und EM80. Die Schaltung hält sich weitgehend an altbekannte Muster.

Das erste ZF-Bandfilter wird an das Gitter der EBF89 über eine RC-Kombination mit einem Keramik-Kondensator von 10 pF sehr lose angekoppelt. Macht man die Kopplung fester, besteht Schwingneigung in der ZF-Stufe, obwohl diese mit einer Schirmgitterneutralisation ausgestattet ist.

Zur Realisierung einer verzögerten Regelung (AVR) wird im Netzteil durch R22 eine negative Spannung von ca. 4–5 V erzeugt, mit welcher die Regeldiode der EBF89 vorgespannt

7.2 MW-Superhet mit Abstimmanzeige

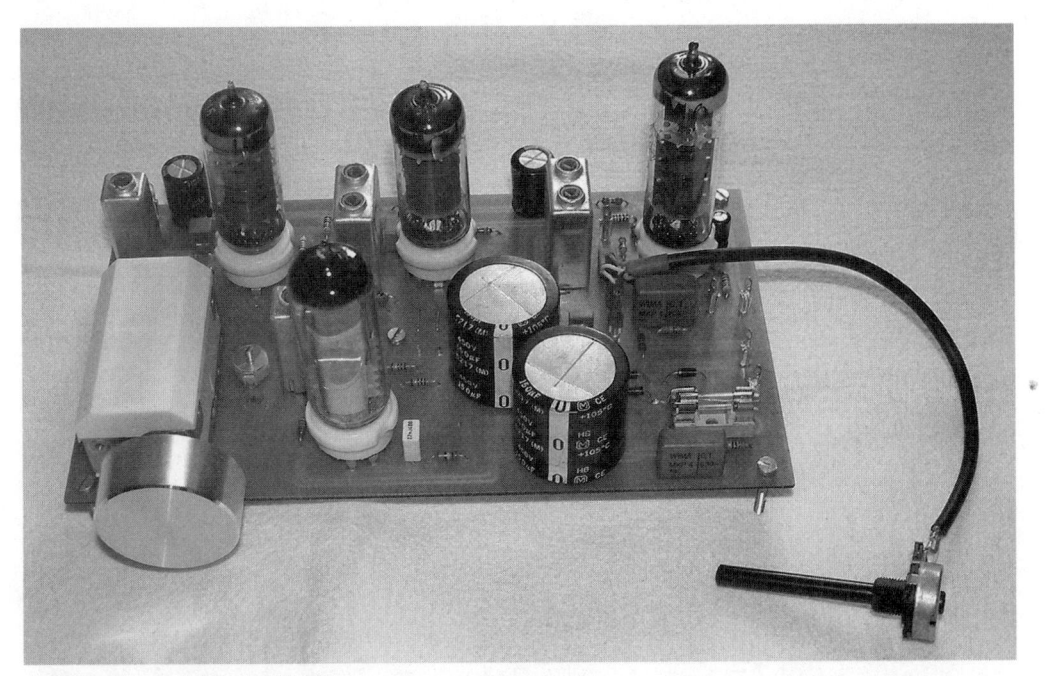

Abb. 7.4 Die bestückte Platine

wird. Erst wenn die Regelspannung diesen Wert überschreitet, kann sie wirksam werden. Somit werden schwache Stationen nicht zurückgeregelt.

Alle Bauteile außer dem Netztrafo und dem Ausgangsübertrager sind auf der Platine untergebracht. Die Abstimmanzeige kann entweder in eine Fassung auf der Platine eingesetzt werden, oder aber auch beim Einbau in ein Gehäuse über einen Kabelstrang an anderer Stelle betrieben werden. Der NF-Verstärker kann mit einer Gegenkopplung ausgestattet werden, die aber nicht zwingend erforderlich ist.

Die Heizungsanschlüsse werden auf der Platinenlötseite mit verdrillter Leitung verkabelt. Die Symmetrierung nach Masse mit zwei Widerständen von 100 Ω ist platinenseitig ausgeführt. Es kann nötig werden, die Platinenmassefläche mit der Schutzerde des Netzkabels zu verbinden, um Brummfreiheit zu erreichen.

Die Bandfilter werden von Gerd Reinhöfer fertig gewickelt und mit eingebauten Kreiskapazitäten geliefert, die Eingangs- und Oszillatorspule müssen laut Spulenplan mit Spulenbausätzen angefertigt werden.

Zum Wickeln der Spulen benötigt man HF-Litze 5 × 0,05, die, genau wie die ZF-Filter, die Spulenbausätze und auch der verwendete Drehkondensator bei Reinhöfer erhältlich sind.

Nach Anschluss des Lautstärkepotis, des Netztrafos und des Ausgangsübertragers mit dem Lautsprecher sollte man zunächst ohne eingesetzte Röhren die Spannung am Siebelko über-

7 Überlagerungsempfänger

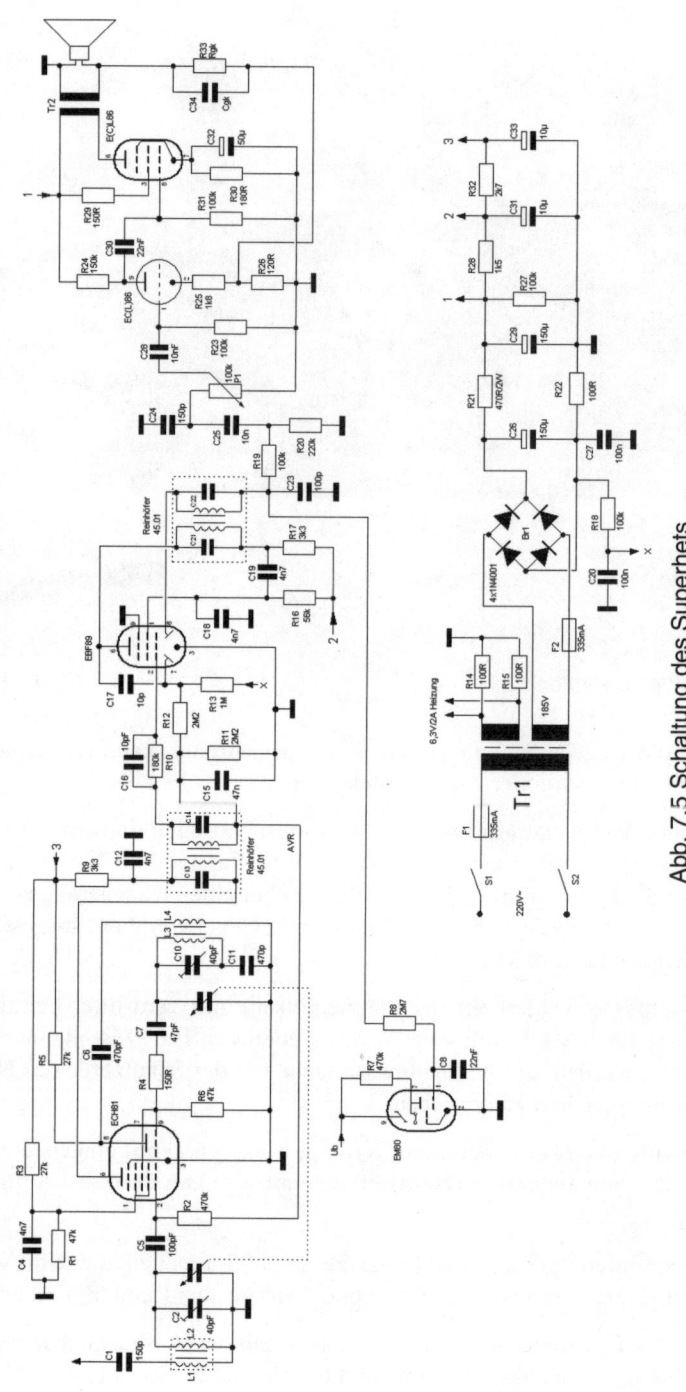

Abb. 7.5 Schaltung des Superhets

7.2 MW-Superhet mit Abstimmanzeige 151

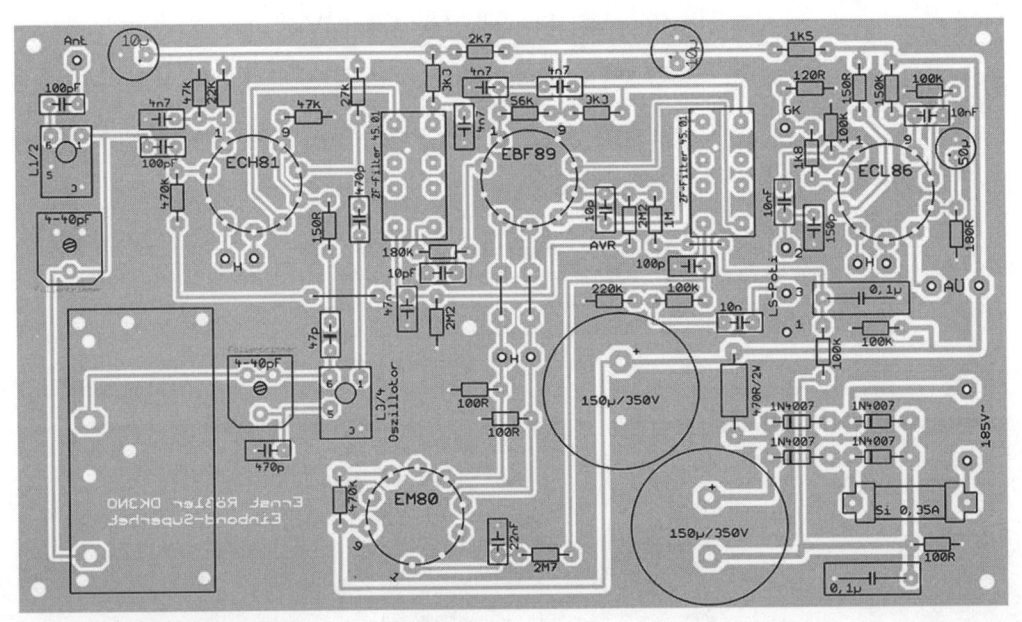

Abb. 7.6 Der Bestückungsplan

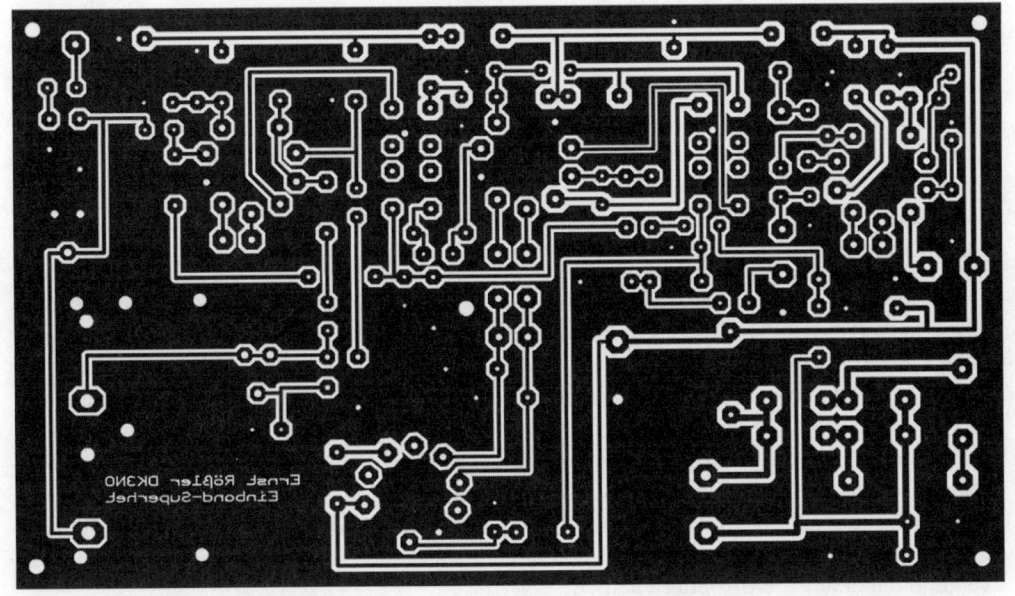

Abb. 7.7 Das Platinenlayout

Spulenkörper Reinhöfer OVMW

3-Kammer Spulenkörper - Kernfarbe rot, mit aufgesetzter Ferrithülse

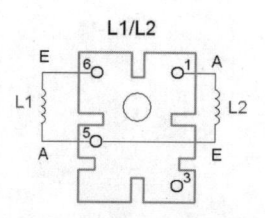

L1/L2

Ansicht von oben!

A = Wicklungsanfang
E = Wicklungsende

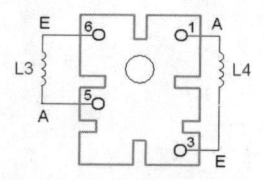

L1 = 20 Windungen in Kammer 3
L2 = 130 Windungen (je 65 in Kammer 1 & 2)
L1 & L2 gleichsinnig gewickelt

L3 = 90 Windungen (je 45 in Kammer 1)
L4 = 30 Windungen in Kammer 3
L3 & L4 gleichsinnig gewickelt

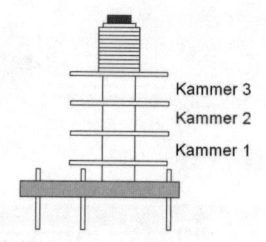

Kammer 3
Kammer 2
Kammer 1

Abb. 7.8 Die Wickeldaten

prüfen. Diese muss ohne Belastung bei rund 260 V liegen. Anschließend wird bei eingesteckter ECL86 die Funktion der NF-Stufe überprüft. Sind diese Prüfungen erfolgreich verlaufen, werden die EBF89 sowie die EM80 eingesetzt. Ein auf 455 kHz eingestellter Messsender über 100 pF wird an PIN 6 der noch unbestückten Fassung für die ECH81 angekoppelt. Vorsicht, hier liegt Spannung an!

Jetzt können die beiden Kreise des 2. Bandfilters rechts neben der EBF89 durch Justieren der Kerne wechselseitig auf Maximum gezogen werden. Hierzu benutzt man die Abstimmanzeige als Indikator. Danach wird die ECH81 eingesetzt, der Messsender an Pin 2 der ECH81 angekoppelt und die beiden Kreise des 1. ZF-Filters werden auf Maximum gebracht. Falls es beim Abgleich der ZF nah beieinander 2 Maxima ergibt, ist die Kopplung zu groß. Dann kann durch gezieltes Bedämpfen eines Kreises dieses Filters die Welligkeit im Durchlassbereich reduziert werden, so dass sich ein etwas breiterer Durchlassbereich ergibt. Eine andere Möglichkeit ist, die Ferrithülsen im Filter zu drehen und damit direkt die Kopplung zu beeinflussen. Zur Kontrolle und zum Abgleich sollte man immer den Filterbecher aufstecken und dabei auf die Erdfedern achten.

Mit Hilfe eines Oszilloskops kann man nun an Pin 8 der ECH81 prüfen, ob der Oszillator schwingt. Wenn nicht, ist zuerst der Fehler zu suchen und zu beseitigen. Nun legt man an

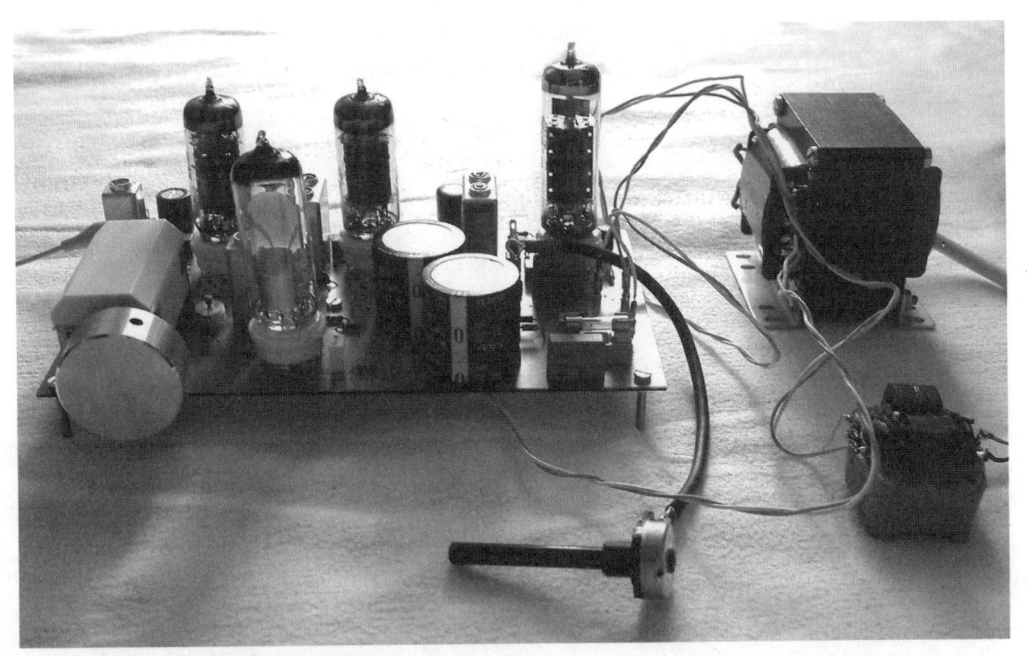

Abb. 7.9 Der Empfänger im Einsatz

den Antenneneingang ein Messsendersignal von 520 kHz an und stellt den Drehkondensator auf maximale Kapazität. Der Trimmer C10 wird halb eingedreht. Jetzt wird der Kern der Oszillatorspule so justiert, dass das Messsendersignal von 520 kHz empfangen wird.

Danach wird der Rotor des Drehkos ganz herausgedreht und der Messsender auf 1600 kHz eingestellt. Durch Justieren des Trimmers C10 wird jetzt die Empfangsfrequenz auf 1600 kHz eingestellt. Als letztes wird die Eingangsspule L2 auf Gleichlauf gebracht. Hierzu wird wieder ein Prüfsendersignal von 520 kHz empfangen und dieses mit Hilfe des Kerns auf Maximum gebracht. Abschließend stimmt man noch mit Hilfe des Trimmers C2 auf ein Signal von 1600 kHz ab. Dieser Abgleich ist jeweils mehrmals zu wiederholen, bis keine Änderung des Trimmers mehr notwendig ist.

7.2 UKW-Radio mit Miniaturröhren

Dieser UKW-Batterie-Super mit den russischen Subminiaturröhren 1SH29B, 1SH24B und 1SH17B stammt von Oliver Ludwig. Das Gesamtgerät ist als kombiniertes Netz-Akku-Gerät ausgelegt, wobei für den Heizakku eine 4000-mAh-Monozelle und für den Anodenakku fünf 9-V-Akkus verwendet werden. Die Akku-Betriebsdauer liegt sowohl für Anoden- als auch Heizakku bei etwa fünf bis sechs Stunden, geladen werden sie danach im Gerät. Im In-

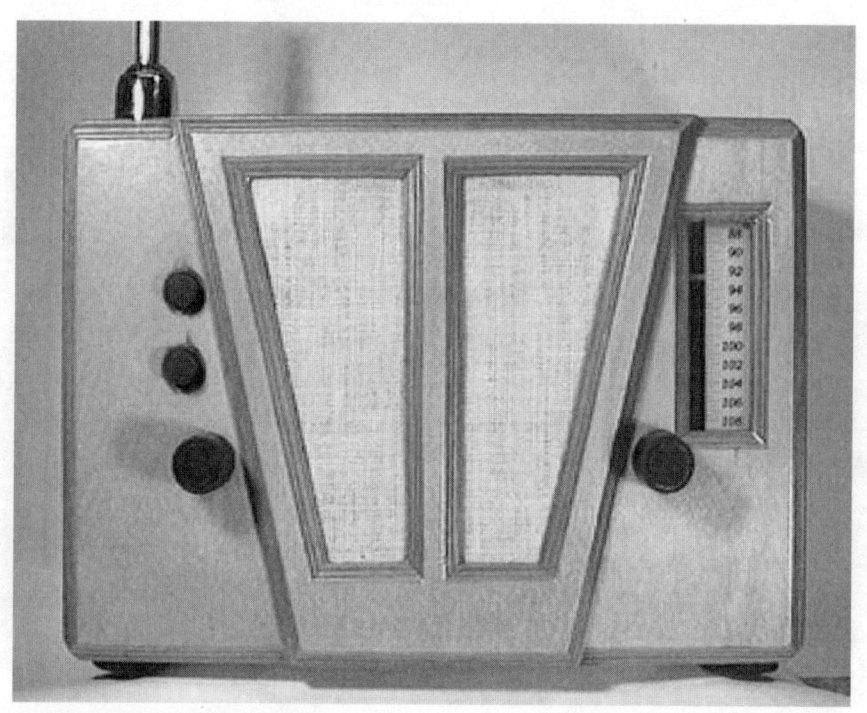

Abb. 7.10 Der UKW-Empfänger

teresse eines genügend lauten Lautsprecherempfangs wird die Endstufe mit einer Anodenspannung von ca. 40 V betrieben.

Der Aufbau ist gegliedert in Tuner mit Oszillatorteil und getrennter Mischstufe, ZF-Teil und NF-Gegentakt-Endstufe. Das Grundprinzip eines Superhets soll hier kurz beschrieben werden. Mit dem Drehkondensator werden sowohl der Abstimmkreis als auch ein Oszillator abgestimmt, der Abstimmkreis auf die zu empfangende Frequenz von 87,5 bis 108 MHz, der Oszillatorkreis stets 10,7 MHz höher als der Abstimmkreis. In der Mischröhre werden die empfangene Frequenz und die erzeugte Oszillatorfrequenz gemischt. Daraus ergibt sich eine Frequenz von 10,7 MHz, die jedoch immer noch die ganze Modulation des abgestimmten Senders enthält. Die Zwischenfrequenz von 10,7 MHz bleibt immer gleich, egal, auf welchen Sender abgestimmt wird. Also kann man die nachfolgende Verstärkerstufen fest auf diese Frequenz abstimmen und deren Anzahl beliebig wählen. Die ZF-Stufen stellen im Prinzip einen mehrstufigen Festfrequenzempfänger für 10,7 MHz dar. Die Demodulation des FM-Signals geschieht schließlich mit einem Ratiodetektor.

Der gesamte Tuner kommt in ein Weißblechgehäuse von etwa 55 mm Höhe, das man aus 55 mm breiten Streifen selbst biegen kann. Dabei sind Oszillator und Mischerteil vollkommen mit einem durchgehend eingelöteten Blech getrennt (auch die Platine).

7.2 UKW-Radio mit Miniaturröhren

Abb. 7.11 Der Tuner

Der Tuner wurde mit gewöhnlichen Kohleschichtwiderständen aufgebaut. Obwohl man das Gegenteil erwarten könnte, war der Ersatz von Metallfilm-Widerstände oft problematisch, da sie teilweise eine besonders große Induktivität aufweisen und die Schaltung verstimmten.

Stückliste zum Tuner:
Rö1, Rö2: 1SH29B
R1: 470 kΩ (1/4 W)
R2: 15 kΩ (1/4 W)
R3: 68 kΩ (1/4 W)
R4, R5: 1 MΩ (1/4 W)
R6: 4,7 kΩ (1/4 W)
C1, C10: Keramik-Trimmer 4–14 pF, Rastermaß 7,5mm
C2, C11: 39 pF (Keramik, kleine Ausführung)
C3: 56 pF (Keramik, kleine Ausführung)
C4, C5 , C12, C14: 1 nF (Keramik, kleine Ausführung)
C6, C7, C16, C17: 10 nF (Keramik, kleine Ausführung)
C8: Trimmer 2–20 pF, Rastermaß 7,5mm
C9: UKW Drehko (Oppermann DA 800 (Seilscheibe) oder DA 804 (4 mm Achse)
C15: 0,1 µF (Keramik, kleine Ausführung)
C18: 22 pF (Keramik, kleine Ausführung)

Abb. 7.12 Oszillator und Mischstufe

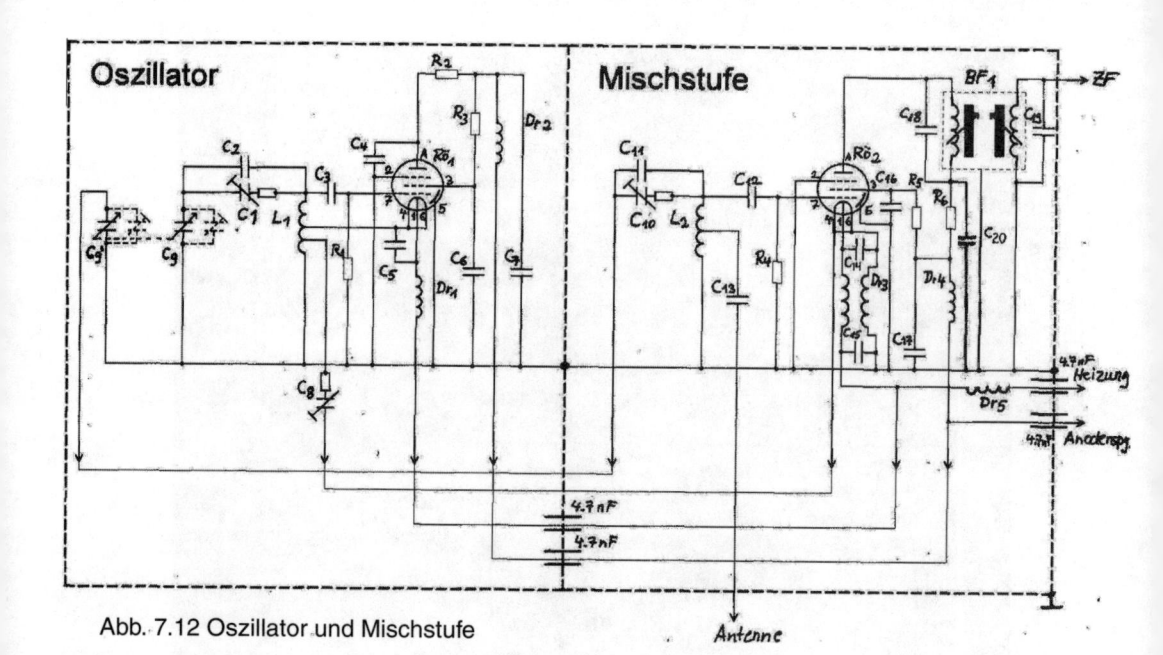

C19: 18 pF (Keramik, kleine Ausführung
C20: 2,2 nF (Keramik, kleine Ausführung)
Dr1, Dr2: Festinduktivität (Widerstandsbauform) 5,6 uH
Dr3: bifilare Drossel (siehe Abschnitt Spulen)
Dr4, Dr5: Festinduktivität (Widerstandsbauform) 68 uH
Bf1: UKW-ZF-Filter (Oppermann Fi3107A)
Zusätzlich 4 Durchführungskondensatoren 4.7–10 nF, kleine Ausführung.

Im Oszillatorteil arbeitet eine 1SH29B in ECO-Schaltung. Die ECO-Schaltung erzeugt eine hohe Schwingamplitude, so dass der Abgriff der Oszillatorspannung fast direkt am kalten Ende der Schwingkreisspule erfolgt und der Oszillator vollkommen geschirmt sein muss, um starke Störabstrahlung zu vermeiden. Im geschirmten Oszillatorteil befindet sich auch der Drehkondensator. Seine Versorgungsspannung erhält der Oszillator über Durchführungskondensatoren von der Mischstufe, auf der Layoutseite der Platine gibt er zum einen die Drehko-Kapazität für die Abstimmspule, zum anderen die Oszillatorfrequenz weiter. Da der Drehko zwischen den Plattenpaketen nicht geschirmt ist, koppelt ein geringer Teil der Oszillatorfrequenz auf die Abstimmspule ein. Dieser Effekt ist nicht erwünscht, wird aber durch die Abstimmung auf eine jeweils 10,7 MHz tiefere Frequenz der Abstimmspule wieder soweit abgemildert, dass kaum eine nennenswerte Ausstrahlung der Oszillatorfrequenz auftritt. Um sie weiter zu verringern, sollte der Anodenwiderstand R3 so hoch gewählt werden, dass der Oszillator gerade noch gut anschwingt, die Schwingamplitude aber nicht zu groß wird. Sollte er mit 15 kΩ nicht anschwingen, kann der Wert verringert werden.

7.2 UKW-Radio mit Miniaturröhren

In der Mischstufe wird ebenfalls die 1SH29B eingesetzt. Ihre Kathode ist für die HF der Oszillatorfrequenz von Masse getrennt, indem sie über eine bifilar gewickelte Drossel geheizt wird. Dies ermöglicht die Einspeisung der Oszillatorfrequenz über die Katode, während das empfangene Signal der Abstimmspule über das Gitter eingespeist wird. Die Oszillatorfrequenz geht über einen Keramiktrimmer an die Katode, dieser Trimmer bewirkt als Kathodenkondensator gleichzeitig eine gewisse Entdämpfung der Pentode für die Abstimmfrequenz. Wird er zu klein eingestellt, erfolgt Eigenerregung der Mischstufe auf der Empfangsfrequenz.

Diese eigentlich nur für Trioden übliche Schaltungsmaßnahme erwies sich bei der geringen Betriebsspannung ausnahmsweise auch für die Pentode als Vorteil, wenngleich sie den Tuner spannungsabhängig machen, d.h. seine max. Betriebspannung muss insbesondere bei Batteriebetrieb auf die minimal zu erwartende Batteriespannung begrenzt werden, damit es nicht zur Eigenerregung kommt und dennoch ein gleichmäßig guter Empfang über die gesamte Batterielebensdauer erreicht wird.

Der Tuner sollte mit einer stabilisierten Spannung versorgt werden, die bei Batteriebetrieb in etwa bei der minimal zu erwartenden Spannung liegt. Für die Spannungsstabilisierung des Tuners wird die Schaltung nach Abb. 7.13 eingesetzt:

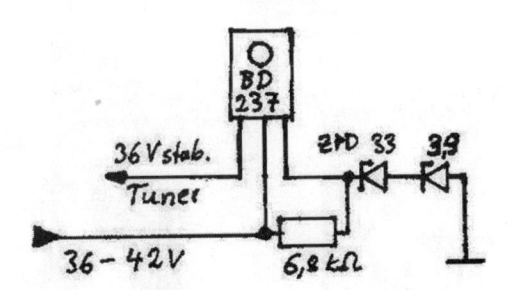

Abb. 7.13 Spannungsstabilisierung

Oszillator- und Abstimmspule müssen selbst gewickelt werden, ebenso die bifilare Drossel Dr3. Als Spulenkörper für L1 und L1 dient ein halbiertes, abgewickeltes Bandfilter Fi3107A von Oppermann ohne Abschirmhaube und Kerne, als Wickelkörper für die bifilare Drossel kann eigentlich jeder Isolierkörper benutzt werden, der ein Außenmaß zwischen 4 mm und 6 mm aufweist.

Dabei ist darauf zu achten, dass man die Teilspulen nicht stramm wickelt und in der gespannten Stellung verlötet: man lässt sie zunächst aufspringen, biegt den entsprechenden Teil nach und verlötet ohne Spannung mit den Anschlüssen. Danach wird der gesamte Aufbau mit Sekundenkleber oder „UHU-Hart" fixiert.

Der ZF Verstärker besteht aus fünf mehr oder weniger identischen Verstärkerstufen. Diese ungewöhnlich hohe Anzahl resultiert aus der geringen Anoden- und Schirmgitterspannung und dem Fehlen einer HF-Vorstufe im Tuner.

7 Überlagerungsempfänger

Oszillatorspule L1

Spulenkörper:
1/2 Fi 3107 A <u>OHNE</u> Kern
(WK-Durchmesser 4.2mm)

Draufsicht (v. oben)

9mm

0.8mm CuAg -Draht
5.75 Wdg.

Abb. 7.14 Wickeldaten für L1

Abstimmspule L2

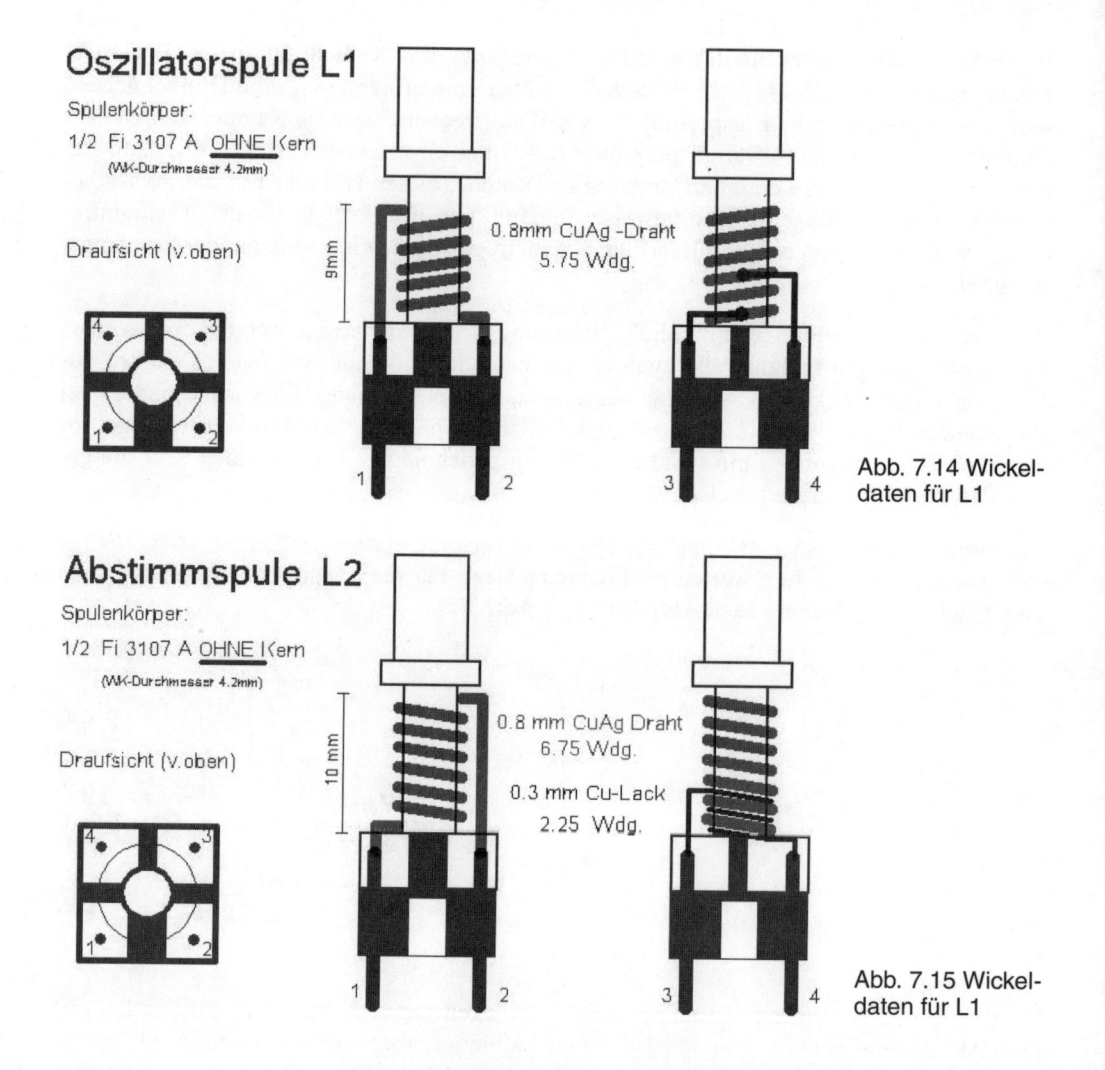

Spulenkörper:
1/2 Fi 3107 A <u>OHNE</u> Kern
(WK-Durchmesser 4.2mm)

Draufsicht (v. oben)

10 mm

0.8 mm CuAg Draht
6.75 Wdg.

0.3 mm Cu-Lack
2.25 Wdg.

Abb. 7.15 Wickeldaten für L1

bifilare Drossel f. Mischstufe

Spulenkörper:
4-6 mm PVC-Rohr 16 mm lang, z.B. Modellbau
 (Flugmodellbau, evtl. auch Baumarkt)
evtl. 2 Widerstände 1 MOhm als Stützpunkte eingeklebt
2 x 37 cm 0.2 mm CuL bifilar gewickelt
 Wdg.-Zahl ergibt sich aus dem Rohrdurchmesser, wichtig ist die Drahtlänge!

Abb. 7.16 Die Drossel Dr3

7.2 UKW-Radio mit Miniaturröhren

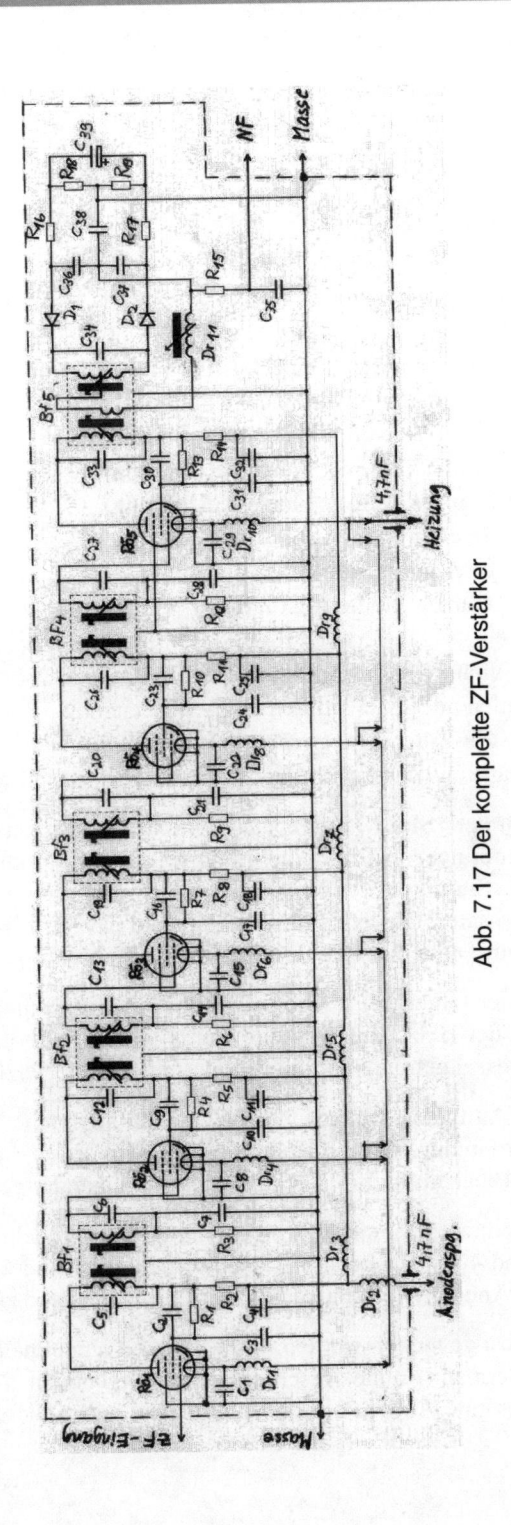

Abb. 7.17 Der komplette ZF-Verstärker

Stückliste zum ZF-Verstärker:
Rö1, Rö2, Rö3, Rö4, Rö5: 1SH29B
D1, D2: Ge-Diode, z.B. AA143
R1, R4, R7, R10, R13: 68 kΩ (1/4 W)
R2, R5, R8, R11, R14: 4,7 kΩ (1/4 W)
R15: 10 kΩ (1/4 W)
R16, R17: 470 Ω (1/4 W)
R18, R19: 15 kΩ (1/4 W)
C1, C8, C15, C22, C29: 1 nF (Keramik, kleine Ausführung)
C2, C9, C16, C23, C30: 10 nF (Keramik, kleine Ausführung)
C3, C10, C17, C24, C31: 2,2 nF (Keramik, kleine Ausführung)
C4, C11, C18, C25, C32: 10 nF (Keramik, kleine Ausführung)
C5, C12, C19, C26, C33: 18 pF (Keramik, kleine Ausführung)
C6, C13, C20, C27: 22 pF (Keramik, kleine Ausführung)
C34: 33 pF (Keramik, kleine Ausführung)
C36, C37, C38: 330 pF (Keramik, kleine Ausführung)
C 39: 2,2 uF (Elko, 25 V)
Dr1 bis Dr10: Festinduktivität (Widerstandsbauform) 68 uH
Dr11 Siehe Abschnitt Spulen oder Ersatz durch 47-Ω-Widerstand.
Bf1, Bf2, Bf3, Bf4: UKW-ZF-Filter (Oppermann Fi3107A)
Zusätzlich 2 Durchführungskondensatoren von 4,7 oder 10 nF, kleine Bauform

Alle Einzelstufen sind mit der 1SH29B aufgebaut, bei höheren Spannungen dürfte auch die 1SH24B reichen, die kommt nebenbei mit einem Fünftel des Heizstroms aus, ist aber nicht anschlusskompatibel. Alle Stufen verwenden Schirmgitterneutralisation mit dem nur 2,2 nF großen Schirmgitterkondensator. Die letzte Stufe arbeitet auf das Ratiofilter, der Ratiodetektor ist mit zwei Germanium-Dioden aufgebaut.

Jede Stufe ist gegenüber der folgenden verdrosselt, wobei anodenspannungsseitig die Drosseln in Reihe liegen. Auf der Heizspannungsseite wurde wegen des hohen Heizstroms von 60 mA pro Röhre jede Drossel getrennt auf die durchzuschleifende Heizleitung gelegt.

Bedingt durch den engen Aufbau ist zusätzlich noch eine umfangreiche Schirmung notwendig. Die ganze Platine wird in ein Weißblechgehäuse eingebaut. Zusätzlich werden noch die Einzelstufen durch je ein Blech auf der Bestückungsseite voneinander getrennt.

Mit den angegeben Bauteilen ergibt sich ein optimaler Arbeitsbereich mit einer Anodenspannung zwischen 36 und 42 V, für höhere Betriebsspannungen sind alle Schirmgitterwiderstände (R1, R4...) und Anodenwiderstände (R2, R5...) entsprechend zu vergrößern.

Bf5 und Dr11 müssen selbst gewickelt werden. Dr11 wird auf einem halben, abgewickelten Bandfilter Fi3107A (Oppermann) ohne Abschirmbecher aufgebracht. Nach dem Wickeln und Verlöten sollte der gesamte Aufbau mit Sekundenkleber oder „UHU-Hart" fixiert werden.

7.2 UKW-Radio mit Miniaturröhren 161

Abb. 7.18 Die ZF-Eingangsstufen

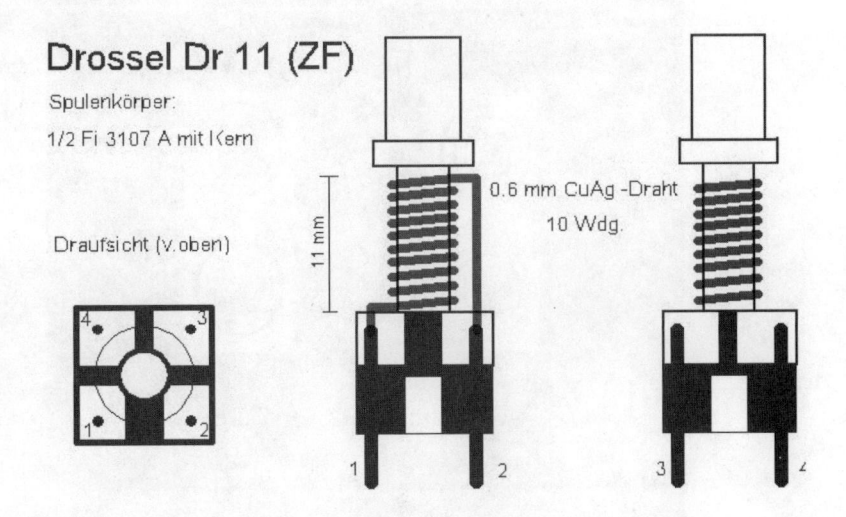

Drossel Dr 11 (ZF)

Spulenkörper:
1/2 Fi 3107 A mit Kern

Draufsicht (v. oben)

0.6 mm CuAg -Draht
10 Wdg.

11 mm

Abb. 7.19 Wickeldaten von DR11

Der NF-Verstärker ist als Gegentaktendstufe mit zwei 1SH29B ausgelegt. In der Vorstufe sitzt eine 1SH17B, welche die erste 1SH29B ansteuert. Außerdem liegt in ihrem Anodenkreis ein Trimmer, mit dem die Symmetrie der Phasenumkehrstufe mit einer 1SH24B eingestellt wird.

Ratiofilter Bf5

Spulenkörper:
Fi 3107 A abgewickelt

Draufsicht (v. oben)

Alle Wicklungen gleicher Wicklungssinn
L1: 38 Wdg. 0.2 mm CuL
L2: 2 x 14 Wdg. 0.2 mm CuL bifilar

L3: 7.5 Wdg. 0.2 mm CuL

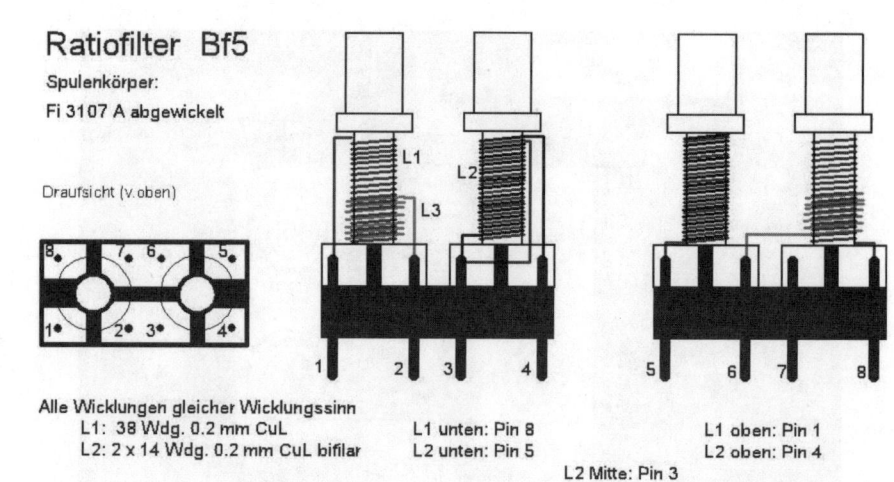

L1 unten: Pin 8
L2 unten: Pin 5

L2 Mitte: Pin 3

L3 oben: Pin 2

L1 oben: Pin 1
L2 oben: Pin 4

L3 unten: Pin 6

(L3 durch eine Lage Isolierband von L1 isoliert)

Abb. 7.20 Wickeldaten des Ratiofilters

Abb. 7.21 Der Ratiodetektor

7.2 UKW-Radio mit Miniaturröhren

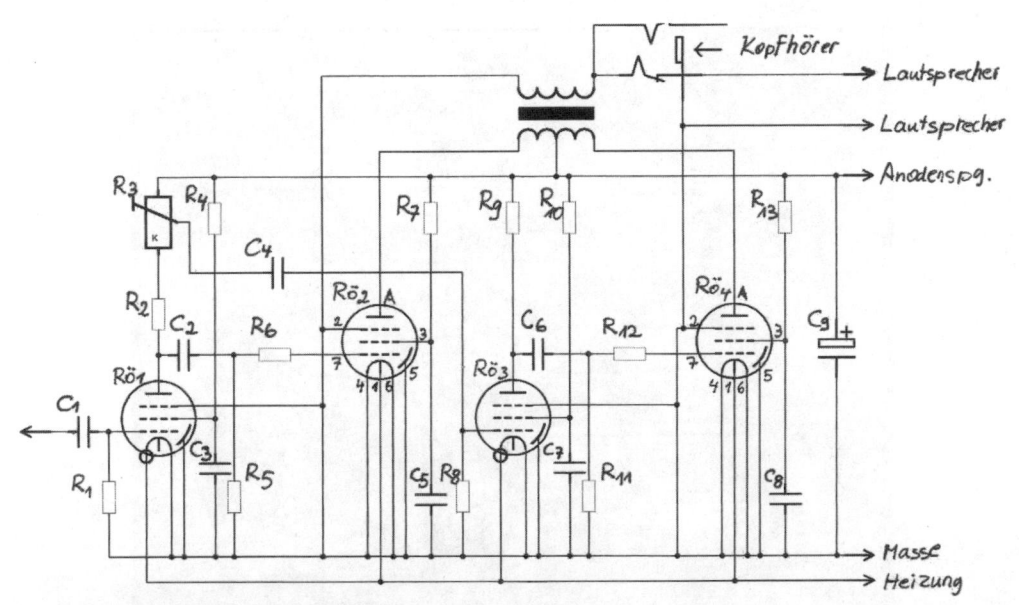

Abb. 7.22 Schaltbild der Endstufe

Stückliste zur Endstufe:
Rö1 1SH17B
Rö2, Rö4: 1SH29B
Rö3: 1SH24B
R1, R8: 1,8 MΩ (1/4 W)
R2: 220 kΩ (1/4 W)
R3: Trimmpoti 100 kΩ
R4: 1,5 MΩ (1/4 W)
R5, R11: 1 MΩ (1/4 W)
R6, R12: 1 kΩ (1/4 W)
R7, R13: 15 kΩ (1/4 W)
R9 330: kΩ (1/4 W)
R10: 2,2 MΩm (1/4 W)
C1, C3, C4, C7: 100 nF
C2, C5, C6, C8: 330 nF
C9: 47 µF (63 V)

Als Ausgangsübertrager hat sich durchaus ein kleiner Netztrafo ab 1,8 VA mit 2 × 115 V primär und 9 V sekundär bewährt. Deutlich bessere Ergebnisse bringt ein selbstgewickelter Ausgangsübertrager auf einem 32-mm-Kern. Die Primärwicklung hat 4000 Windungen Kupferlackdraht mit 0,08 mm mit Mittelanzapfung, die Sekundärwicklung vier mal 100 Windungen mit 0,2 mm, die parallel geschaltet werden.

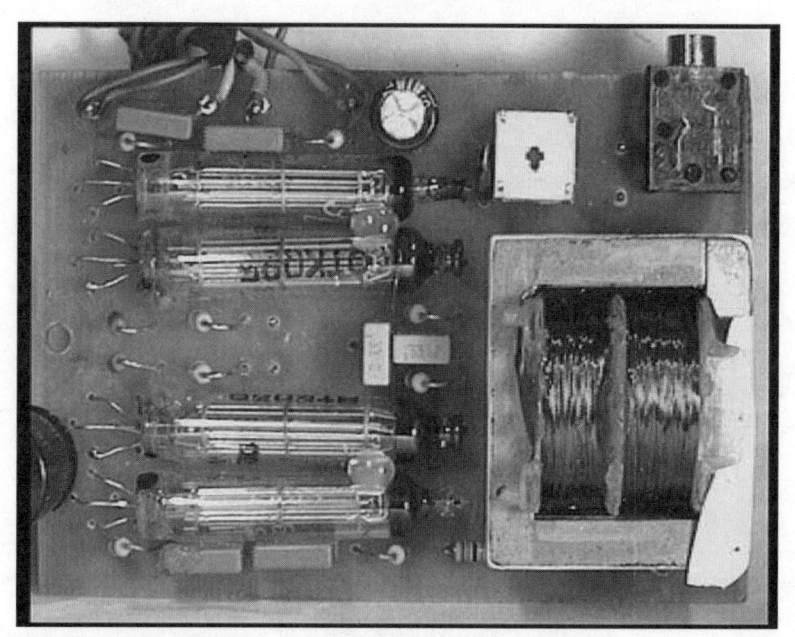

Abb. 7.23 Die Gegentaktendstufe

Der Abgleich des Empfängers erfordert ein Oszilloskop und einen Messsender. Zunächst wird die Anode von Rö2 im Tuner auf Masse gelegt. Für den ZF-Abgleich legt man den Ausgang des Ausgangsübertragers an ein Oszilloskop und schließt einen FM-modulierten Prüfsender mit 10,7 MHz an die Anode von Rö4. Dann stellt man den Signalpegel des Prüfsenders so ein, dass man die Modulationsfrequenz deutlich auf dem Oszilloskop sieht. Dann wird der Kern Sekundärkreis von Bf5 ganz ausgedreht und zuerst der Primärkreis auf Maximum gebracht, dann der Sekundärkreis wieder bis zum Maximum eingedreht.

In gleicher Weise werden die weiteren ZF-Stufen in der Reihenfolge Rö3, Rö2 und Rö1 eingestellt. Dann entfernt man den Kurzschluss der Anode von Rö2 des Tuners und schließt den Prüfsender an, um Bf1 im ZF-Verstärker abzugleichen. Mit dem Messsender am Antenneneingang des Tuners kann schließlich Bf1 des Tuners in gleicher Weise abgeglichen werden. Nach dem Aufsetzen der Abschirmdeckel für die ZF-Stufen soll ein Feinabgleich aller Filter durchgeführt werden. Insbesondere der Sekundärkreis des Ratiofilters sollte nach dem Tunerabgleich nach Gehör vorgenommen werden.

Sollte man beim folgenden Abgleich von C1 oder C10 an den Endwert kommen und nicht vollständig abgleichen können, muss der jeweilige 39-pF-Kondensator im Tuner entsprechend verringert und C1 bzw. C10 durch einen Trimmer mit 2...20 pF ersetzt werden. Die Teleskopantenne muss bereits angeschlossen und voll ausgezogen sein.

Nur der Deckel auf der Layoutseite wird aufgesetzt. C8 wird fast ganz ausgedreht.

Der Tuner kann z.B. durch Vergleich mit einem anderen UKW-Radio eingestellt werden, indem man das Oszillatorsignal abhört. Das UKW-Radio stellt man dazu auf 98,7 MHz ein. Der Drehko des Tuners wird auf Linksanschlag gedreht und dann wird C1 verstellt, bis im UKW-Radio das Rauschen verschwindet, es also den unmodulierten Oszillator empfängt. Dann stellt man das UKW-Radio auf 107,7 MHz ein, stellt den Drehko mit der provisorischen Skala auf 97 MHz und gleicht mit C9 (im Drehko integriert) wieder bis zum Verschwinden des Rauschens ab. Beide Schritte müssen mehrfach wiederholt werden.

Wenn bisher alles soweit funktioniert, und man den Lautstärkeregler aufdreht, sollte man jetzt bereits ein UKW-Rauschen hören. Für den folgenden Abgleich ist es wichtig, dass man starke Ortssender auf 88 MHz und auf 108 MHz hat, ansonsten ist ein UKW-Prüfsender vorzuziehen.

Nahe beim Linksanschlag des Drehkos sucht man einen Sender. Dann bringt man das Signal mit C10 auf minimales Rauschen. Einen Sender beim Rechtsanschlag des Drehkos bringt man mit C9 auf minimales Rauschen. Beide Schritte sind mehrfach zu wiederholen. Mit C8 lässt sich eventuell noch die Empfindlichkeit erhöhen, es darf jedoch über den gesamten Empfangsbereich kein Schwingungseinsatz der Mischröhre erfolgten.

Abb. 7.24 Das komplette Chassis

7.4 DRM-Direktmischer

Dieser Direktmischer für den digitalen Rundfunk DRM wurde von Burkhard Kainka entwickelt. Die Schaltung lässt sich dank eines programmierbaren Quarzoszillators im gesamten Kurwellenbereich einsetzen.

Die Schaltung wurde auf einem Experimentiersystem mit Steckverbindungen von AK MODUL-BUS aufgebaut. Zwei der vier Röhrenfassungen wurden mit der EF95 bzw. 6SH1P bestückt, um beide Röhrenheizungen in Reihe mit 12 V heizen zu können. Auf diese Weise reicht zur Stromversorgung ein Steckernetzteil mit 12 V für Heiz- und Anodenspannung. Tatsächlich konnte die Schaltung auch mit 6 V betrieben werden, allerdings waren die Ergebnisse mit 12 V besser.

Ein DRM-Empfänger stellt besondere Anforderungen an die Stabilität des Mischeroszillators. Daher ist ein Quarzoszillator gegenüber einem freischwingenden Oszillator im Vorteil. Allerdings hat man dann im allgemeinen nur eine einzige Empfangsfrequenz. Hier wird jedoch ein programmierbarer Quarzoszillator aus Elektor 2/2005 verwendet, der im Bereich 1 MHz bis 100 MHz eingestellt werden kann. Der fertig aufgebaute Oszillator kann ebenfalls bei AK MODUL-BUS bezogen werden. Der programmierbare Quarzoszillator besitzt übrigens einen 3,3-V-Spannungsregler auf der Platine und darf deshalb mit einer beliebigen Spannung zwischen 5 V und 12 V betrieben werden. Am Ausgang steht immer eine rechteckförmige HF-Spannung mit 3,3 V an.

Abb. 7.25 Der experimentelle Aufbau des Direktmischers

7.4 DRM-Direktmischer

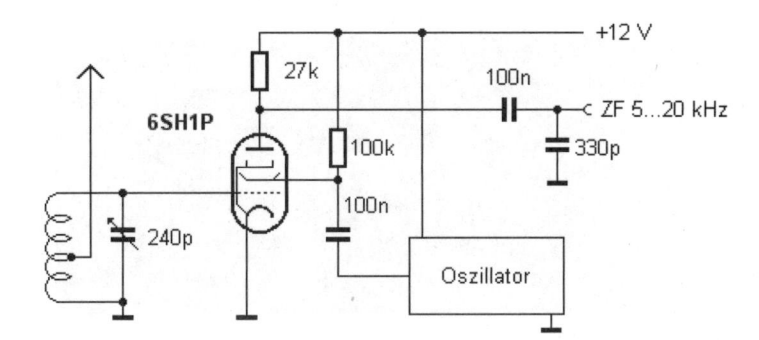

Abb. 7.26 Der Direktmischer mit einer EF95/6SH1P

Die Schaltung zeigt eine Mischstufe mit einer Röhre. Am Eingang liegt ein auf die Empfangsfrequenz abgestimmter Schwingkreis. Das Oszillatorsignal mit einer Amplitude von 3,3 Vss wird am Schirmgitter zugeführt und moduliert die Steilheit der Röhre, so dass es sich hier um einen einfachen multiplikativen Mischer handelt. Üblicherweise wird eine Zwischenfrequenz von 12 kHz an den PC übergeben, so dass der Oszillator 12 kHz unter der Empfangsfrequenz schwingen sollte. Mit der Dekodersoftware DREAM sind jedoch auch andere Frequenzen möglich, so dass man z.B. auch 10 kHz oder 15 kHz wählen kann.

Die Einstellung des programmierbaren Quarzoszillators erfolgt über die serielle Schnittstelle des PCs und über ein kleines Windows-Programm. Will man z.B. RTL DRM-2 auf 5990 kHz empfangen, stellt man die Oszillatorfrequenz auf 5980 kHz ein und erhält damit eine ZF von 10 kHz. Die Einstellungen lassen sich im RAM des Oszillators ablegen und werden damit sofort wirksam. Eine Übertragung der Einstellung ins EEPROM des Systems erzeugt eine fest programmierte Einstellung, die sich beim nächsten Einschalten ohne Zutun des PCs aktiviert. Das Modul verhält sich also einerseits wie ein normaler Quarzoszillator und andererseits wie ein abstimmbarer Oszillator.

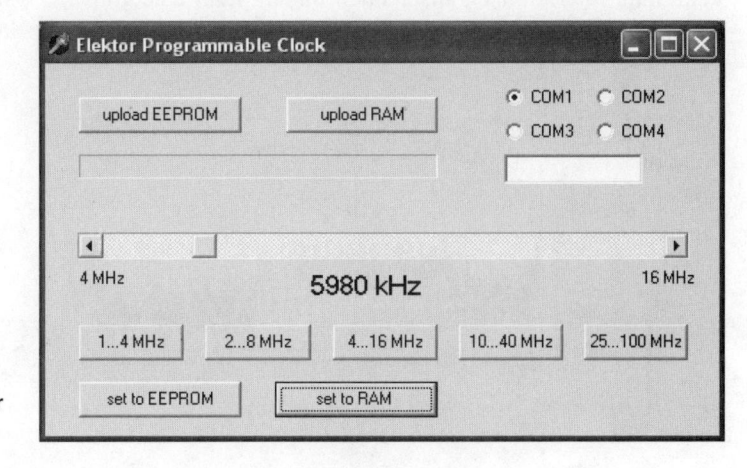

Abb. 7.27 Einstellung der Frequenz

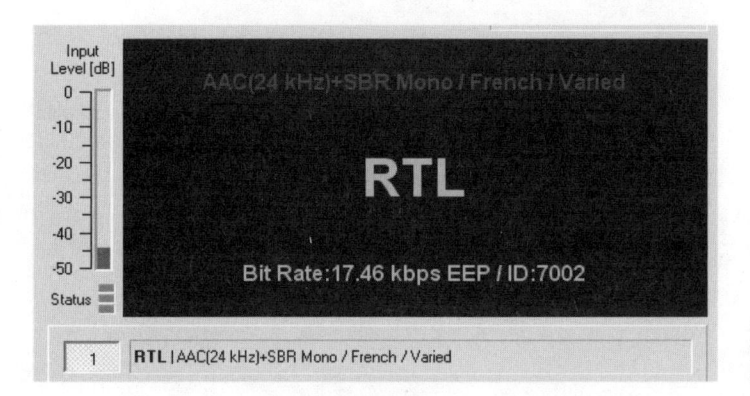

Abb. 7.28 Die Stationskennung von RTL-2 auf 5990 kHz

In dem Oszillator arbeitet ein programmierbarer Taktoszillator CY27EE16 von Cypress mit interner PLL und zusätzlichen Teilerketten. Nach außen verhält sich die Schaltung wie ein normaler Quarzoszillator zwischen 1 MHz und 100 MHz. Wechselt man den Quarz von 10 MHz auf dem Modul gegen einen mit 4 MHz, lässt sich die untere Frequenzgrenze bis auf 400 kHz verschieben.

Das ZF-Signal wird im PC mit dem DRM-Software DREAM dekodiert. Bei ausreichend störungsfreiem Empfang erhält man das Audiosignal und auch die Stationskennung. Einige Sender übertragen gleichzeitig noch Textnachrichten oder Bilder. Im Evaluation-Report erkennt man das Signalspektrum und erhält weitere Informationen wie z.B. den Störabstand des Signals.

Mit diesem Direktmischer konnten fast alle vorhandenen DRM-Sender im 49-m-Band und zahlreiche weitere Stationen im Kurzwellenbereich empfangen werden. Die Empfangsergebnisse reichen allerdings nicht an die eines Supers mit scharfen ZF-Filtern heran. Vor allem der nicht unterdrückte Spiegelempfang führt zu vermehrten Störungen. Im Einzelfall kann man Interferenzen ausblenden, indem man eine günstige Oszillatorfrequenz oberhalb der Empfangsfrequenz einstellt und DRAEM auf invertiertes Spektrum einstellt. In anderen

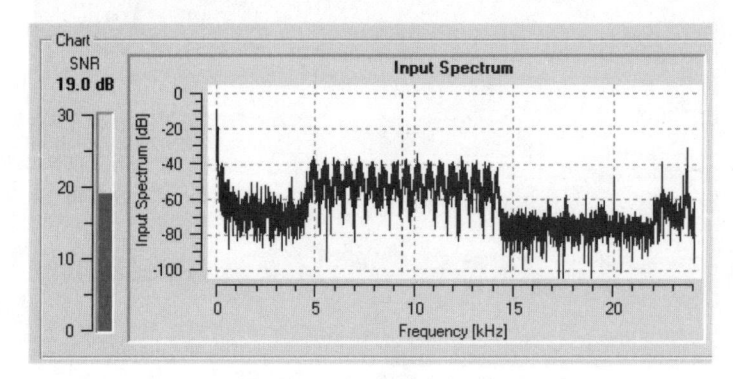

Abb. 7.29 Das Spektrum des empfangenen DRM-Senders

Fällen stimmt man den Oszillator genau auf den Träger einer benachbarten störenden Station ab, deren Spektrum dann nur bis 5 kHz reicht.

7.4 Festfrequenz-Doppelsuper für DRM

Dieser DRM-Empfänger mit vier EF95 wurde von Burkhard Kainka entwickelt, um zu beweisen, dass Röhren durchaus mit modernen Halbleitern mithalten können. Da es bei einem DRM-Empfänger auf höchste Frequenzstabilität ankommt, verwendet der erste Oszillator einen Quarz.

Der Versuchsaufbau wurde ohne Fassungen auf einer kupferbeschichteten Platine verdrahtet. Die Kontakte stammen aus PC-Steckern. Schon nach der ersten kurzen Masseverbindung hat die Röhre guten Halt, die übrigen Verbindungen sorgen für noch mehr Festigkeit. Kleine Stückchen Streifenrasterplatine tragen die übrigen Bauteile.

Die Schaltung verwendet vier EF95, weil diese Röhre klein ist und sich bei geringer Anodenspannung bewährt hat. Alle vier Heizungen werden in Reihe an 24 V betrieben. Damit bietet es sich an, diese Spannung auch als Anodenspannung zu verwenden. Die erzielbare Verstärkung ist voll ausreichend. Eine Röhre hat oft ein besseres Großsignalverhalten und geringeres Rauschen als ein Transistor. Der entscheidende Unterschied ist, dass man die Schaltung eingangs- und ausgangsseitig hochohmiger auslegen muss.

Der Empfänger wurde für RTL-DRM auf 6095 kHz ausgelegt. Er besteht aus zwei Mischstufen mit zwei Kristalloszillatoren. Ein steilflankiges Keramikfilter CFW455F mit einer

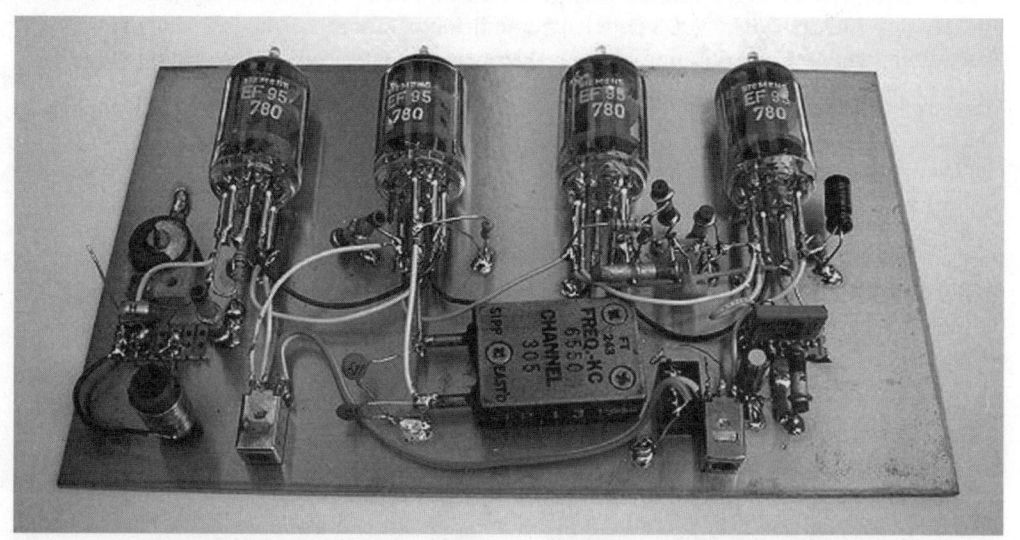

Abb. 7.30 Der quarzstabile Empfänger

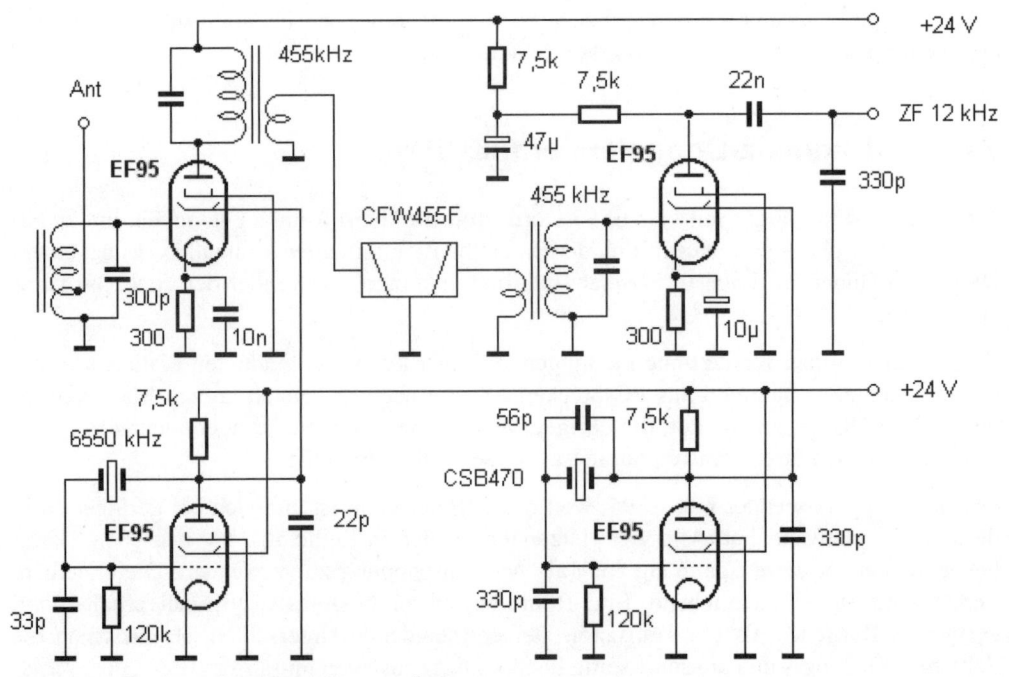

Abb. 7.31 Die komplette Empfängerschaltung

Bandbreite von 12 kHz sorgt für eine gute ZF-Selektion. Dank der hochohmigen Auslegung der Schaltung erreichen die Röhren eine gute Gesamtverstärkung. Die Empfangsleistung ist mit der des Elektor-DRM-RX vergleichbar und kann diesen bei kurzen Antennen sogar übertreffen, weil der abgestimmte Eingangskreis eine bessere Anpassung ermöglicht.

Das entscheidende Problem ist die Beschaffung eines passenden Quarzes mit 6550 kHz. Mit etwas Glück kann man aber einen FT234-Quarz mit der genau passenden Frequenz finden. Solche Quarze stammen aus alten amerikanischen Armeefunkgeräten. Der eingesetzte Quarz wurde am 13.9.1944 hergestellt, aber die Qualität ist nach 60 Jahren noch immer hervorragend.

Abb. 7.32 Der FT234-Quarz

Abb. 7.33 Keramische ZF-Filter und der Resonator für den zweiten Oszillator

Tatsächlich muss man schon viel Glück haben, genau diese Frequenz zu bekommen. Aber es funktioniert auch mit einem modernen Standardquarz von 6553,6 kHz. Man kann ihn z.B. bei Reichelt kaufen, wie auch den Keramikresonator für 470 kHz, der in dieser Schaltung auf 467 kHz schwingt. Die erste ZF liegt dann um 3,6 kHz zu hoch. Dies muss aber kein Problem sein, wenn man ein breiteres Keramikfilter einsetzt. Möglich ist z.B. das CFW455C mit einer Bandbreite von 25 kHz. Bei unverändertem zweiten Oszillator erscheint das DRM-Basisband nun um ca. 3 kHz tiefer, bei 9 kHz. Die Dekodierung ist aber kein Problem für DREAM, das nicht auf 12 kHz angewiesen ist. Mit kleineren Kondensatoren im zweiten Oszillator kann man aber den zweiten Oszillator entsprechend höher abstimmen. Mit 12 kHz Ausgangsfrequenz kann auch das DRM Software Radio für Stereodekodierung eingesetzt werden. Beide Filtertypen für 12 kHz und 25 kHz Bandbreite bekommt man bei AK MODUL-BUS.

Statt eines Quarzes kann auch ein abstimmbarer Oszillator verwendet werden, um mehr als nur einen Sender zu empfangen. Ein sorgfältig aufgebauter freischwingender Röhren-VFO im abgeschirmten Gehäuse und mit einem Drehko-Feintrieb ist für diese Aufgabe geeignet, allerdings mit großem Aufwand verbunden.

Verwendet man den auf der Basis eines AD9835 aufgebauten PC-abgestimmten DDS-Oszillator von AK MODUL-BUS, kann der Empfänger direkt mit DREAM abgestimmt werden. Der Empfänger ist dann dank der ZF von 455 kHz kompatibel zum Elektor-DRM-Empfänger, der von der Software direkt unterstützt wird. Eine weitere Alternative ist natürlich auch der programmierbare Quarzoszillator, der im vorigen Abschnitt an einem Direktmischer zum Einsatz kam.

Abb. 7.34 Der DDS-Generator

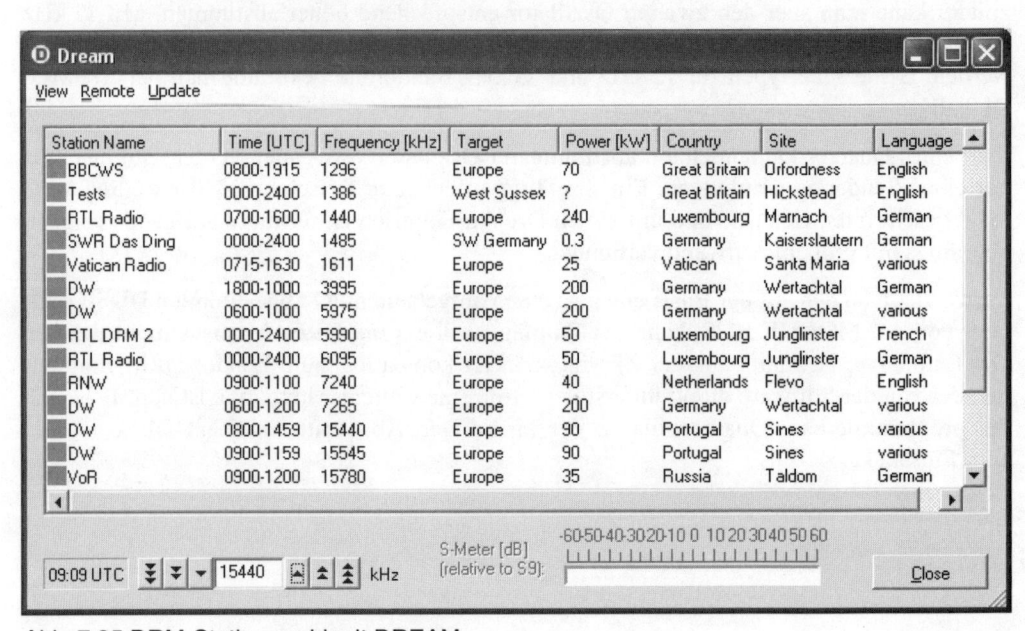

Station Name	Time [UTC]	Frequency [kHz]	Target	Power [kW]	Country	Site	Language
BBCWS	0800-1915	1296	Europe	70	Great Britain	Orfordness	English
Tests	0000-2400	1386	West Sussex	?	Great Britain	Hickstead	English
RTL Radio	0700-1600	1440	Europe	240	Luxembourg	Marnach	German
SWR Das Ding	0000-2400	1485	SW Germany	0.3	Germany	Kaiserslautern	German
Vatican Radio	0715-1630	1611	Europe	25	Vatican	Santa Maria	various
DW	1800-1000	3995	Europe	200	Germany	Wertachtal	German
DW	0600-1000	5975	Europe	200	Germany	Wertachtal	various
RTL DRM 2	0000-2400	5990	Europe	50	Luxembourg	Junglinster	French
RTL Radio	0000-2400	6095	Europe	50	Luxembourg	Junglinster	German
RNW	0900-1100	7240	Europe	40	Netherlands	Flevo	English
DW	0600-1200	7265	Europe	200	Germany	Wertachtal	various
DW	0800-1459	15440	Europe	90	Portugal	Sines	various
DW	0900-1159	15545	Europe	90	Portugal	Sines	various
VoR	0900-1200	15780	Europe	35	Russia	Taldom	German

Abb. 7.35 DRM-Stationswahl mit DREAM

8 Digitale Elektronik mit Röhren

Die hier vorgestellte digitale Nixieröhrenuhr mit ausschließlicher Röhrenbestückung wurde von Friedhelm Bruegmann entwickelt und gebaut. Die Schwierigkeit bestand darin, eine Standard-TTL-Uhrenschaltung in Röhrentechnik umzusetzen. Dieses Kapitel beschreibt das Projekt in Auszügen und mit dem Schwerpunkt auf der digitalen Schaltungstechnik mit Röhren. Vollständige Schaltunterlagen und Stücklisten findet man im Internet in Jogis Röhrenbude.

8.1 Die Nixieröhrenuhr

Ziel der Entwicklung war von Anfang an ein Gerät, das nur mit Röhren arbeitet. Es sollten keine Halbleiter außer Dioden in dem Gerät zu finden sein und es sollte auch keine „Röhren-ICs" in Form von Zählröhren geben. Auch Kaltkatodenröhren, die früher gerne in Ringzählern (Orgeln, usw.) Verwendung fanden, waren nicht vorgesehen. Die Zählstufen sollten nur mit völlig klassischen Flip-Flop-Stufen aufgebaut werden. Der Sekundentakt sollte am einfachsten aus der Netzfrequenz gewonnen werden und ein Röhrennetzteil für die Stromversorgung zuständig sein.

Abb. 8.1 zeigt das Ergebnis nach insgesamt siebenjähriger Entwicklungs- und Bauzeit. Es wurde hier ein Gerät geschaffen, das den technischen Fortschritt der letzten 50 Jahren in eindrucksvoller und anschaulicher Weise ins Bewusstsein rückt. Eine Digitaluhr, die heute als

Abb. 8.1 Eine Digitaluhr nur aus Röhren

Einzelgerät oder versteckt in anderen Geräten an jeder Ecke zu finden ist, wäre vor 50 Jahren nur mit einem enormen technischen Aufwand zu realisieren gewesen.

Ein Besuch des Computer-Museums von Siemens-Nixdorf in Paderborn half bei der Wahl der richtigen Röhre. Dort findet man einen kaufmännischen „Saldierungsrechner", der mit ca. 2000 Röhren E90CC bestückt war. Aus der Literatur geht hervor, worauf es bei der Dimensionierung von Flip-Flop-Stufen ankommt. Beide Triodensysteme müssen zwischenschichtfreie Katoden und gleiche Systemkapazitäten aufweisen, die für das Schaltverhalten wichtig sind. Andere Parameter sind hier nicht so entscheidend. Eine Röhre mit diesen Eigenschaften ist die E90CC. Eine Weiterentwicklung der E90CC ist die E92CC. Diese ist weniger brummempfindlich, was sicherlich auch zur Stabilität des Flip-Flops beiträgt. Außerdem sind beide Katoden dieser Doppeltriode intern miteinander verbunden, was die Verdrahtung von Flip-Flops erleichtert. So konnte man auch beide Systeme in ein Kolben mit Miniatursockel unterbringen. Die Wahl fiel also auf die E90CC. Insgesamt bekam das Gerät die folgende Röhrenbestückung:

Anzeige:
6x ZM1040
Netzteil:
2x EZ80 Gleichrichtung −100 V und +75 V
4x BY227 Halbleitergleichrichtung +170 V geregelt sowie +250 V für Nixies, ungeregelt
2x EF80 Regelung Stromversorgung
1x EF184 Regelung Stromversorgung
3x 5651 Spannungsreferenz
2x 6080 Längsregler +170 V
1x E182CC Längsregler +75 V
1x E88CC Längsregler −100 V

100-Hz-Generierung:
2x EAA91 Vollwellengleichrichtung
2x EF80 Tiefpass 100 Hz
2x EF184 Schmitt-Trigger 100 Hz Rechteck

Dekadenteiler auf 10 Hz:
4x E90CC Zähler
1x E91H UND-Verknüpfung für Rücksetzten von „9" auf „0"
1x E90CC Übertragsimpuls und Rücksetzimpuls
1x E95F Trennstufe

Dekadenteiler auf 1 Hz (Sekundentakt)
4x E90CC Zähler
1x E91H UND-Verknüpfung für Rücksetzten von „9" auf „0"
1x E90CC Übertragsimpuls nächste Stufe und Rücksetzimpuls
1x E95F Trennstufe

Sekunden Einer
4x E90CC Zähler

1x E91H UND-Verknüpfung für Rücksetzten von „9" auf „0"
1x E90CC Übertragsimpuls und Rücksetzimpuls
1x E95F Trennstufe
6x 5963 Dekodierung für dezimale Anzeige

Sekunden Zehner
3x E90CC Zähler
1x E91H UND-Verknüpfung für Rücksetzten von „5" auf „0"
1x E90CC Übertragsimpuls und Rücksetzimpuls
1x E95F Trennstufe
4x 5963 Dekodierung für dezimale Anzeige

Minuten Einer
4x E90CC Zähler
1x E91H UND-Verknüpfung für Rücksetzten von „9" auf „0"
1x E90CC Übertragsimpuls und Rücksetzimpuls
1x E95F Trennstufe
6x 5963 Dekodierung für dezimale Anzeige

Minuten Zehner
3x E90CC Zähler
1x E91H UND-Verknüpfung für Rücksetzten von „5" auf „0"
1x E90CC Übertragsimpuls und Rücksetzimpuls
1x E95F Trennstufe
4x 5963 Dekodierung für dezimale Anzeige

Stunden Einer
4x E90CC Zähler
1x E91H UND-Verknüpfung für Rücksetzten von „9" auf „0"
1x E90CC Übertragsimpuls und Rücksetzimpuls
1x E95F Trennstufe
6x 5963 Dekodierung für dezimale Anzeige

Stunden Zehner
2x E90CC Zähler
1x E91H UND-Verknüpfung für Rücksetzten von „2" auf „0"
1x E90CC Rücksetzimpuls
1x 5963 Dekodierung für dezimale Anzeige
1x E95F Dekodierung für dezimale Anzeige

Steuerung:
1x E88CC für das Rücksetzen der Uhr auf 00:00 Uhr

Abb. 8.2 zeigt das fertig gebohrte und teilweise bestückte Chassis. Unter dem linken Transformator sieht man das geregelte Netzteil für die Betriebsspannungen. Die notwendigen Spannungen ergeben sich aus dem Schaltungskonzept. Es werden die Spannungen +170 V,

176 8 Digitale Elektronik mit Röhren

Abb. 8.2 Das Chassis

+75 V, –100 V und eine ungeregelte Spannung von 250 V benötigt. 170 V ist übrigens eine typische Betriebsspannung für Röhren-Digitaltechnik. In der Mitte sind acht Teilerstufen zu erkennen, wobei von rechts her gesehen nur die ersten drei Teilerstufen bestückt sind.

Beginnend von rechts folgen zuerst die beiden Dezimalteiler, die den Sekundentakt erzeugen, dann die Einer-Stelle für die Sekundenanzeige. Später wurden dann die weiteren Stufen in Betrieb genommen. Unter dem rechten Trafo ist die 100-Hz-Generierung mit Tiefpass und Schmitt-Trigger angeordnet.

8.2 Das Netzteil

Mit nur wenigen Röhren lassen sich sehr wirkungsvolle geregelte Spannungsversorgungen aufbauen. Abb. 8.3 zeigt die 170-V-Versorung. Vier Gleichrichterdioden vom Typ BY227 liefern eine ungeregelte Gleichspannung von 250 V. Diese wird einerseits für den Betrieb der Nixieröhren verwendet und anderseits zur Erzeugung der geregelten 170 V benötigt.

Vier Längsregel-Trioden je einer halben 6080 stellen den nötigen Strom von maximal 400 mA zur Verfügung. Die Katodenwiderstände von 120 Ω bewirken eine gleichmäßige Leistungsverteilung auf alle Trioden. Die Katode der Regelröhre V88 ist auf die Glimmspannung des Stabilisators V89 gelegt, der eine Brennspannung von ca. 82 V aufweist. Bei Änderung der Eingangsspannung folgt die Regelspannung am Gitter der V88 mit gleicher Polarität. Die verstärkte Regelspannung durch V88 wirkt dann an den Gittern der Längsröhren dem Spannungsverlauf entgegen und der Regelkreis ist geschlossen.

Abb. 8.3 Spannungsstabilisierung

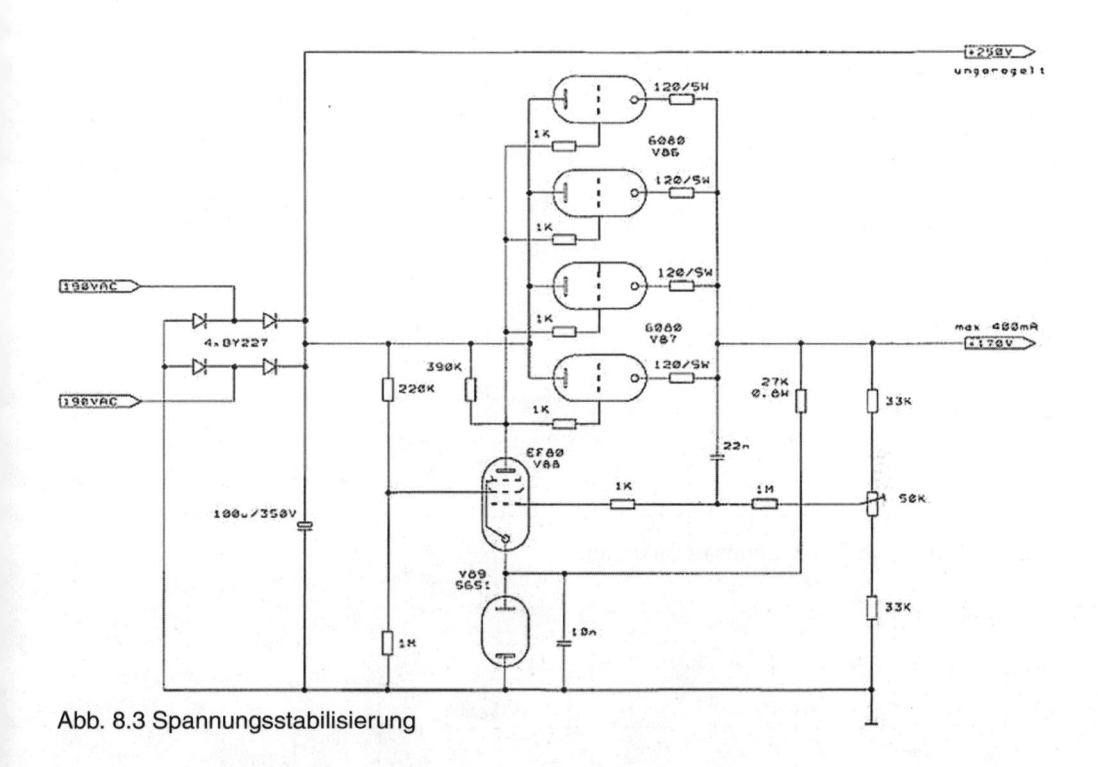

Der Aufbau ist insgesamt unkritisch. Es lassen sich problemlos Restwelligkeiten von weniger als 100 mVss erzielen.

Die Regelschaltung nach Abb. 8.4 liefert –100 V bei etwa 30 mA zur Erzeugung negativer Gittervorspannungen. Eine Besonderheit dieses Netzteils ist, dass der Ausgang der Längsregelröhren hier direkt mit Masse verbunden ist. Dadurch wird der Minuspol dieses Netzteils bezogen auf Masse um den Ausgangsspannungsbetrag negativer und man hat eine negative Spannung zur Verfügung.

Eine weitere Besonderheit ist die Versorgung des Glimmstabis V97. Dieser wird aus der höheren Spannung +170 V gespeist, weil bei einer Ausgangsspannung von nur 100 V ein sicherer Betrieb von V97 nicht gewährleistet ist. V96 muss während des Regelvorganges mit nur 15 V auskommen. Die besten Ergebnisse lieferte die EF184.

Die letzte Regelschaltung des Netzteils liefert 75 V bei 60 mA. Der Massebezug dieser Schaltung ist auf –100 V gelegt, da man mit einer Ausgangsspannung von nur 75 V kein Glimmstabi zünden kann und auch kein Regelhub zur Verfügung steht.

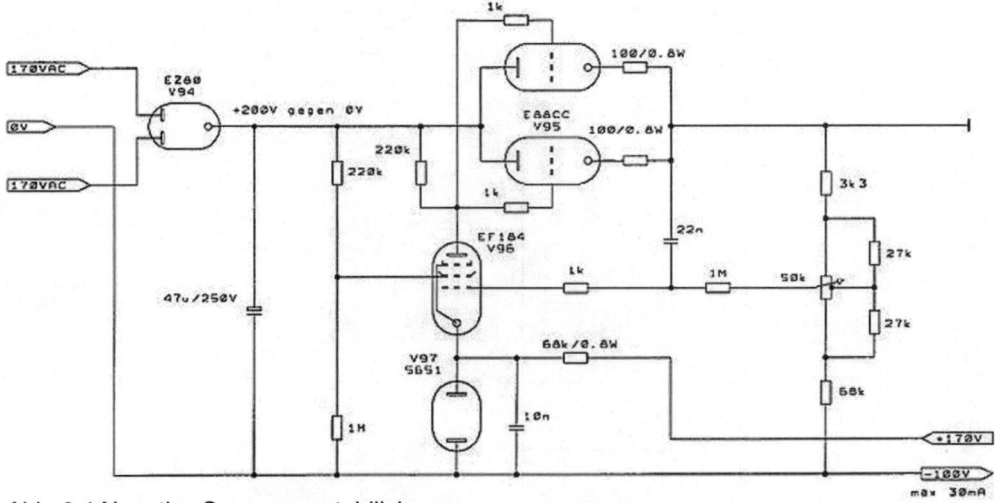

Abb. 8.4 Negative Spannungsstabilisierung

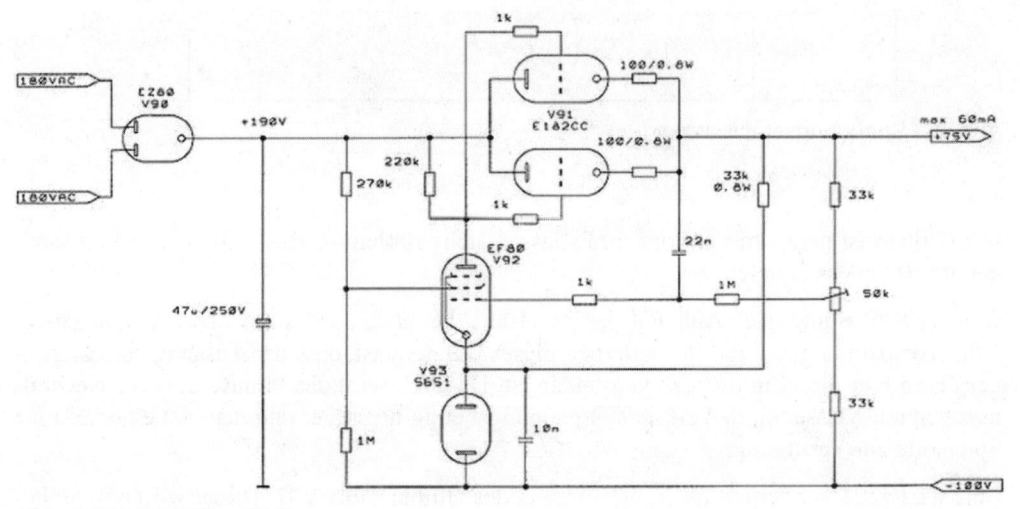

Abb. 8.5 Netzteil für +75 V

8.3 100-Hz-Takterzeugung

Wichtig für die Genauigkeit der Uhr ist die 100-Hz-Erzeugung nach Abb. 8.6. Eine Wechselspannung von 24 V gelangt auf den mit den Röhren V1 und V2 aufgebauten Brückengleichrichter. Ein Lastwiderstand von 10 kΩ lässt ein wenig Anodenstrom fließen, um Zwischenschichtbildung zu vermeiden. Ein zweistufiger Tiefpass, aufgebaut mit V3, der hier nur als Impedanzwandler arbeitet und keine Verstärkung bringt, schneidet alles oberhalb von

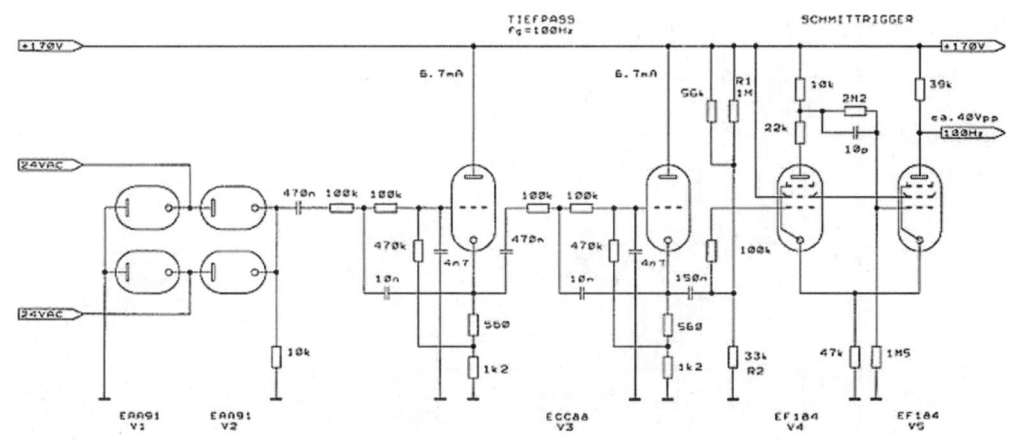

Abb. 8.6 Frequenzverdoppler, Tiefpass und Impulsformer

100 Hz ab, und sorgt somit für ein störarmes Signal. Ein nachgeschalteter Schmitt-Trigger mit V4 und V5 formt den Sinus in ein sauberes Rechteck. Die Symmetrie des Rechtecks wird mit dem Spannungsteiler R1/R2 eingestellt.

8.4 Teilerketten

Die erste dekadische Teilerkette wird mit dem 100-Hz-Rechtecksignal angesteuert. Abb. 8.7 zeigt eine Flip-Flop-Stufe, die stellvertretend für alle Stufen in dieser Uhr stehen soll. Ein Flip-Flop wird typischerweise aus zwei Triodensystemen aufgebaut. Die symmetrischen Eigenschaften dieser Stufe sind unschwer zu erkennen. Diese werden einmal durch eng tolerierte Bauteile bestimmt, aber auch durch speziell für diesen Zweck gefertigte Röhren, wie zum Beispiel die E90CC, die E92CC oder auch die 5963 aus den USA. Exakte Schaltungssymmetrie gewährt ein zuverlässiges Arbeiten der Stufen bis zu hohen Frequenzen. Da hier aber nur 100 Hz verarbeitet werden sollen, hält sich der Schaltungsaufwand in Grenzen.

Ein Röhren-Flip-Flop kann man auf verschiedene Art und Weise ansteuern. Man unterscheidet im Wesentlichen drei Möglichkeiten, zum Ersten die Ansteuerung an den Anoden mit einem negativen Impuls, zum Zweiten die Ansteuerung an den Gittern ebenfalls mit einem negativen Impuls und zum Dritten die Ansteuerung an den Katoden mit einem positiven Steuerimpuls. Wird das Flip-Flop an den Anoden angesteuert, so muss der Anodenwiderstand jedes Triodensystems aufgeteilt werden. Einen Teil des Widerstands nutzen dann beide Systeme zusammen. Am Knotenpunkt wird dann der Zählimpuls eingespeist.

Ist der gemeinsame Teil des Anodenwiderstandes (hier 10 kΩ) zu klein, so lässt sich die Stufe nur sehr schwer ansteuern. Ist der gemeinsame Anodenwiderstand hingegen zu groß, beeinflussen sich beide Trioden gegenseitig und die Stufe wird instabil. Hier muss durch Probieren ein vernünftiger Kompromiss gefunden werden.

8 Digitale Elektronik mit Röhren

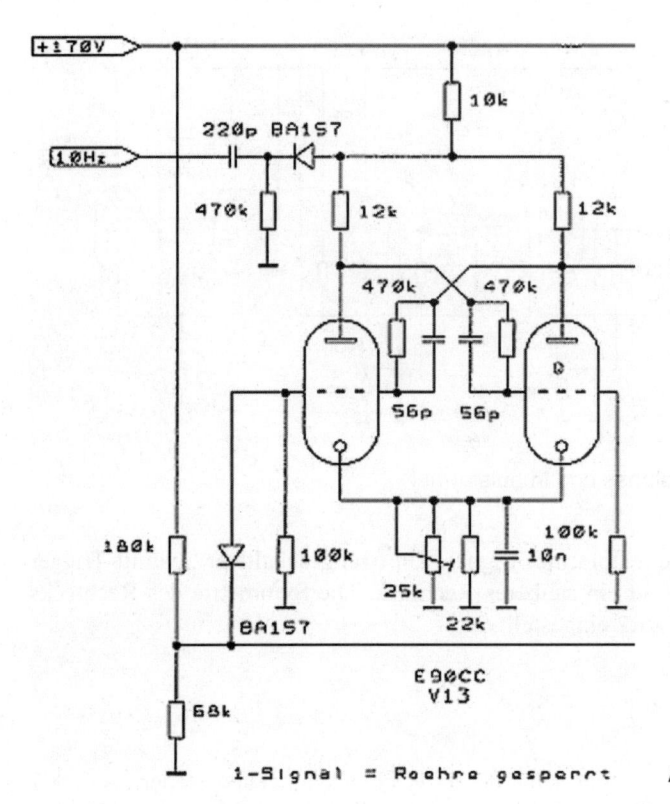

Abb. 8.7 Ein Teiler-Flipflop

Der statische Arbeitspunkt der Schaltung wird im Wesentlichen durch die Reihenschaltung einer Kette von Widerständen, beginnend mit dem gemeinsamen Anodenwiderstand 10 kΩ, dem Anodenwiderstand 12 kΩ, dem Gitterwiderstand 470 kΩ und dem Gitterableitwiderstand 100 kΩ jedes Triodensystems sowie dem Stromgegenkopplungswiderstand von 10 kΩ (einstellbar) im gemeinsamen Katodenzweig gebildet. Bei der Dimensionierung des Gitterwiderstandes, des gemeinsamen Katodenwiderstandes und des Gitterableitwiderstandes ist darauf zu achten, das die gesperrte Röhre wirklich eindeutig gesperrt ist, also die negative Gittervorspannung soweit negativ gemacht wird, das kein nennenswerter Anodenstrom mehr fließt. Die leitende Röhre dagegen sollte mit Gitterstrom durchgesteuert werden, d.h. die Gittervorspannung ist leicht positiv.

Auch die Dimensionierung der Gitterkondensatoren ist nicht ganz einfach. Diese bestimmen im Zusammenspiel mit dem Katodenkondensator das dynamische Verhalten der Stufe. Die Gitterkondensatoren dürfen nicht beliebig groß gemacht werden, da sonst die Stufe zu träge wird und eine höhere Energie des Ansteuerimpulses erforderlich wird, was wiederum zur höheren Belastung der vorhergehenden Stufe führt. Die Steuerflanke des Auslöseimpulses sollte grundsätzlich so steil wie möglich verlaufen, die Rückflanke dagegen nicht. Sonst kann es passieren, dass das Flip-Flop wieder zurückkippt. Der Katodenkondensator vermin-

Abb. 8.8 Verdrahtung der Flipflops

dert während der Umschaltphase die Stromgegenkopplung. Der Vorteil ist ein kleinerer Auslöseimpuls an den Anoden. Das Flip-Flop lässt sich einfach und sicher ansteuern.

Abb. 8.8 zeigt die Verdrahtung zweier benachbarter Flip-Flop-Stufen. Da die Verdrahtung mehr Lötfahnen benötigt, als eine Lötleiste hergibt, mussten zwei Lötleisten übereinander verwendet werden. Das Verdrahtungskonzept ist so gewählt, dass die Flip-Flop-Stufen einer Spalte, also einer Zähldekade, nicht mit den Stufen benachbarter Reihen, also Stufen gleicher Wertigkeit in die Quere kommen. Das führte zu dem Ergebnis, dass alle benötigten 28 Flip-Flop-Stufen absolut identisch aufgebaut werden konnten. Die einzelnen Stufen wurden über Koppelkondensatoren von 22 pF miteinander verbunden. Jede Flip-Flop-Stufe wurde einzeln mit einem Trimmpoti auf ihren optimalen Arbeitspunkt abgeglichen.

8.5 Dekadische Teilung

Abb. 8.9 zeigt den ersten Teil einer vollständigen Teilerstufe. Das erste Flip-Flop V20 wird durch das Signal „1 Hz" angesteuert. Dieses gelangt über einen Koppelkondensator zur Diode BA157. Die Diode sorgt für ein verbessertes Schaltverhalten des Flip-Flops. Es wird nur

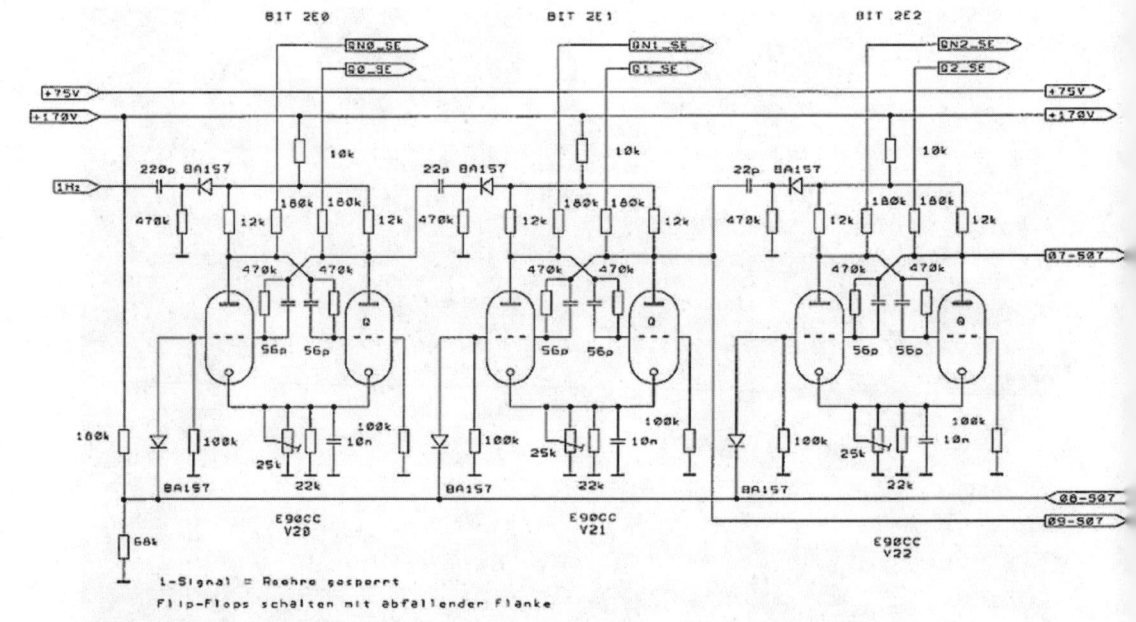

Abb. 8.9 Eine Teilerstufe

die negative Flanke des Zählimpulses durchgelassen. Das funktioniert aber nur, wenn die Diode positiv vorgespannt wird, d.h. von vorn herein schon leitend ist. Das wird durch den an die Katode der Diode nach Masse geschalteten 470-kΩ-Widerstand erreicht.

Die Dioden an den Gittern der linken Triodensysteme koppeln den Rücksetzimpuls ein, der in dieser Zählstufe bei Erreichen der Stellung 10 (Hex A) alle Stufen sofort wieder auf Null zurücksetzt. Dieser Rücksetzimpuls ist ebenfalls ein negativer Impuls. Im Zählbetrieb dürfen über die Rücksetzdiode keine Störsignale in benachbarte Stufen einstreuen. Daher sind die Katoden durch den Spannungsteiler 100 kΩ/68 kΩ positiv vorgespannt, d.h. die Dioden sind im Zählbetrieb gesperrt.

An den beiden Anoden von V20, V21 und V22 wird der Zählerstand der Flip-Flops als Q- und Q-NICHT-Signal ausgekoppelt und zur Dekodierung für die Anzeigeröhren bereitgestellt. Diese Leitungen sind sehr lang, daher wurden 180-kΩ-Auskoppelwiderstände direkt an die Röhrenfassung gelötet, um auch hier wieder Übersprechen in andere Stufen zu vermeiden.

An der Anode des rechten Triodensystems von V20 wird über einen 22-pF-Kondensator der Zählimpuls ausgekoppelt und der nächsten Stufe V21 zugeführt. Der Ausgangsimpuls von V21 gelangt dann zur dritten Stufe mit der Röhre V22. Diese wiederum erzeugt den Zählimpuls mit dem Namen „07-S07", der auf den zweiten Schaltungsteil in Abb. 8.10 führt.

Zwischen Stufe 2 und Stufe 3 wird das Signal „09-S07" abgegriffen. Das ist das Ausgangssignal Q von Bit 2, das für die Rücksetzbedingung benötigt wird. Diese wird im zweiten Teil der Zähldekade nach Abb. 8.10 erzeugt.

8.5 Dekadische Teilung

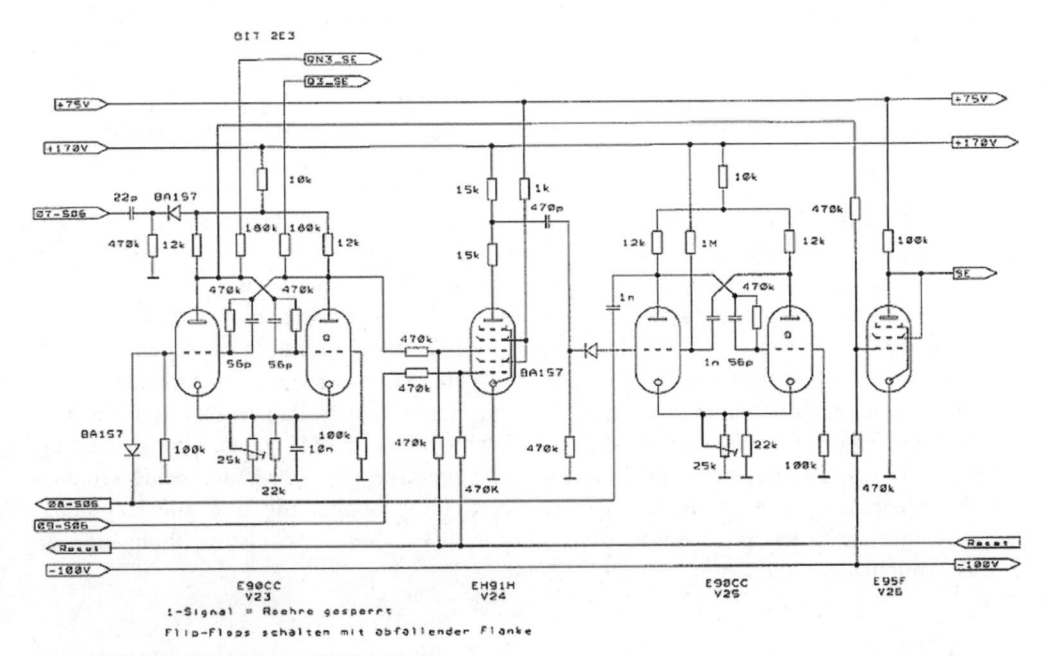

Abb. 8.10 Zweiter Teil der Zähldekade

Der Zählimpuls „07-S06" gelangt auf die letzte Teilerstufe mit Röhre V23. Das Ausgangssignal Q dieser Stufe gelangt zusammen mit dem Signal Q „09-S06" der Stufe 2 über 470-kΩ-Widerstände an das „UND-Gatter" V24. Die Rücksetzbedingung ist erfüllt, wenn der binäre Zählerstand 1010 erreicht ist (Stellung 10), also Ausgang Q von Stufe 2 und Stufe 4 (Bit 1 und Bit 3) hohe Spannung führt (Röhre gesperrt). Dann werden beide Gitter der Heptode V24 eindeutig positiv und die Röhre schaltet durch. Diese erzeugt einen negativen Impuls am Knotenpunkt ihres aufgeteilten Anodenwiderstandes und steuert damit das darauf folgende Monoflop, Röhre V25, an. Ein kräftiger negativer Rücksetzimpuls wird erst nach dem Zurückkippen des Monoflops (Zeitkonstante 1 MΩ, 1 nF) an den Rücksetzdioden aller Flip-Flop-Stufen wirksam und stellt diese auf Null. Durch diesen Trick kann man an der Anode von V26, angesteuert durch Ausgang Q-NICHT von Stufe 4 (V23), einen durch die Zeitkonstante 1 MΩ, 1 nF vom Monoflop V25 bestimmten und gut messbaren Übertragungsimpuls auf dem Oszilloskop nachmessen, der zum Ansteuern der nächsten Zählstufe benötigt wird. Dieser Umstand trägt einmal zur Betriebssicherheit der Uhr bei und erleichtert bei Bedarf die Fehlersuche.

8.6 Rücksetzlogik

Um eine Uhr schnell stellen zu können, ist es mitunter hilfreich, wenn sich die Möglichkeit bietet, sie kurz auf 00:00 Uhr zurücksetzen zu können. Für dieses Feature ist V57 in Abb. 8.11 zuständig.

Die Steuergitter der Heptoden-„UND-Gatter" aller Zählstufen sind über 470-kΩ-Widerstände mit der „RESET"-Leitung verbunden. Diese Resetleitung wird über V57 niederohmig an −100 V gelegt, d.h. im Zählbetrieb sind alle Heptoden gesperrt. Zur Betätigung dieser Resetleitung muss V57 kurzzeitig sperren und daher das Gitter beider Triodensysteme noch negativer als −100 V gemacht werden. Dazu dient die Schaltungsanordnung mit dem 100-nF-Kondensator. Der Kondensator ist im Zählbetrieb über die beiden 1-MΩ-Widerstände auf etwa 160 V aufgeladen, wobei sich der Pluspol auf der rechten Seite befindet. Betätigt man den Taster, wird der Pluspol über den 10-KΩ-Widerstand an −100 V gelegt, und für die Entladezeit wird das Gitter etwa um die Ladespannung negativer als −100 V und beide Triodensysteme sperren. In den Moment wird die Resetleitung hochohmig und alle Heptoden-„UND-Gatter" schalten gleichzeitig durch. Dadurch erhält jede Zählstufe ihren eigenen Rücksetzimpuls, und die Uhr springt auf 00:00 Uhr.

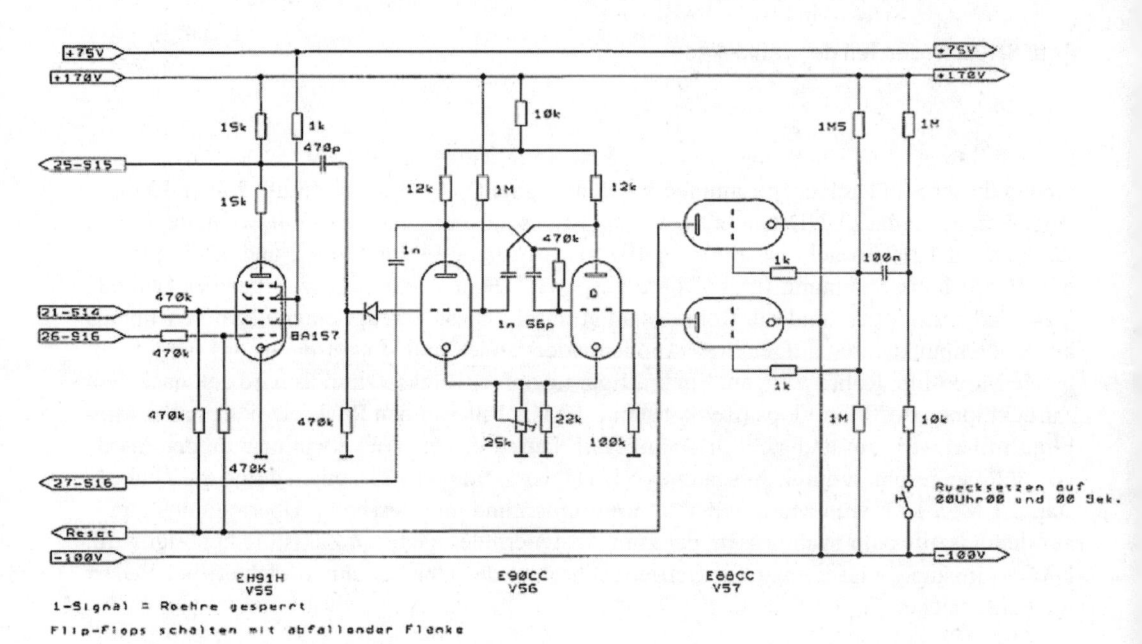

Abb. 8.11 Die Rücksetzlogik

8.7 Dekodierung und Anzeige

Abb. 8.12 zeigt die Dekoderlogik allein mit Röhren. Stellvertretend für alle Anzeigestellen wird hier die Dekoderstufe der Sekunden-Zehner gezeigt, die identisch mit der Stufe der Minuten-Zehner ist. Letztendlich funktionieren alle Stufen auf die gleiche Art und Weise.

Die Katoden der Ziffern 0–5 der Anzeigeröhre sind direkt mit den Anoden der Doppeltrioden V65, V66 und V67 verbunden, die diese nach Masse durchsteuern. Gleichzeitig sind die Katoden über 1-MΩ-Widerstände mit +170 V verbunden, was den Kontrast der durchgesteuerten Ziffer erhöht. Jedes Triodensystem erhält seine Informationen direkt vom Zählerstand. Die Röhre V64 arbeitet hier als Paritätsdekoder. Diese gibt abwechselnd den geraden oder den ungeraden Zählerstand zur Dekodierung frei. Am Beispiel der Ziffer 1 soll die Funktionsweise verdeutlicht werden. Die Tabelle in Abb. 8.13 zeigt die Zählweise eines der Dezimalzähler im binären Zahlensystem und die Zustände der Ausgänge Q und QN (Q-NICHT) der Flip-Flops, wobei hier eine „1" bedeutet, dass das System sperrt bzw. bei einer „0" leitend ist.

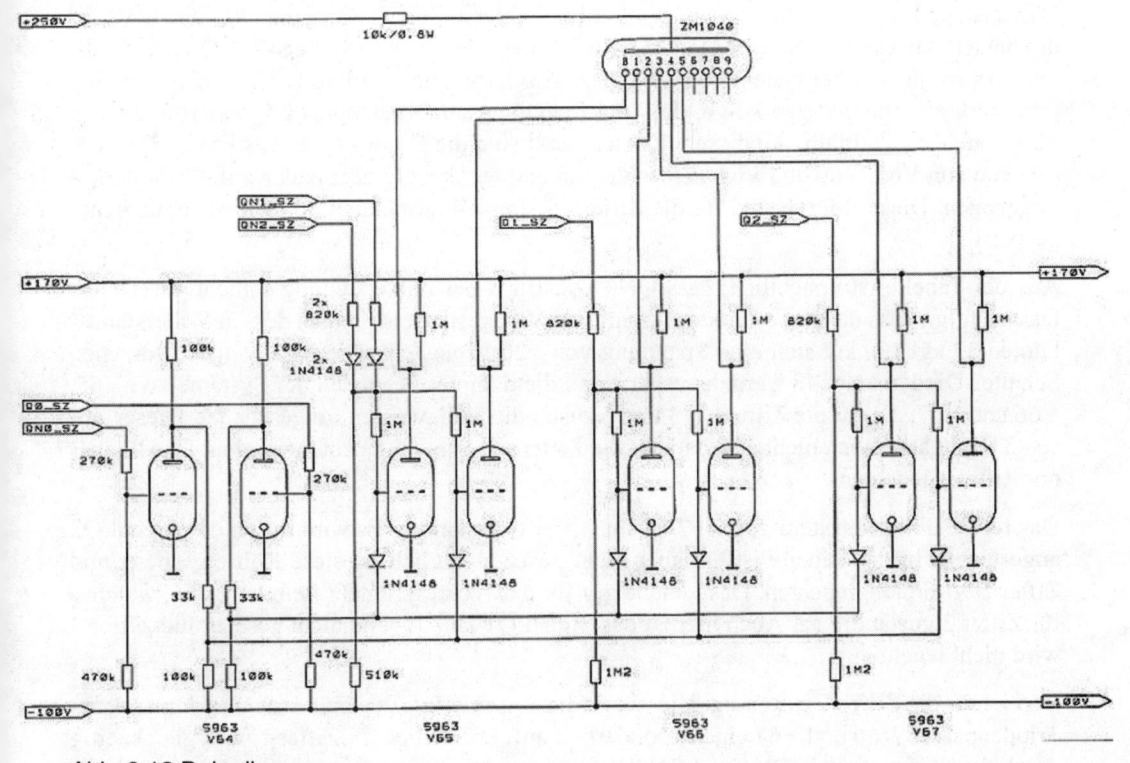

Abb. 8.12 Dekodierung

8 Digitale Elektronik mit Röhren

dezimal	binär				Flip-Flop-Ausgang							
					QN3	Q3	QN2	Q2	QN1	Q1	QN0	Q0
0	0	0	0	0	1	0	1	0	1	0	1	0
1	0	0	0	1	1	0	1	0	1	0	0	1
2	0	0	1	0	1	0	1	0	0	1	1	0
3	0	0	1	1	1	0	1	0	0	1	0	1
4	0	1	0	0	1	0	0	1	1	0	1	0
5	0	1	0	1	1	0	0	1	1	0	0	1
6	0	1	1	0	1	0	0	1	0	1	1	0
7	0	1	1	1	1	0	0	1	0	1	0	1
8	1	0	0	0	0	1	1	0	1	0	1	0
9	1	0	0	1	0	1	1	0	1	0	0	1

Abb. 8.13 Die Zustandstabelle der Ausgänge

Wie aus der Tabelle zu entnehmen ist, sind bei Zählerstellung 1 Ausgang Q0 von Bit 0 und die beiden Ausgänge QN1 und QN2 (Q-NICHT) von Bit 1 und Bit 2 gesetzt. Q0 steuert direkt das rechte Triodensystem von V64 an und schaltet diese durch. Die Anodenspannung fällt stark ab. Das hat zur Folge, dass die Spannung am Knotenpunkt 33 kΩ/100 kΩ von +20 V auf –20 V abfällt. An diesem Knotenpunkt sind die Gitter der jeweils linken Triodensysteme von V65, V66 und V67 angeschlossen und werden gleichermaßen auf –20 V heruntergezogen. Diese Röhren sind für die Ziffern 0, 2 und 4 zuständig und bleiben somit sicher gesperrt.

Aus der Tabelle ist ersichtlich, dass QN0 von Bit 0 bei Zählerstellung 1 nicht gesetzt ist. Daraus folgt, dass das linke Triodensystem von V64 gesperrt ist und an dessen Widerstandsknoten 33 kΩ/100 kΩ sich eine Spannung von +20 V einstellt. Die daran angeschlossenen Schalter-Dioden 1N4148 werden gesperrt und die dahinter liegenden der Systeme von V65, V66 und V67, die für die Ziffern 1, 3 und 5 zuständig sind, werden freigeschaltet. Dieser Zustand reicht aber noch nicht aus, da jetzt die Ziffern 1, 3 und 5 leuchten würden. Es soll aber nur Ziffer 1 leuchten.

Das rechte Triodensystem von V67 ist für Ziffer 5 zuständig. Es wird durch das Signal Q2 angesteuert. In der Tabelle ist Q2 aber nicht gesetzt, folglich ist diese Röhre gesperrt und Ziffer 5 wird nicht leuchten. Das gleiche gilt für das rechte Triodensytem von V66, welches für Ziffer 3 zuständig ist. Auch hier ist das Signal Q1 laut Tabelle nicht gesetzt und Ziffer 3 wird nicht leuchten.

V65 ist für die Ziffer 1 zuständig. Hier weist die Ansteuerung gegenüber den beiden anderen Triodenpaaren V66 und V67 eine Besonderheit auf. Die Triode für Ziffer 1 wird gleichzeitig durch die beiden Signale QN1 und QN2 angesteuert. Die beiden Vorwiderstände 820 kΩ bilden zusammen mit dem 510-kΩ-Widerstand einen Spannungsaddierer. Am Knotenpunkt hinter den Dioden bildet sich eine Treppenspannung aus, deren Maximalwert erst erreicht wird, wenn beide Signale, QN1 und QN2 vorhanden sind. Der Spannungsaddierer ist so eingestellt, dass erst dann das freigegebene Triodensytem durchschaltet. So ist die Dekodierung für Ziffer 1 eindeutig.

So lassen sich für alle anderen Zählerstellungen diese Betrachtungen gleichermaßen durchführen. Ein wenig komplizierter ist die Dekodierung beim vollständigen Zähler, der alle 10 Ziffern berücksichtigen muss.

Eine Detailansicht mehrerer Dekoderstufen zeigt Abb. 8.14. Hier kann man deutlich die identische Verdrahtung der einzelnen Stufen erkennen. Die Widerstände am oberen Rand dienen zum Abgleich der durch die „VerUNDung" einzelner Bits entstehenden Treppenspannung. Eine Stufe darf immer nur dann durchschalten, wenn die UND-Bedingung am Eingang erfüllt ist, muss aber wiederum zuverlässig sperren, wenn ein Bit fehlt. Je mehr Bits in eine UND-Verknüpfung eingehen, desto feiner zeigt sich die Auflösung der Treppenspannung innerhalb eines festgelegten Spannungsfensters.

Abb. 8.14 Verdrahtung der Dekoder

9 Messen und Testen

Wer sich ernsthaft mit Röhrentechnik beschäftigen will, kommt an der Messtechnik nicht vorbei. Hier werden vor allem Testgeräte und -verfahren für die Untersuchung von Röhren und anderen Bauteilen vorgestellt.

9.1 Röhrenprüfgerät RPG 45/15

Dieses mobile Röhrenprüfgerät wurde von Siegfried Neumann entwickelt. Als Testfassung wurde eine Europafassung gewählt. Damit lassen sich die meisten Röhren der Typenreihen RE, REN, RGN usw. prüfen. Mit Hilfe eines Adapterkabels können auch andere Röhren geprüft werden.

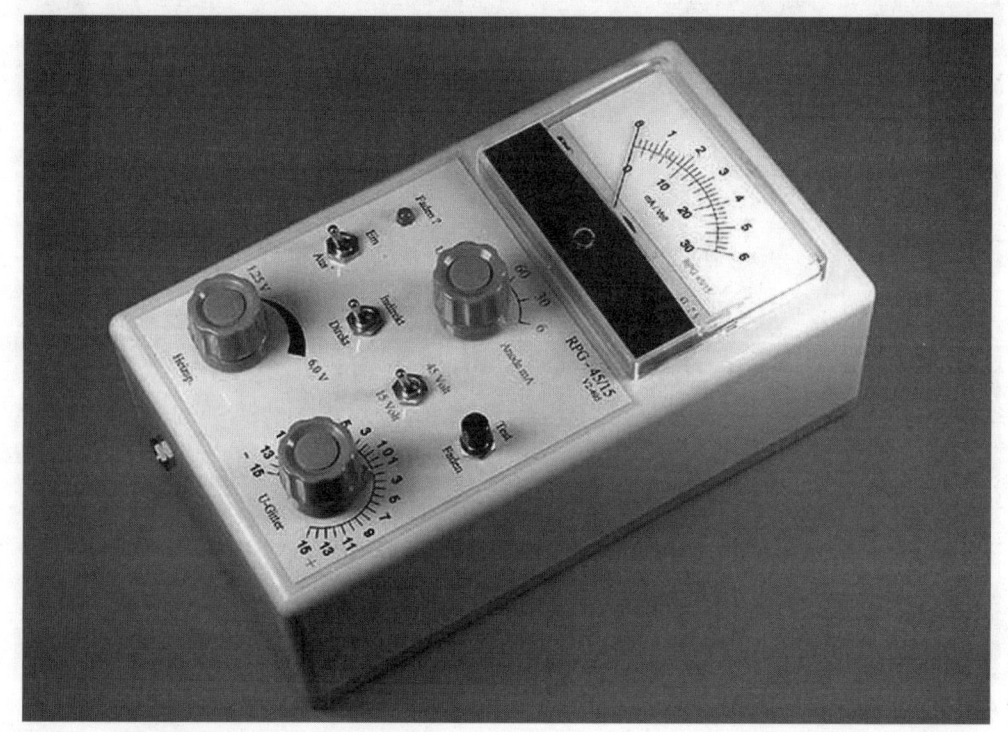

Abb. 9.1 Das handliche Röhrenprüfgerät

9.1 Röhrenprüfgerät RPG 45/15

Die technischen Daten:
- Akkubetrieb 6 V 2,2 Ah
- Kontinuierliche Heizspannungseinstellung 1,2 bis 5 V
- Gitterspannung einstellbar von – 15 bis + 15 V
- Anodenspannung umschaltbar 15 und 45 V
- Anodenstrominstrument umschaltbar 50, 25, 5 mA
- Anzeige der Heizspannung mit Hilfe des Anodenstrominstruments
- Heizfadenprüfung
- Anschluss für externen Messadapter
- Großes Anzeigeinstrument 60 mal 80 mm
- Einfache und übersichtliche Bedienung
- Annehmbare Größe und Gewicht des Gerätes

Die Heizspannung wird mit einem NiCd-Akku und einem Lowdrop-Regler LT1085 erzeugt, dadurch ist es möglich, kurzzeitig Röhren mit 2 A zu heizen, was mit Primärzellen nicht möglich ist.

Die Gitter- und Anodenspannungen werden mit der Hilfe von zwei DC/DC Wandlern mit einer Eingangsspannung von 5 V und Ausgangsspannungen von ±15 V bei einer Belastbarkeit

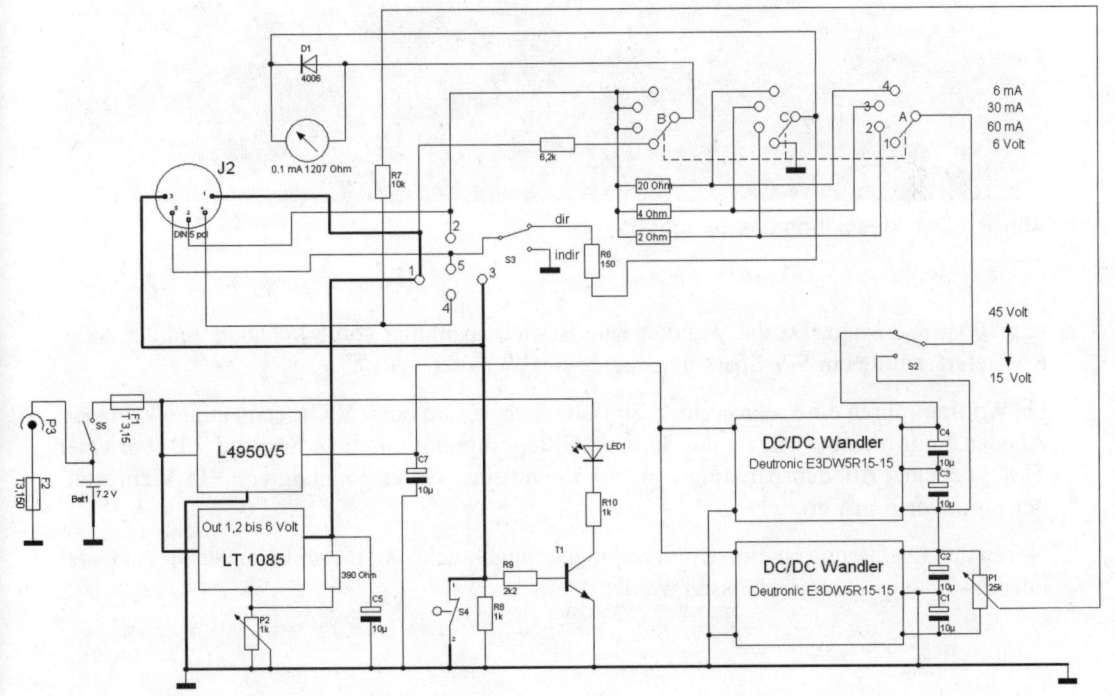

Abb. 9.2 Das Schaltbild des RPG-45/15

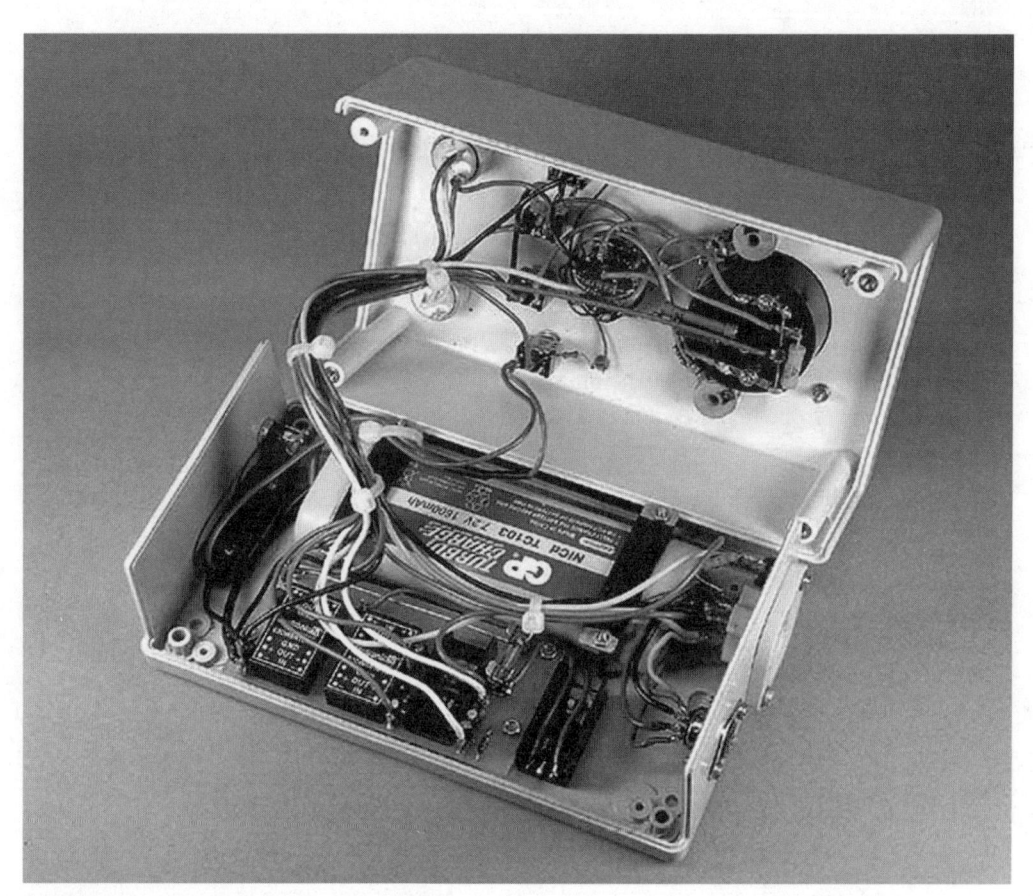

Abb. 9.3 Das Innenleben des Testgeräts

von 100 mA erzeugt. Da die Wandler eine Betriebsspannung von 5 V haben und der Akku 6 V liefert, wurde ein 5-V-Spannungsregler vorgeschaltet.

Da Wolframröhren eine sehr geringe Emission haben, und bei 0 V Gitterspannung kaum ein Anodenstrom messbar ist, ist die positive Gitterspannung nützlich. So wird z.B. bei einer TM15 bei einer Anodenspannung von 45 Volt und einer Gitterspannung von +15 V ein Anodenstrom von 5 mA erreicht.

Neben der Testfassung ist eine Universalbuchse angebracht. An dieser kann der Messadapter oder das Ladegerät angeschlossen werden.

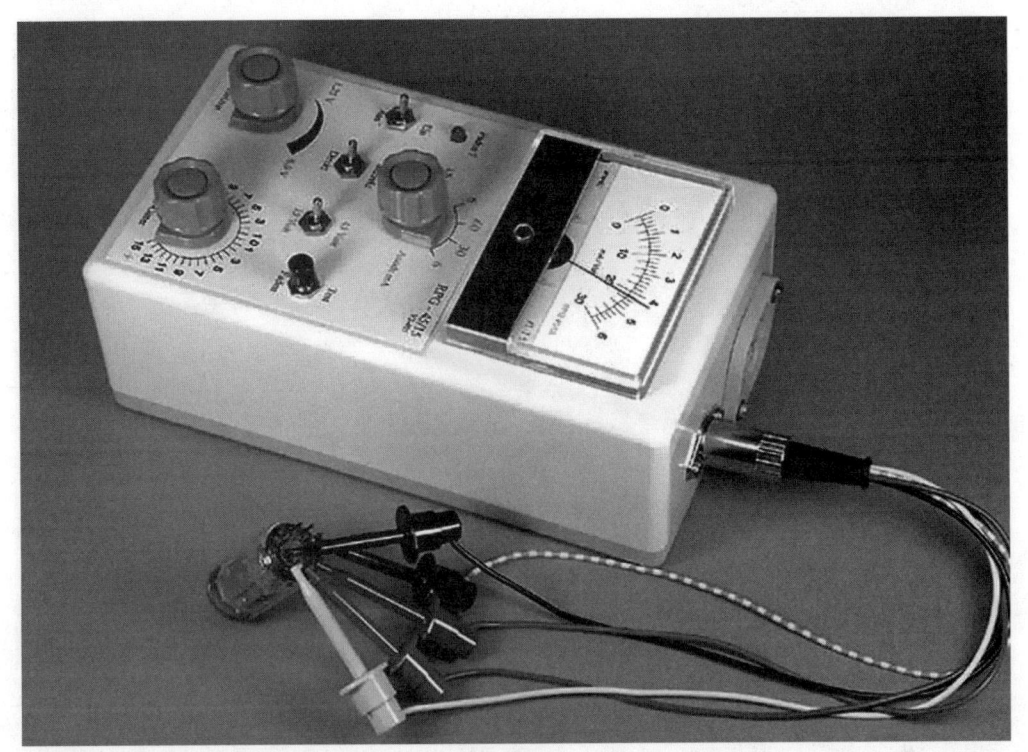

Abb. 9.4 Prüfen einer Röhre mit dem Adapterkabel

9.2 Testgerät für Magische Augen

Dieses Prüfgerät wurde von Siegfried Neumann speziell für den Einsatz auf dem Flohmarkt entwickelt. Die Anodenspannung von etwa 200 V wird mit einem Spannungswandler erzeugt.

Ein Gegentakt-Spannungswandler mit einem Printtrafo 2 × 6 V zu 2 × 110 V setzt die Akkuspannung von 7,2 V auf die Anodespannung von 200 V um. Gleichzeitig wird eine Spannung von −100 V erzeugt.

Die negative Spannung wird mit einer Zenerdiode auf ca. 20 V stabilisiert. Ein astabiler Multivibrators liefert eine Steuerspannung für das Eingangsgitter und steuert somit den Leuchtschatten. Die verwendeten Kondensatoren bestimmen die Wiederholrate. Mit 100-µF-Elkos entsteht eine Periode von 4 Sekunden, wobei der Leuchtschirm sich in zwei Sekunden ganz öffnet.

9 Messen und Testen

Abb. 9.5 Das Testgerät

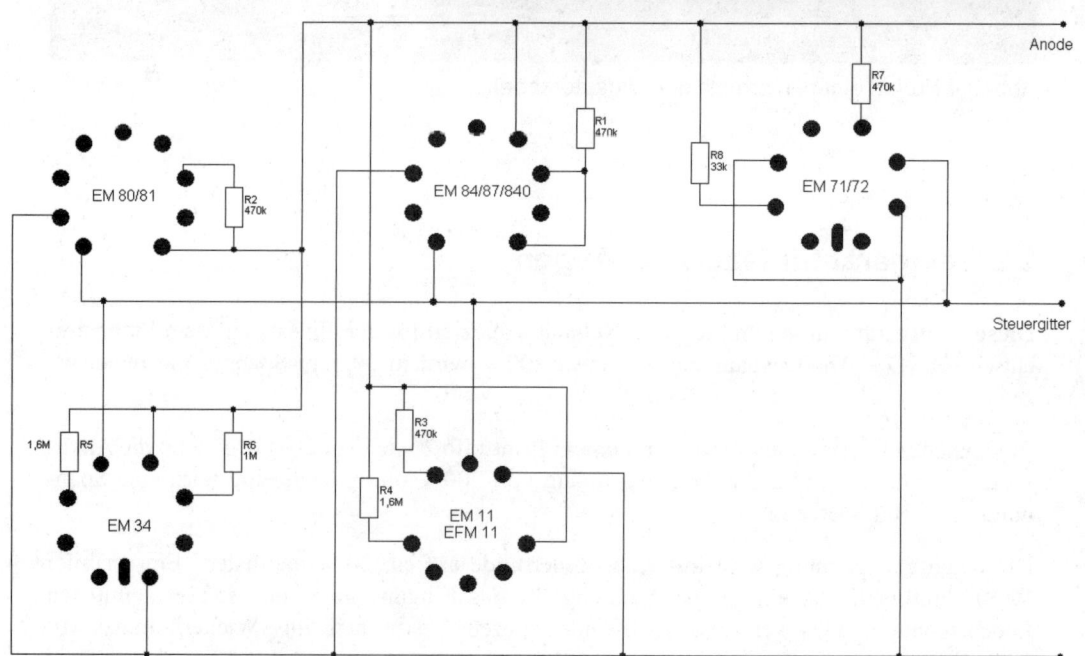

Abb. 9.7 Beschaltung der Fassungen

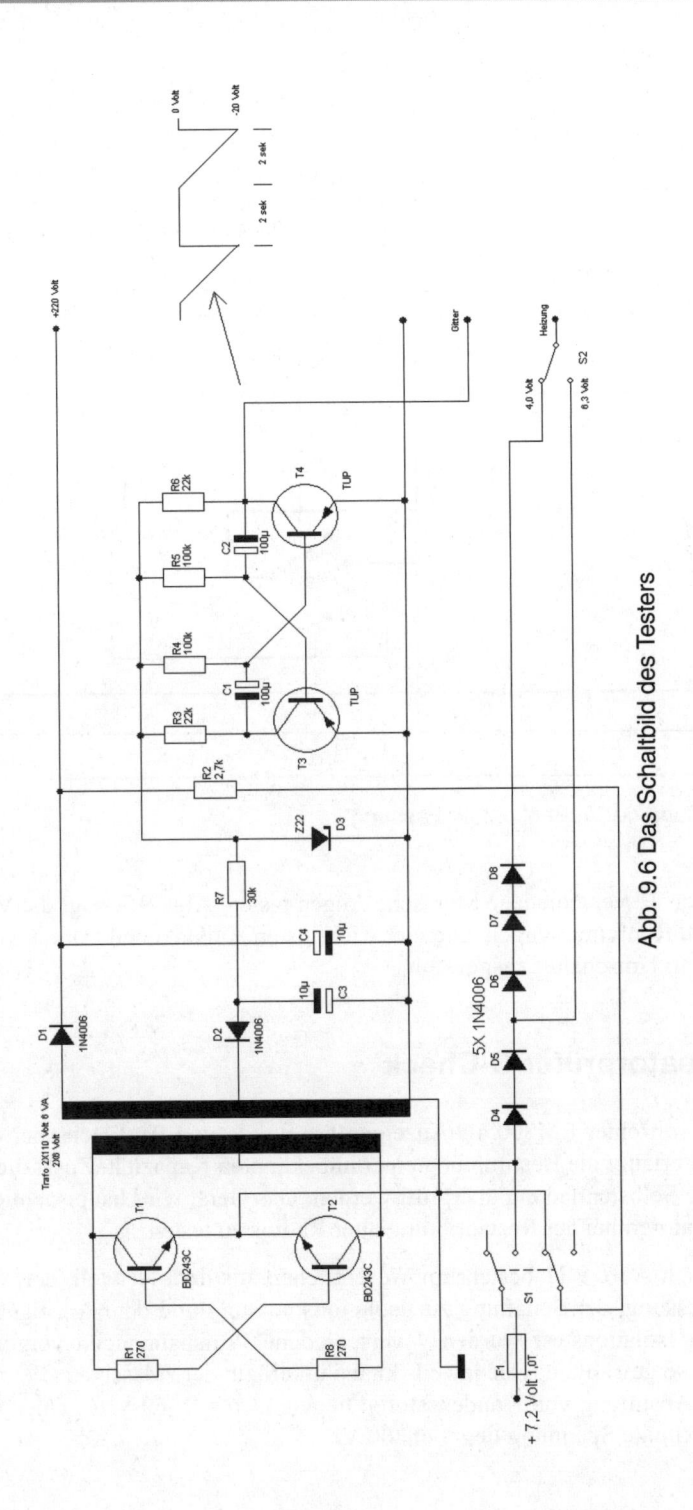

9.2 Testgerät für Magische Augen   **193**

Abb. 9.6 Das Schaltbild des Testers

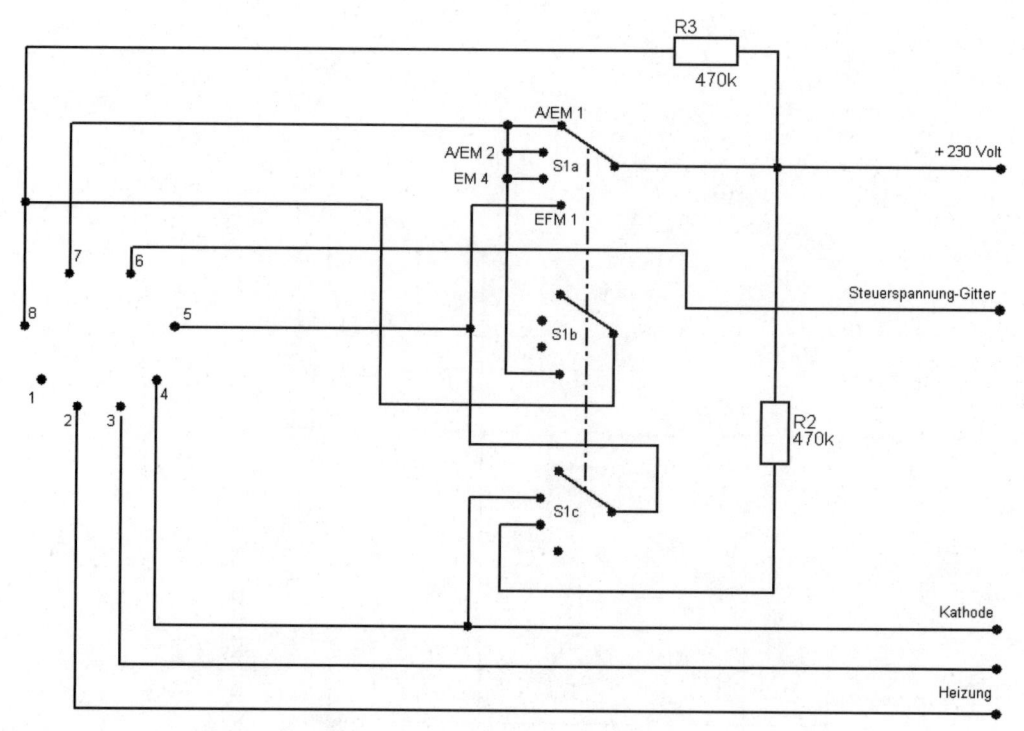

Abb. 9.8 Verdrahtung der Außenkontakt-Fassung

Das Testgerät kann 18 verschiedene Magische Augen testen. Abb. 9.7 zeigt die Verdrahtung der verschiedenen Röhrenfassungen. Die vier wichtigsten Außenkontaktröhren werden nach Abb. 9.8 mit einem Umschalter ausgewählt.

9.3 Kondensatorprüfer C-Check

Dieses Prüfgerät mit einer EM800 als Anzeigeröhre wurde von Paul Heussner entwickelt. Eine Messbrücke erlaubt die Bestimmung einer unbekannten Kapazität. Zusätzlich kann die Isolation bzw. die Selbstentladung überprüft werden. Das Gerät wird hauptsächlich verwendet, um Kondensatoren bei der Restaurierung alter Radios zu testen.

Die Schaltung nach Abb. 9.11 besteht im Wesentlichen aus dem Netzteil, der Messbrücke zur Kapazitätsmessung, der Schaltung zur Isolationsmessung und dem Anzeigeteil mit der EM800. Für den Isolationstest wurden 7 verschiedene Prüfspannungen vorgesehen. Die Spannungen sind so gewählt, das sie jeweils knapp unterhalb der zulässigen Gleichspannung bei der üblichen Abstufung von Kondensatoren liegen, also z.B. 60 V für einen 63-V-Kondensator. Die maximale Spannung liegt bei 200 V.

Abb. 9.9 Test einer EM84

Zwischen beiden Messverfahren kann über einen Schalter umgeschaltet werden. Da bei der Kapazitätsmessung auf Minimum abgeglichen wird, bei der Isolationsmessung der Leuchtbalken der EM800 aber auf Maximum stehen muss, wurde eine zusätzliche Umschaltung des Kathodenwiderstandes notwendig. Der Leuchtbalken lässt sich nun getrennt justieren.

Die Messbrücke arbeitet mit einer Netzfrequenz von 50 Hz. Außer Kondensatoren mittlerer Kapazität können auch große Elkos untersucht werden. Der einzustellende Messbereich wird entsprechend der aufgedruckten Kapazität des Kondensators gewählt. Der Prüfling wird angeschlossen, wobei die Polarität bei Elkos keine Rolle spielt. Anschließend wird mit dem Poti auf minimalen Ausschlag der EM800 abgeglichen. Die Kapazität des Prüflings kann dann nach der Potistellung berechnet werden. Z.B. sei der Messbereich 100 µF gewählt und es wird „x0,2" abgelesen. Der Prüfling hat dann 100 µF × 0,2 = 20 µF. Die Vergleichskondensatoren reichen von 1 nF bis 1000 µF. Damit lassen sich Kondensatoren im Bereich von 200 pF bis 5000 µF bestimmen.

Zur Isolationsmessung wählt man zunächst die gewünschte Prüfspannung entsprechend der Spannungsfestigkeit des Kondensators. Nun wird der Prüfling angeschlossen, bei Elkos ist auf die Polung zu achten. Während der Aufladung des Kondensators fährt die Anzeige der

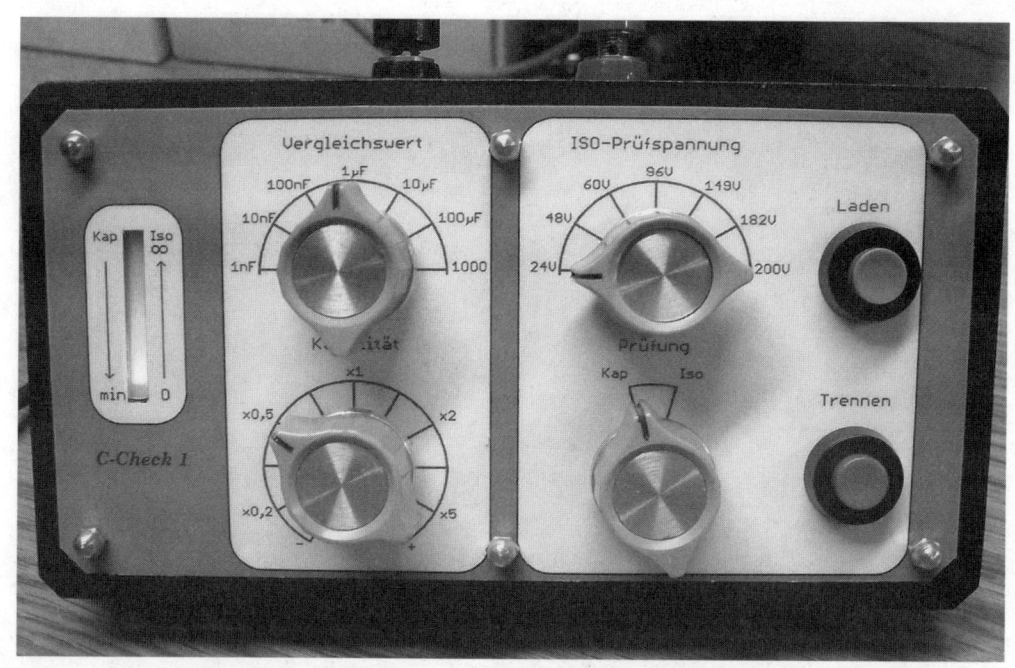

Abb. 9.10 Das Kondensator-Messgerät

EM800 nach unten, da der jetzt fließende Ladestrom einen Spannungsabfall am Gitterwiderstand der EM800 verursacht und das Gitter positiv ansteuert. Nach einiger Zeit ist der Aufladevorgang beendet und die Anzeige erreicht ihren Maximalwert. Bei einem Kondensator mit guten Isolationswerten sollte die Anzeige nun im oberen Endbereich liegen. Je tiefer sie liegt, desto schlechter sind die Isolationseigenschaften. Zur Verkürzung des Ladevorgangs bei großen Kapazitätswerten kann die Taste „Laden" gedrückt werden.

Für Untersuchungen im Gigaohm-Bereich ist diese direkte Messung nicht mehr brauchbar. Stattdessen muss indirekt gemessen werden. Dazu trennt man den Kondensator mit der entsprechenden Taste von der Ladespannung und verbindet ihn nach einiger Zeit erneut. Im getrennten Zustand hat der Kondensator sich teilweise entladen und muss wieder neu geladen werden, was man an einem veränderten Ausschlag erkennt. Das Verfahren lässt nur qualitative Aussagen zu, vermittelt aber ein Gefühl für die Qualität der Isolation.

Mit dieser Schaltung sind Widerstände bis in den Gigaohm-Bereich messbar. Es muss daher auf sehr gute Isolation der Prüfbuchsen und der Gitterverkabelung geachtet werden. Der 4,7-nF-Kondensator muss von sehr guter Qualität sein und hohe Isolationswerte haben. Der 4,7-MΩ-Widerstand sollte direkt an der Fassung befestigt werden, die ebenfalls qualitativ hochwertig sein sollte.

9.3 Kondensatorprüfer C-Check

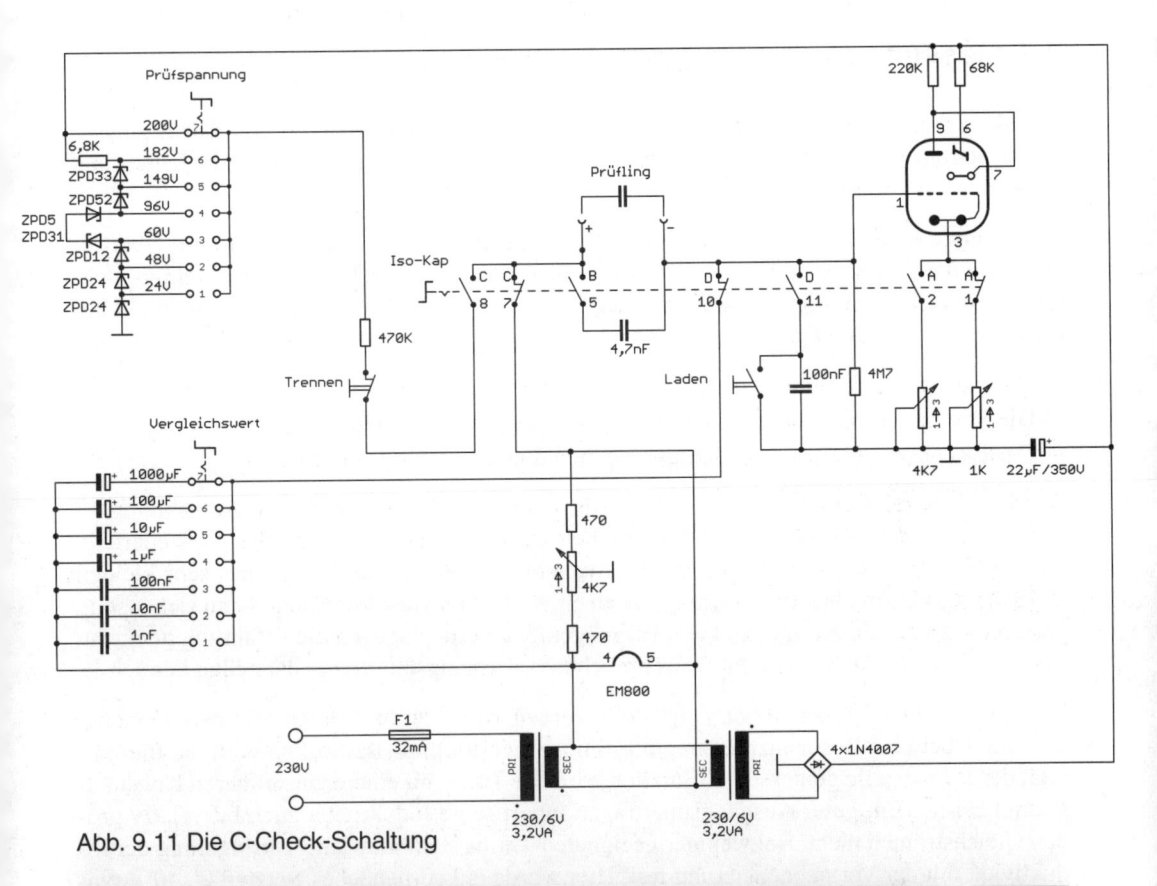

Abb. 9.11 Die C-Check-Schaltung

Abb. 9.12 Die innere Verdrahtung des Geräts

9.4 Messungen an Ausgangsübertragern

Die hier vorgestellten Messmethoden wurden von Burkhard Kainka erprobt. Dabei ging es primär darum, Netztrafos als Ausgangsübertrager einzusetzen und ihre Möglichkeiten und Grenzen messtechnisch zu erfassen.

Das teuerste an einem guten Röhrenverstärker sind nicht die Röhren, sondern die Übertrager. Gute Ausgangsübertrager haben einen großen Eisenkern mit Luftspalt und sind in mehreren geschachtelten Lagen gewickelt. Netztrafos haben keinen Luftspalt und sind nicht geschachtelt gewickelt. Damit ergeben sich mit Netztrafos u.U. folgende Nachteile:

- Die Induktivität könnte zu gering sein und die Tiefenwiedergabe verschlechtern.
- Die Streuinduktivität könnte zu groß sein und die obere Grenzfrequenz herabsetzen.
- Der Eisenkern könnte in die Sättigung gehen und Verzerrungen erzeugen.

Das Problem der Kernsättigung tritt dann auf, wenn der Eisenkern für die Anwendung zu klein ist. Zuerst erkennt man die Sättigung bei tiefen Frequenzen und großer Aussteuerung. Abb. 9.13 zeigt drei Oszillogramme bei unterschiedlicher Aussteuerung eines sehr kleinen NF-Trenntrafos bei 100 Hz. Wer so etwas an einem Röhrenverstärker sieht, kann sicher sein, dass der Ausgangsübertrager zu klein ist. Allgemein wurde dagegen die Erfahrung gemacht, dass relativ große Netztrafos durchaus brauchbare Ausgangsübertrager darstellen können.

Hier soll nun eine Messmethode vorgestellt werden, die es erlaubt, einen Trafo vorab zu beurteilen. Über eine Resonanzmessung mit Sinusgenerator und Oszilloskop wird die Induktivität der Primärspule gemessen. Zusätzlich wird der Trafo mit einem einstellbaren Konstantstrom belastet. Ein guter Ausgangsübertrager ändert seine Induktivität auch bei relativ großen Gleichströmen nicht. Bei weniger geeigneten Trafos stellt man eine Verringerung der Induktivität mit der Vormagnetisierung fest. Hier wurde ein vorhandenes Netzteil 0...40 V eingesetzt und über eine Transistor-Konstantstromquelle der Trafo mit einem Ruhestrom belas-

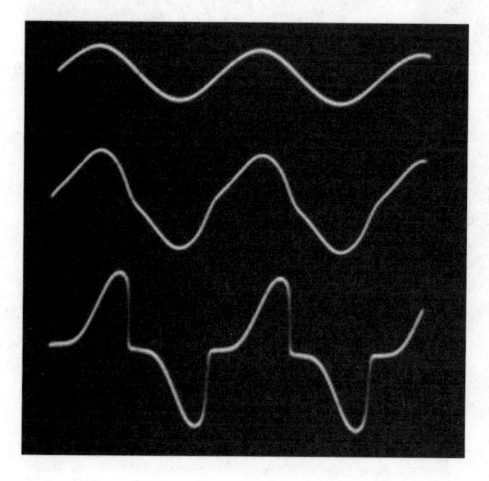

Abb. 9.13 Verzerrungen durch magnetische Sättigung

9.4 Messungen an Ausgangsübertragern

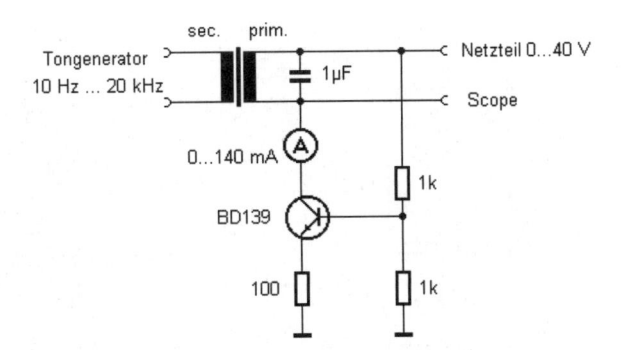

Abb. 9.14 Der Messaufbau

tet. Ein Digitalvoltmeter zeigt den eingestellten Strom. Zur Messung an Trafos mit großem Drahtwiderstand müssen die Widerstände eventuell angepasst werden.

Bei der Messung wird jeweils die Resonanzfrequenz gesucht und mit dem eingestellten Gleichstrom notiert. Je nach Gleichstromwiderstand der Trafo-Primärwicklung kann ein Maximalstrom nicht überschritten werden. Man erkennt diesen Fall daran, dass der Schwingkreis stark gedämpft wird und keine eindeutige Resonanz mehr zeigt.

Die erste Messung wurde mit dem Eintakt-Ausgangsübertrager AT1 von Sat-Service Schneider durchgeführt, sozusagen als Referenz für einen echten Ausgangsübertrager, an dem sich die Netztrafos als mögliche Kompromisse messen lassen müssen. Der AT1 ist für eine EL34 ausgelegt und verkraftet bis zu 200 mA Ruhestrom. Mit 1 µF wurde eine Resonanzfrequenz von 42 Hz gemessen. Daraus berechnet sich eine Induktivität von 14 H, was im Rahmen der Messgenauigkeit mit den Daten des Herstellers übereinstimmt. Zwischen Null und 140 mA blieb die Induktivität konstant. Höhere Messströme waren mit dem Versuchsaufbau nicht möglich.

Der AT1 wurde dann auch in einem Verstärker mit 811A-Senderöhren (vgl. Kap. 3.4) getestet. Die Anodenspannung war 300 V, der Ruhestrom war auf 100 mA eingestellt. Am Ausgang lag für die Messung ein 8-Ω-Widerstand. Da der Übertrager für 4 Ω gewickelt ist, ergeben sich mit einer Last von 8 Ω höhere Dämpfungen bei tiefen Frequenzen. Der gemessene Frequenzgang nach Abb. 9.15 zeigt das Verhalten des gesamten Verstärkers, nicht nur des Übertragers. Die Messung zeigt eine flache Übertragungskurve und -3-dB-Punkte bei 30 Hz und 20 kHz. Der 811A-Verstärker zeigt mit dem AT1 einen enorm guten Klang mit starker Tiefen- und Höhenwiedergabe.

Zum Vergleich sollte nun ein 30-W-Netztrafo mit 2*115 V zu 2*12 V und einem ohmschen Primärwiderstand von 105 Ω gemessen werden. Da sich eine deutliche Abhängigkeit der Induktivität vom Ruhestrom zeigt, sollen die Ergebnisse in einer Tabelle aufgelistet werden.

Man sieht, dass die Induktivität sehr stark mit dem Gleichstrom abnimmt. Ab etwa 40 mA ändert sich L nur noch wenig. In einem Eintaktverstärker sollte der Trafo möglichst niederohmig eingesetzt werden. Schaltet man beide Sekundärwicklungen parallel und die Primärwicklungen in Reihe, ergibt sich ein Wicklungsverhältnis von 230 V : 12 V, also rund 20:1.

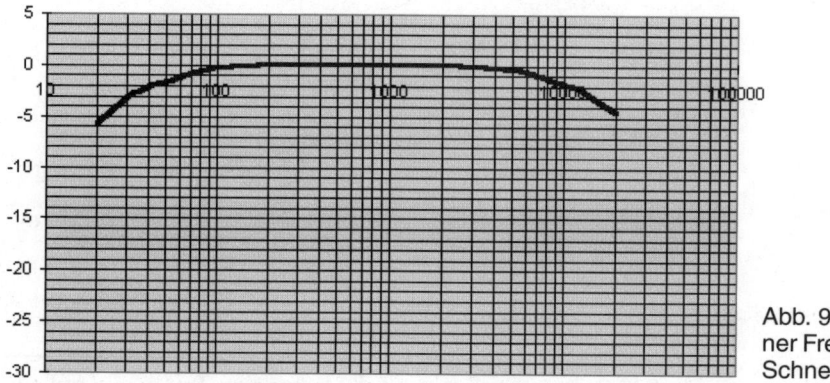

Abb. 9.15 Gemessener Frequenzgang mit Schneider-AT1

Das Widerstandsverhältnis wird 400 : 1. Mit einem 8-Ohm-Lautsprecher kommt man primär auf 3200 Ω. Das würde ungefähr zu einer Pentode an 320 V bei 100 mA Ruhestrom passen. Die untere Grenzfrequenz ergibt sich dann bei Ra = 2 × pi × f × L = 3,2 kΩ. Für L = 1 H kommt man auf f = 509 Hz. Das ist für die untere Grenzfrequenz eines guten Verstärkers entschieden zu hoch. Mit 4 Ohm als Last kommt man aber bereits auf 250 Hz.

Tabelle 9.1: Messung an einem 30-W-Netztrafo

Gleichstrom I	Frequenz f	Induktivität L
0	40 Hz	15,8 H
20 mA	60 Hz	7,0 H
40 mA	140 Hz	1,3 H
80 mA	155 Hz	1,1 H
100 mA	160 Hz	1,0 H

In der Schaltung des 811A-Verstärkers zeigte der 30-W-Netztrafo einen −3dB-Punkt bei ca. 200 Hz, gemessen mit 8-Ω-Widerstand. Die Ergebnisse sind also besser als theoretisch berechnet. Möglicherweise liegt das am geringen Innwiderstand der Triode, der die untere Grenzfrequenz absenkt.

Der Klang ist im Vergleich zum Übertrager AT1 deutlich schlechter. Es fehlen Tiefen, aber auch die Höhen, obwohl die Messung das nicht so deutlich zeigt. Ohne direkten Vergleich kann man sich aber durchaus an den Klang des Netztrafos gewöhnen. In jedem Fall ist das Preis/Leistungsverhältnis nicht schlecht. Der Leistungsabfall bei tiefen Frequenzen ist sehr flach. Auch Frequenzen von 20 Hz sind nicht ganz weg, sondern um ca. 13 dB gedämpft. Ein Lautsprecher kann darüber hinaus mit seiner Resonanz bei 80 Hz oder 100 Hz den geraden Bereich nach unten verlängern und einen wirklich guten Klang bringen. Erst der Vergleich mit einem „echten" Ausgangsübertrager zeigt dann, dass es noch besser geht.

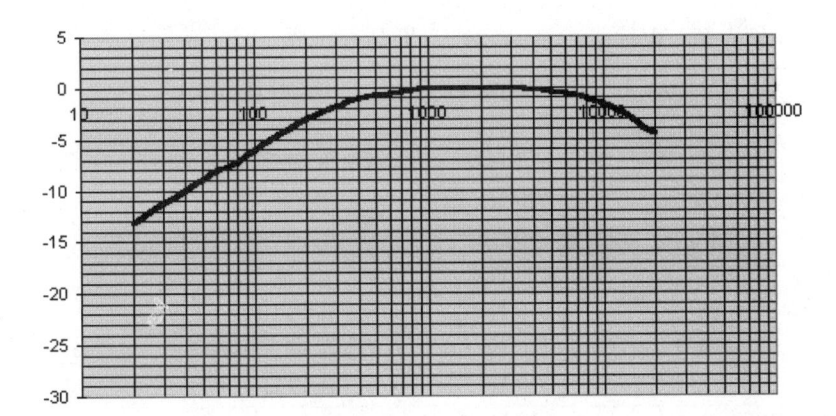

Abb. 9.16 Gemessener Frequenzgang mit 30-W-Netztrafo

Mit einer niederohmigeren Ansteuerung lässt sich auch der Frequenzgang noch verbessern. Schaltet man beide Sekundärwicklungen in Reihe, ergibt sich ein Wicklungsverhältnis von 10 : 1 und eine Primärimpedanz von 800 Ω. Die untere Grenzfrequenz sinkt auf 127 Hz. Günstiger ist ein Wicklungsverhältnis von 5 : 1 durch Parallelschaltung der Primärwicklungen wie beim EL504-Amp in Kap. 4.3 (vgl. Abb. 4.7). Die Primärimpedanz sinkt auf 200 Ω, die Gleichstrombelastung halbiert sich. So kommt man bei nicht zu großem Ruhestrom auf eine untere Grenzfrequenz unter 100 Hz, allerdings bei einer starken Fehlanpassung der Ausgangsröhre, was zwar nicht den Klang, aber die Ausgangsleistung mindert.

Noch besser wird es mit einer Gegentaktendstufe. Die Magnetisierung durch beide Anodenströme hebt sich gerade auf, so dass man bei voller Leerlaufinduktivität arbeitet. Jede Hälfte hat eine Induktivität von ca. 4 H, parallel zu einer Impedanz von 800 Ω. Daraus ergibt sich eine untere Grenzfrequenz von 32 Hz. Das zeigt auch der gemessene Frequenzgang mit zwei EL95 in Gegentakt (vgl. Kap 4.5, Abb. 4.16). Insgesamt überträgt der Trafo 30 Hz bis 45 kHz. Der Netztrafo ist also ein guter Übertrager für Gegentaktverstärker.

Fazit: Der 30-W-Netztrafo überträgt in einem Gegentaktverstärker die Tiefen sehr gut, hat aber in Eintaktverstärkern mit großem Ruhestrom eine schlechte Tiefenwiedergabe. Im praktischen Einsatz wurde dieser Effekt teilweise durch ein geringes Wicklungsverhältnis kompensiert. Außerdem kam es je nach angeschlossener Lautsprecherbox zu deutlichen Resonanzen bei 80 Hz bis 100 Hz. Der klangliche Eindruck war besser als es die Messungen vermuten ließen. Man könnte diese Trafos daher auch in Eintaktendstufen für Vorversuche einsetzen. In einem Gegentaktverstärker mit EL95 arbeiten sie zur vollen Zufriedenheit. Die selben Trafos haben sich auch im Brüllwürfel-Ersatz nach Kap. 4.4 in einem Eintaktverstärker als guter Kompromiss erwiesen.

Als drittes Testobjekt dient hier ein 42-W-Netztrafo mit 2 × 115 V zu 2 × 15 V und einem ohmschen Primärwiderstand von 65 Ω. Man erkennt an den Daten, dass ein größerer Netztrafo eine geringere Induktivität besitzt. Auch hier sieht man eine starke Abhängigkeit der Induktivität vom Gleichstrom.

Tabelle 9.2: Messung an einem 42-W-Netztrafo

Gleichstrom I	Frequenz f	Induktivität L
0	72 Hz	4,9 H
20 mA	120 Hz	1,8 H
40 mA	130 Hz	1,5 H
60 mA	160 Hz	1,1 H
80 mA	170 Hz	1,0 H
100 mA	190 Hz	0,88 H
120 mA	210 Hz	0,57 H
140 mA	220 Hz	0,52 H
200 mA	250 Hz	0,41 H

Tabelle 9.3: 100-V-Übertrager bei voller Wicklung, Z = 16 kΩ, Anschluss 0,625 W:

Gleichstrom I	Frequenz f	Induktivität L
0	50 Hz	10 H
10 mA	65 Hz	6,0 H
20 mA	80 Hz	4,0 H
30 mA	100 Hz	2,5 H
40 mA	105 Hz	2,3 H
50 mA	115 Hz	1,9 H

Ein interessanter Übertrager ist auch der 100-V-Übertrager von Conrad (Best.-Nr. 51 61 04). Der Übertrager hat mehrere Anzapfungen. Primär gibt es Anschlüsse für 0,625 W, 1,25 W, 2,5 W, 5 W und 10 W. Sekundär können Lautsprecher mit 4 Ω, 8 Ω oder 16 Ω angeschlossen werden. Bei 100 V und 10 W ist die Primärimpedanz 1000 Ω, bei 2,5 W 4000 Ω und bei der vollen Windungszahl für 0,625 W sind es 16 kΩ. Die Gesamtwicklung hat einen Drahtwiderstand von 430 Ω, bei der halben Wicklung (2,5 W) findet man 200 Ω. Der Trafo wurde einmal bei voller Wicklung (16 kΩ, 0,625 W) und einmal bei halber Wicklung (4 kΩ, 2,5 W) durchgemessen.

Im Vergleich mit der Messung bei voller Windungszahl erkennt man jeweils etwa ein Viertel der Induktivität bei doppeltem Strom. Der Übertrager eignet sich vor allem für Anwendungen ohne Ruhestrom oder auch für Gegentaktschaltungen, wobei der etwas unsymmetrische Kupferwiderstand 200 Ω/230 Ω kaum schadet. Bei 10 H und 16 kΩ ergibt sich eine untere Grenzfrequenz von 250 Hz. Bei Z = 4 kΩ und L = 2,3 H bekommt man fast das gleiche Ergebnis: 270 Hz. Man kann nun einen 4-Ω-Lautsprecher an den 8-Ω-Anschluss koppeln und damit die Impedanz und die untere Grenzfrequenz halbieren. Der Übertrager wurde probeweise mit zwei EL95 in Gegentaktschaltung betrieben. Als Belastung wurde ein 8-Ω-Widerstand an den 8-Ohm-Anschluss gelegt. Der Frequenzgang nach Abb. 9.18 zeigt eine untere

Tabelle 9.4: 100-V-Übertrager bei halber Wicklung, Z=4 kΩ, Anschluss 2,5 W:

Gleichstrom I	Frequenz f	Induktivität L
0	105 Hz	2,3 H
10 mA	110 Hz	2,1 H
20 mA	125 Hz	1,6 H
30 mA	140 Hz	1,3 H
40 mA	155 Hz	1,1 H
50 mA	175 Hz	1,0 H
60 mA	190 Hz	0,70 H
70 mA	200 Hz	0,63 H
80 mA	210 Hz	0,52 H

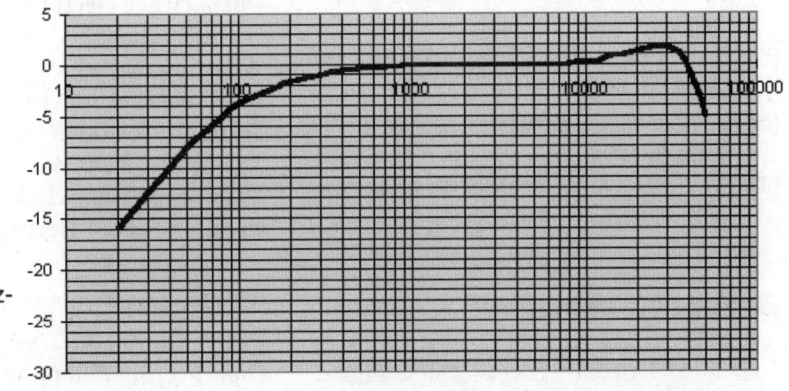

Abb. 9.17 Frequenzgang in einem Gegentaktverstärker mit zwei EL95

Grenzfrequenz von ca. 120 Hz und einen relativ steilen Abfall darunter. Ein 30-W-Netztrafo zeigt also in Gegentaktschaltung bessere Werte als der relativ kleine Tonübertrager.

In der eigentlichen Anwendung als Übertrager in 100-V-ELA-Systemen liegt die untere Grenzfrequenz übrigens erheblich tiefer, weil der treibende Verstärker einen kleinen Innenwiderstand hat. Bei Conrad findet man ein Datenblatt zum Übertrager, das die Induktivitäts-Messwerte ohne Ruhestrom bestätigt. Übrigens hat der Trafo keinen Luftspalt, was die starke Abhängigkeit der Induktivität vom Strom erklärt. In der neuen Version ist der Kern sogar verschweißt, wie es bei Netztrafos üblich ist.

Fazit: Der preiswerte 100-V-Übertrager eignet sich für kleine Röhrenradios oder Kopfhörerverstärker mit geringem Ruhestrom oder aber für kleine Gegentaktendstufen mit Leistungen unter 1 W. Besonders interessant sind die vielen Anzapfungen, weil man so mit unterschiedlichen Anpassungen experimentieren kann.

Anhang

Literatur

[1] J. Gittel, Jogis Röhrenbude, Franzis 2004
[2] O. Diciol, Röhren-NF-Verstärker Praktikum, Franzis 2003
[3] B. Kainka, Röhrenprojekte von 6 bis 60 V, Elektor 2003
[4] G. Haas, High-End mit Röhren, Elektor 2005
[5] R. z. Linde, Röhrenverstärker, Elektor 1997
[6] J. Schwandt, Röhren-Taschentabelle, Franzis 1994
[7] W. Frohn, Audio-Röhrenverstärker von 0,3 bis 10 Watt, Franzis 2005

Bezugsadressen

Netztrafos, Drosseln, Ausgangsübertrager, Verstärkerbausätze, HF-Spulen:

Reinhöfer Electronic
Ing. Gerd Reinhöfer
R.-Breitscheidstr. 44
04610 Meuselwitz
Telefon: 0 34 88/24 06
eMail: mailbox@roehrentechnik.de
www.roehrentechnik.de/

Röhren, Netztrafos, Ausgangsübertrager, Reparaturservice:

BTB-Elektronik-Vertriebs-GmbH
Michael Kaim
Knauerstrasse 8
90443 Nürnberg
Telefon: 09 11/28 85 85
Telefax: 09 11/28 91 91
EMail: info@btb-elektronik.de
www.btb-elektronik.de

Röhrenverstärker und -Bausätze, Netztrafos, Übertrager:

– experience electronics –
Gerhard Haas
Weststrasse 1
89542 Herbrechtingen
Telefon: 0 73 24/53 18
Telefax: 0 73 24/25 53
eMail: experience.electronics@t-online
www.experience-electronics.de/

Röhren, Transformatoren, Bastelzubehör:

Frag' Jan Zuerst – Ask Jan First®
Dipl.-Ing. Jan Philipp Wüsten Elektronik
Preiler Ring 10
25774 Lehe
Telefon: 048 82/6 05 45 51
Telefax: 048 82/6 05 45 52
Mobil: 0173/6 69 04 29
eMail: FJZ@die-wuestens.de
www.die-wuestens.de/

Röhrenfassungen, Röhrensockel, Röhren, Röhrenverstärker:

TUBE – AUDIO
Jörg Schumann
Telefon: 0 80 34/93 11
Telefax: 0 80 34/93 13

nach 18:00 Uhr:
Telefon: 08 41/6 14 94
Telefax: 08 41/9 61 18 03
eMail:service@tube-audio.de
www.tube-audio.de/

Gitarrenverstärker, Reparatur, Bausätze, Röhren, Bauteile:

TAD – TubeAmpDoctor GmbH
Andreas Hecke
Mittelstraße 1
D-67547 Worms
Telefon: 0 62 41/90 49-0
Telefax: 0 62 41/90 49 28
Email: tad@tubeampdoctor.com
www.tubeampdoctor.com

Röhren und Zubehör:

Tube-Town
Dirk Munzinger
Hügelstrasse 26
66969 Lemberg
Telefon: 0 63 31/14 19 25
Telefax: 0 63 31/14 19 26
eMail: info@tube-town.de
www.tube-town.de

Ringkern-Transformatoren (Netz- und Ausgangstrafos):

Müller Elektrotechnik GmbH
Goethestraße 3
08228 Rodewisch
Telefon: 0 37 44/4 83 95
Telefax: 0 37 44/4 84 82
eMail: info@mueller-rondo.com
www.mueller-rondo.com/start.html

Drähte und HF-Litzen, Spulenkörper, Ferritbauteile, Spulenfertigung:

MM Menting Microelektrik GmbH & Co KG
Alleestrasse 66
33790 Halle
Telefon: 0 52 01/43 64
Telefax: 0 52 01/1 68 25
Email: info@spulen.com
http://www.spulen.com

Bastelzubehör:

Oppermann
elektronische Bauelemente GbR
Postfach 1144
31595 Steyerberg
Telefon: 0 57 64/21 49
Telefax: 0 57 64/17 07
email oppermann-ele@T-online.de
www.oppermann-electronic.de/

Verstärker-Chassis, Gehäusebau:

Schaeffer Apparatebau KG
Hohentwielsteig 6a
D-14163 Berlin
Telefon: 030/8 05 86 95-0
Telefax: 030/8 05 86 95-33
eMail: info@schaeffer-apparatebau.de
www.schaeffer-apparatebau.de/

Röhren-Experimentiersystem:

AK MODUL-BUS Computer GmbH
Münsterstr. 45
48477 Hörstel-Riesenbeck
Telefon: +49 54 54/9 34 36 36
Telefax: +49 54 54/9 34 36 37
http://www.ak-modul-bus.de

GEC KT66
BEAM TETRODE

BRIEF DATA

A beam tetrode with an absolute maximum anode dissipation rating of 30 W. It is designed for use in the output stage of an a.f. amplifier, or as a series valve in a stabilized power supply.
The KT66 is a commercial version of the CV1075.

HEATER

Heater voltage	6.3	V
Heater current (approx)	1.3	A

MAXIMUM RATINGS

	Design Max	Absolute Max	
DC anode voltage	500	550	V
DC screen voltage	500	550	V
Negative dc grid voltage	200	200	V
DC cathode current	200	200	mA
Anode dissipation	25	30	W
Screen dissipation	3.5	4.5	W
*Anode and screen dissipation	27	32	W
Heater-cathode voltage	150	150	V
Bulb temperature	250	250	°C

External grid-cathode resistor (cathode bias):

$P_{a+g2} \leqslant 27$ W	1.0	MΩ
$P_{a+g2} > 27$ W	500	kΩ

External grid-cathode resistor (fixed bias):

$P_{a+g2} \leqslant 27$ W	250	kΩ
$P_{a+g2} > 27$ W	100	kΩ

*Triode or ultra linear operation.

CAPACITANCES (Measured on a cold unscreened valve)

Grid to all less anode	14.5	pF
Anode to all less grid	10.0	pF
Anode to grid	1.1	pF

CHARACTERISTICS

Tetrode Connection

DC anode voltage	250	V
DC screen voltage	250	V
Negative dc grid voltage	15	V
Mutual conductance	7	mA/V
Internal anode resistance	22.5	kΩ

Triode Connection

DC anode voltage	250	V
Negative dc grid voltage	15	V
Mutual conductance	7.3	mA/V
Internal anode resistance	1.3	kΩ

TYPICAL OPERATION

Triode Connection. Class A. Single Valve. Cathode Bias.

V_b	270	440	V
$V_{a,g2}$	250	400	V
$-V_{g1}$ (approx)	20	38	V
$v_{in(pk)}$	20	38	V
R_k	330	600	Ω
$I_{a+g2(o)}$	60	63	mA
$P_{a+g2(o)}$	15	25	W
R_L	2.75	4.5	kΩ
P_{out}	2.2	5.8	W
D_{tot}	6	7	%

Triode Connection. Class AB1. Push-Pull. Cathode Bias.

V_b	270	440	V
$V_{a,g2}$	250	400	V
$-V_{g1}$ (approx)	19	38	V
$v_{in(g1-g1)(pk)}$	38	76	V
*R_k	2 x 345	2 x 615	Ω
$I_{a+g2(o)}$	2 x 55	2 x 62	mA
$P_{a+g2(o)}$	2 x 14	2 x 25	W
$R_{L(a-a)}$	2.5	4.0	kΩ
P_{out}	4.5	14.5	W
D_{tot}	2.0	3.5	%
†IM	3.0	3.0	%
Z_{out}	3.5	3.5	kΩ

*It is essential to use two separate cathode bias resistors.
†Intermodulation distortion : measured using two input signals at 50 and 6000 Hz (ratio of amplitudes 4:1)

Tetrode Connection. Class AB1. Push-Pull. Cathode Bias

$V_{b(a)(o)}$	450	V
$V_{b(a)(max\ sig)}$	425	V
$V_{a(o)}$	415	V
$V_{a(max\ sig)}$	390	V
$V_{g2(o)}$	300	V
$V_{g2(max\ sig)}$	275	V
$-V_{g1}$ (approx)	27	V
$I_{a(o)}$	2 × 52	mA
$I_{a(max\ sig)}$	2 × 62	mA
$I_{g2(o)}$	2 × 2.5	mA
$I_{g2(max\ sig)}$	2 × 9	mA
$P_{a(o)}$	2 × 21	W
$P_{a(max\ sig)}$	2 × 9	W
$P_{g2(o)}$	2 × 0.75	W
$P_{g2(max\ sig)}$	2 × 2.5	W
*R_k	2 × 500	Ω
$R_{L(a-a)}$	8	kΩ
$v_{in(g1-g1)(pk)}$	70	V
P_{out}	30	W
D_{tot}	6	%

*It is essential to use two separate cathode bias resistors.

Ultra-linear Connection. Push-Pull. 40% Taps. Class AB1. Cathode Bias.

V_b	450	V
$V_{a,g2(o)}$	425	V
$V_{a,g2(max\ sig)}$	400	V
$I_{a+g2(o)}$	2 × 62.5	mA
$I_{a+g2(max\ sig)}$	2 × 72.5	mA
$P_{a+g2(o)}$	2 × 26.5	W
$P_{a+g2(max\ sig)}$	2 × 13	W
*R_k	2 × 560	Ω
$-V_{g1}$ (approx)	35	V
P_{out}	32	W
$R_{L(a-a)}$	7	kΩ
z_{out}	9	kΩ
D_{tot}	2	%
†IM	4	%

*It is essential to use two separate cathode bias resistors.
†Intermodulation distortion : measured using two input signals at 50 and 6000 Hz (ratio of amplitudes 4:1).

Ultra-linear Connection. Class AB1. Push-Pull. 40% Taps. Fixed Bias.

$V_{a,g2(o)}$	525	V
$V_{a,g2(max\,sig)}$	500	V
$I_{a+g2(o)}$	2 × 35	mA
$I_{a+g2(max\,sig)}$	2 × 80	mA
$P_{a+g2(o)}$	2 × 18	W
$P_{a+g2(max\,sig)}$	2 × 15	W
*$-V_{g1}$ (approx)	67	V
$R_{L(a-a)}$	8	kΩ
$V_{in(g1-g1)(pk)}$	127	V
P_{out}	50	W
D_{tot}	3	%
†IM	15	%
Z_{out}	10	kΩ

*A negative bias range of ±25% of this value should be available for each valve.

†Intermodulation distortion : measured using two input signals at 50 and 6000 Hz (ratio of amplitudes 4:1)

LIFE PERFORMANCE

The average life expectancy of the KT66 when operated at absolute maximum ratings (see page 1) is at least 8000 hours. At a reduced rating of P_{a+g2} = 21 W a life of at least 10,000 hours should be obtained. The environment must be a static one and the valve should be switched not more than 12 times in each 24 hours.

A valve is considered to have reached the end of life when it is either inoperative or one or more of its characteristics have reached the following values:

P_{out}	50% of initial value	
*g_m	< 5.5	mA/V
*Measured at:		
V_a	250	V
V_{g2}	250	V
I_a	85	mA

INSTALLATION

The valve may be mounted in any position but when horizontal it should be orientated as shown in Fig.1. No retaining device or external screening is normally necessary.

Adequate ventilation should be provided. A pair of valves working at maximum ratings should be mounted at not less than 9 cm (3.5 in.) between centres.

For the prevention of parasitic oscillation, a series resistor of 100–300 Ω should be connected close to the screen tag of the valve socket. When the valve is triode connected, this resistor should be connected between screen and anode. A control grid series resistor of 10—50 kΩ is also recommended. In push-pull applications having a large change in anode current between the quiescent and full output conditions, an inductance input filter circuit of good regulation should be used. A badly regulated supply will cause a fall in power output and/or excessive quiescent anode dissipation.

BASE CONNECTIONS AND VALVE DIMENSIONS

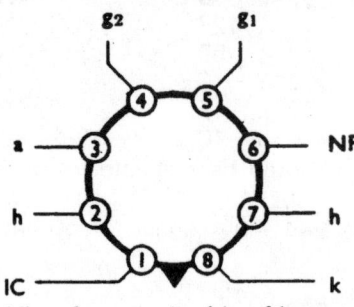

Base: International Octal (B8—0)
Bulb: Dome top tubular

Max. overall length : 135 mm
Max. seated length : 121 mm
Max. diameter : 53 mm

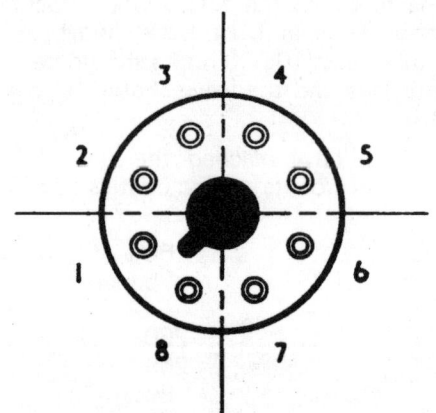

View from underside of base.

Fig. 1.
Correct orientation of the valve socket for horizontally mounting the KT66.

Whilst M-OV has taken care to ensure the accuracy of the information contained herein it accepts no responsibility for the consequences of any use thereof and also reserves the right to change the specification of goods without notice.
M-OV accepts no liability beyond that set out in its standard conditions of sale in respect of infringement of third party patents arising from the use of tubes or other devices in accordance with information contained herein.

Anhang 211

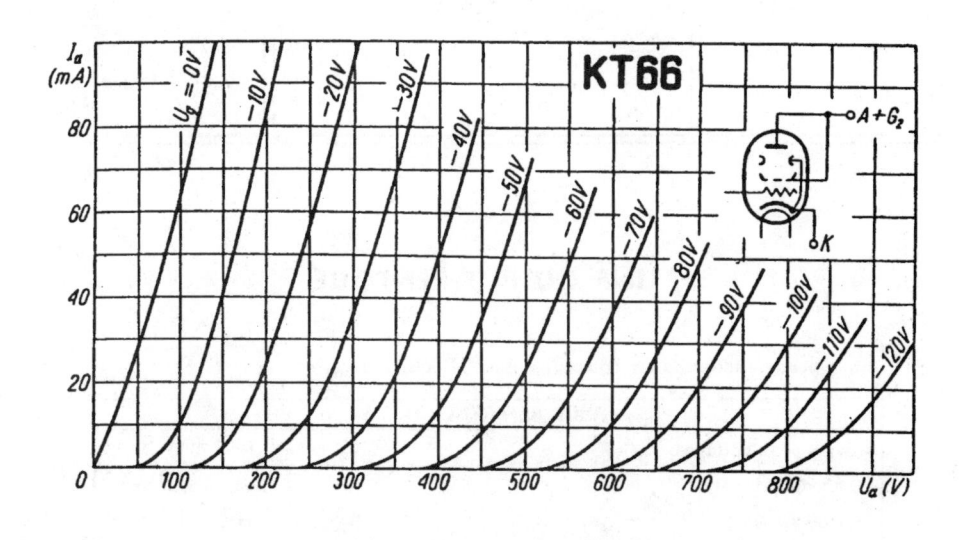

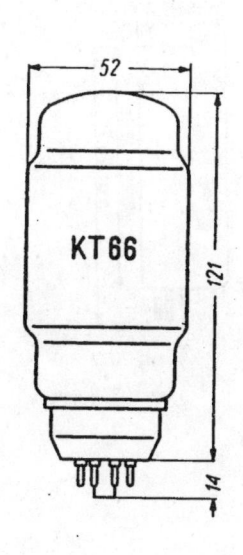

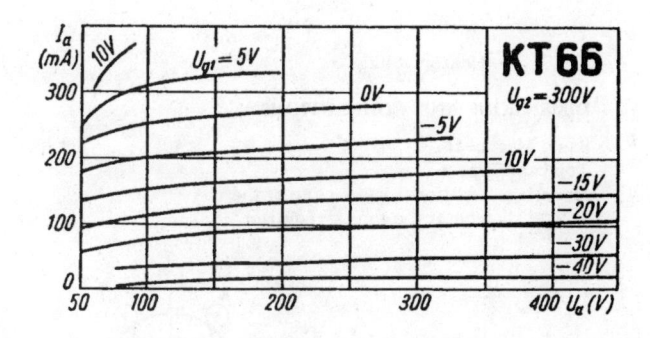

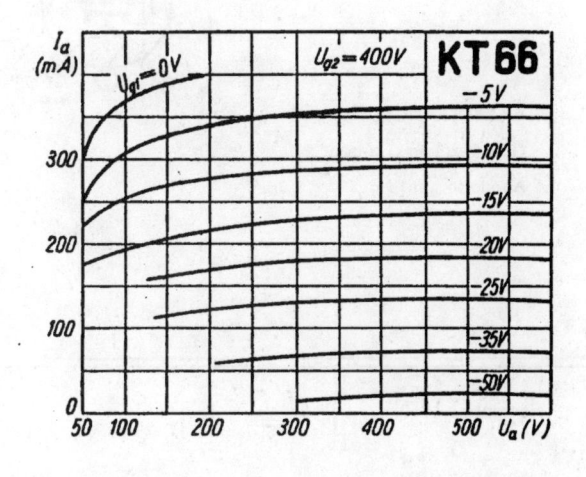

PL509

LINE OUTPUT PENTODE

Output pentode intended for colour TV line deflection circuits.

QUICK REFERENCE DATA				
Anode peak voltage	V_{a_p}		7000	V
Cathode current	I_k	max.	500	mA
Anode dissipation	W_a	max.	30	W

HEATING: Indirect by A.C. or D.C.; series supply

Heater current	I_f	300	mA
Heater voltage	V_f	40	V

DIMENSIONS AND CONNECTIONS

Dimensions in mm

Base: Magnoval
Top cap: Type 1
Mounting: Additional supporting of the tube at the top is required.

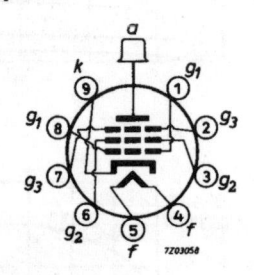

CAPACITANCES

Grid No.1 to filament	C_{g_1f}	max.	0.2	pF
Anode to grid No.1	C_{ag_1}	max.	3.0	pF
	C_{ag_1}		2.5	pF

November 1969

PL509

TYPICAL CHARACTERISTICS (measured under pulse conditions)

Anode voltage	V_a	160	50	V
Grid No.3 voltage	V_{g_3}	0	0	V
Grid No.2 voltage	V_{g_2}	160	175	V
Grid No.1 voltage	V_{g_1}	0	-10	V
Anode current	I_a	1400	800	mA
Grid No.2 current	I_{g_2}	45	70	mA

OPERATING CONDITIONS (D.C. feedback)

Cut-off voltage

The minimum required cut-off voltage ($-V_{g_1}$) during flyback at V_a = 7000 V and at line frequency is at:

$$V_{g_2} = 150\ V\ :\ V_{g_1} = -175\ V$$
$$V_{g_2} = 200\ V\ :\ V_{g_1} = -195\ V$$
$$V_{g_2} = 250\ V\ :\ V_{g_1} = -215\ V$$

Supply voltages: See pages 4-5-6

Minimum required anode voltage: V_a min

In order to prevent Barkhausen interference and loss of stabilization, **care should be taken that the anode voltage never drops below the specified** $V_{a\ min}$ **during the scanning period.**

If low values of V_a min are required, the V_a min 1-line can be shifted **over 10 V to** V_a min 2, provided a D.C. voltage of at least +20 V is applied to the **beamplate (g3).** To compensate for the influence of mains voltage variations, the specified values of V_a min have to be increased with 10% of the anode supply voltage.

Minimum required values of the screen grid voltage: V_{g2} min

The graph refers to nominal mains voltage. The specified values of I_{ap} will be available throughout life of the tube at supply voltages 10% below nominal.

Maximum permissible screen grid series resistance: R_{g2} max. See pages 4-5-6

Decoupling-capacitors in the grid no 2 and/or grid no 3 circuit

In circuits where decoupling capacitors in the grid no 2 or the grid no 3 circuits are applied, incidental flashover in the tube may give rise to excessive **dischargecurrents** and component or tube failure.

Therefore it is recommended to limit the dischargecurrents to these **capacitors by** means of an 100 Ohm resistance between g2 and the g2-bypass capacitance.

The 1000 Ohms resistance should be protected by a spark-gap connected between g^3 and earth.

Hum

At Z_{g_1} = 200 k (f = 50 Hz), $V_{k/f}$ = 220 V_{RMS} and without wiring and **socket** capacitance, the equivalent grid hum voltage is less than 5 mV.

PL509

LIMITING VALUES Design centre rating system

Anode voltage in cold condition	V_{ao}	max.	700	V	
Anode peak voltage	V_{ap}	max.	7000	V	[1]
Anode dissipation	W_a	max.	30	W	
Anode + grid No.2 dissipation (triode-connected)	$W_a + W_{g2}$	max.	31	W	
Grid No.3 voltage	V_{g3}	max.	50	V	
Grid No.2 voltage in cold condition	V_{g2o}	max.	700	V	
Grid No.2 voltage	V_{g2}	max.	275	V	
Grid No.2 dissipation	W_{g2}	max.	7	W	[2]
Cathode current	I_k	max.	500	mA	
Cathode peak current	I_{kp}	max.	1200	mA	
Cathode-to-heater voltage	V_{kf}	max.	250	V	
Grid No.1 resistor: fixed bias	R_{g1}	max.	0.5	MΩ	[3]
stabilized circuits	R_{g1}	max.	2.2	MΩ	[3]
Grid No.3 circuit resistance	R_{g3}	max.	10	kΩ	[4]
Bulb temperature	t_{bulb}	max.	300	°C	[5]

Design max. rating system [6]

Anode dissipation	W_a	max.	40	W	
Anode + grid No.2 dissipation (triode connected)	$W_a + W_{g2}$	max.	42	W	
Grid No.2 dissipation	W_{g2}	max.	9	W	
Anode peak voltage	V_{ap}	max.	8000	V	[1]
Neg. grid No.1 peak voltage	$-V_{g1p}$	max.	550	V	[1]

1. Max. pulse duration is 22% of a cycle and max. 18 μs.
2. To prevent an excessive value of W_{g2} the minimum R_{g2} values are given in the graph below.

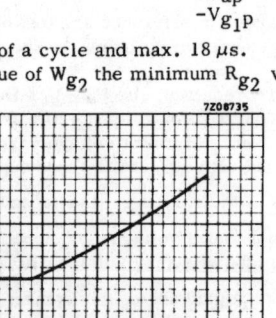

3. The circuit design has to be such that negative control grid currents up to 5 micro-amperes do not have any detrimental effect upon tube adjustment or circuit performance.
Care should be taken that with 5 micro-amperes grid current the limiting values for I_k, W_a and W_{g2} are not exceeded.
4. With $R_{g3} \leq 10$ kΩ capacitive decoupling of g_3 is not required.
5. Absolute max. value.
6. The design maximum limits should not be exceeded with a nominal tube under the worst probable operating conditions at a normal picture width.

November 1969

PL509

Min. required anode voltage.

$R_{g_2\ max}$: max. permissible screen grid series resistance for 400 V screen grid supply.

The specified values of I_{ap} are available at supply voltages 10% below nominal and throughout the tube life.

Remark: $R_{g_2\ min}$ for 400 V screen grid supply is 2.9 kΩ. (See page 3)

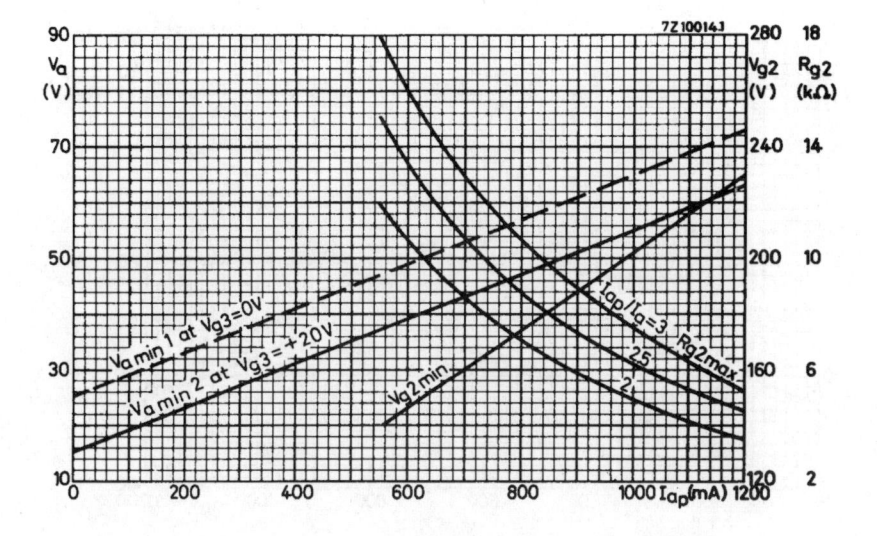

PL509

Min. required anode voltage.
$R_{g2\,max}$: max. permissible screen grid series resistance for 350 V screen grid supply.
The specified values of I_{ap} are available at supply voltages 10% below **nominal and throughout the tube life.**
Remark: $R_{g2\,min}$ for 350 V screen grid supply is 2.2 kΩ. (See page 3)

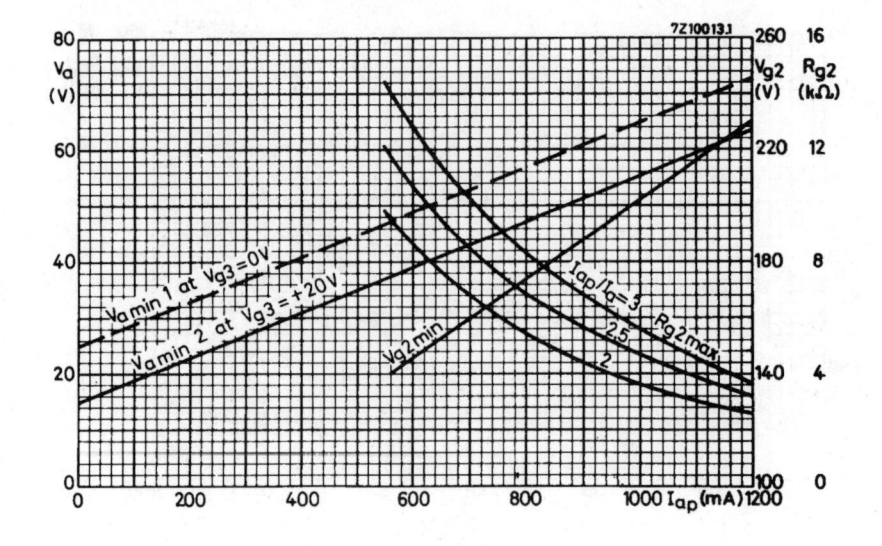

PL509

Min. required anode voltage.

$R_{g2\,max}$: max. permissible screen grid series resistance for 280 V screen grid supply.

The specified values of I_{ap} are available at supply voltages 10% below nominal and throughout the tube life.

Remark: $R_{g2\,min}$ for 280 V screen grid supply is 1.4 kΩ. (See page 3)

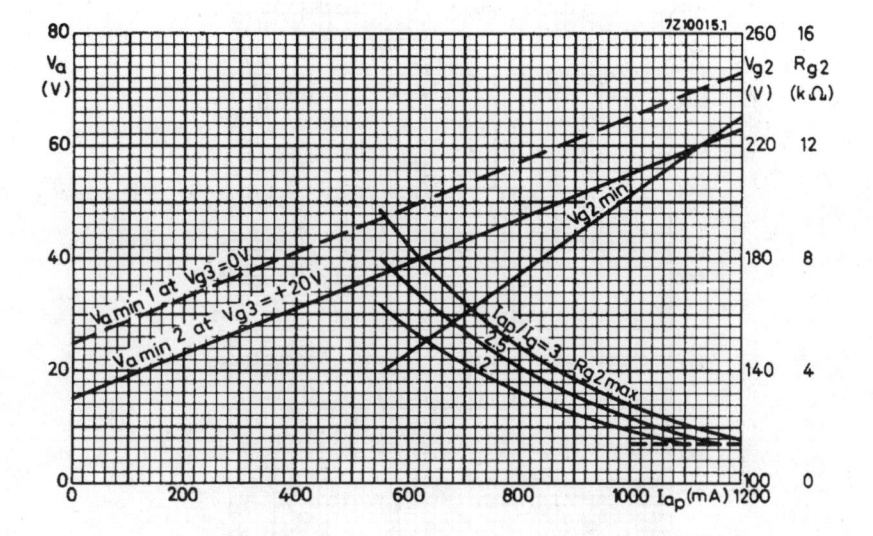

PL509

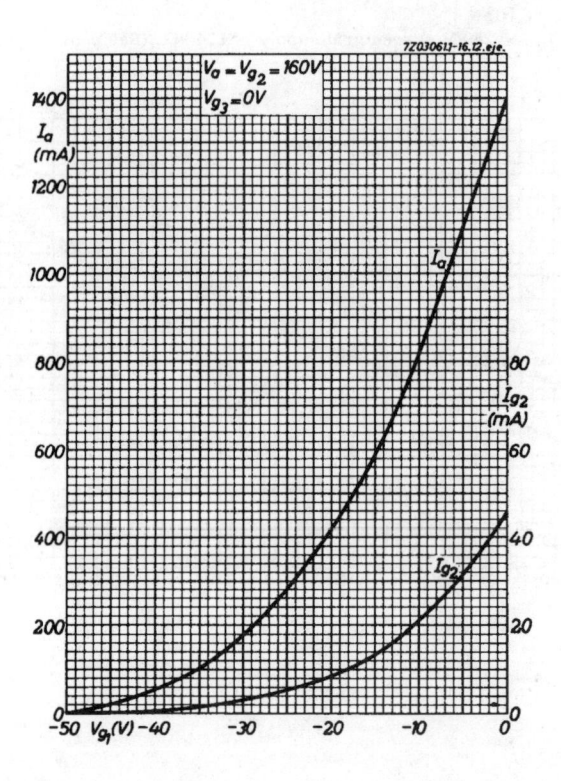

$V_a = V_{g_2} = 160V$
$V_{g_3} = 0V$

PL509

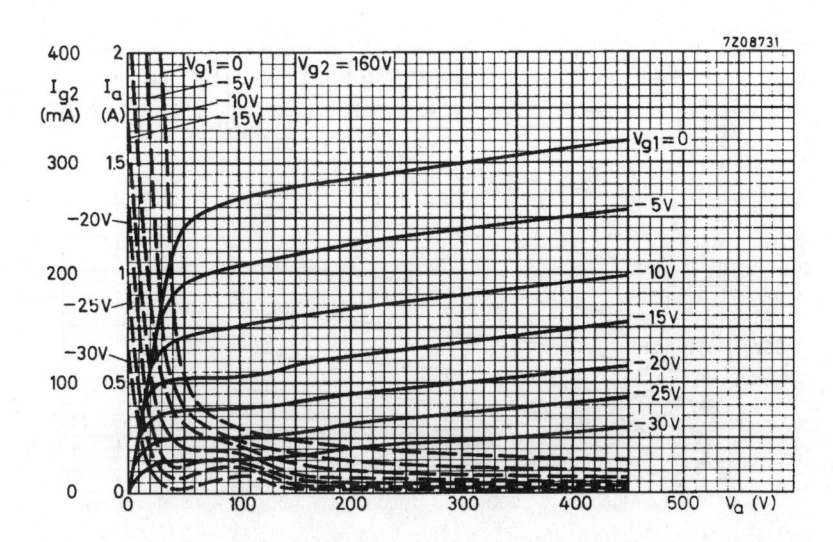

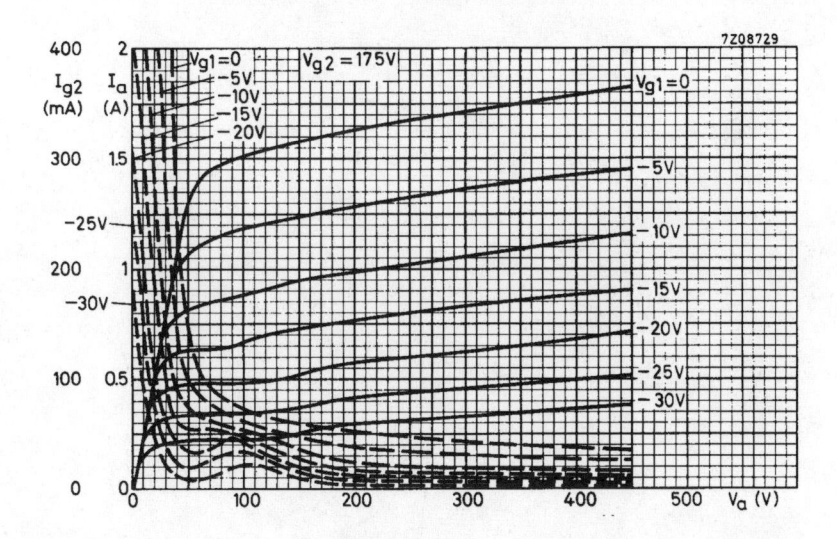

PL509

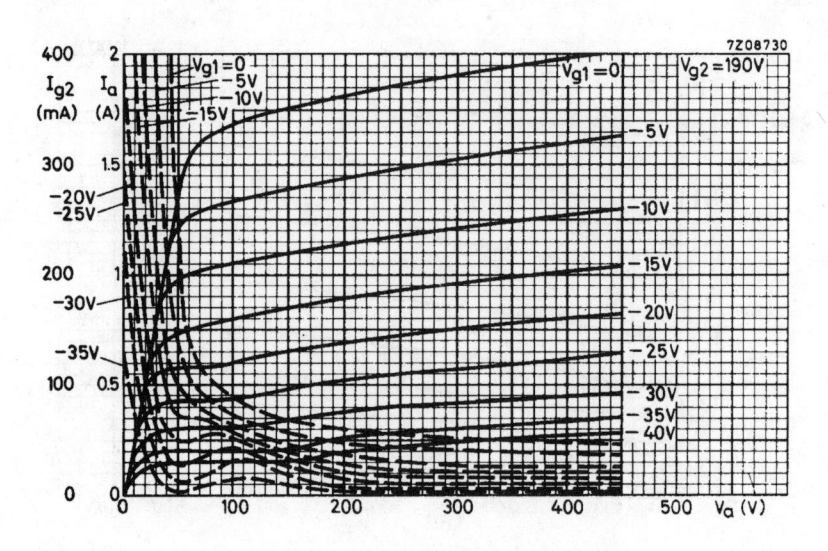

EL509

LINE OUTPUT PENTODE

Output pentode intended for colour TV line deflection circuits.

HEATING: Indirect by A.C. or D.C.; parallel supply

Heater voltage	V_f	6.3 V
Heater voltage	I_f	2 A

LIMITING VALUES (Design centre rating system)

Cathode to heater voltage,

DC + peak, k positive	V_{kf}	max. 200	V
k negative	$-V_{kf}$	max. 200	V [1])

For further data and curves of this type
please refer to type PL 509

---

[1]) DC component max. 100 V.

January 1969

Sachverzeichnis

Numerics
0V2 125
12SH1L 80, 106
1626 103
1P24B 106
1SH17B 153
1SH18B 108
1SH24B 153
1SH29B 153
5718 102
5902 102
5U4G 22
6080 176
6C19 67
6C33C 22, 38
6H8C 38
6N3P 67, 95
6SH11 67
6SH1P 166
6SL7 47
6SL7GT 22
6SL7W 31
6SN7 31, 72
6SN7GT 14
6X5GT 31
717A 105
811A 71
845 55

A
AB-Betrieb 85
Abstimmanzeige 137
AD9835 171
AGC 148
Anzeigeröhre 194
Audion 117, 135, 139
Ausgangsübertrager 41, 69, 72, 88, 197
Aussteuerungsanzeige 56

B
Bandfilter 149
Big Muff 97

C
CY27EE16 168

D
DAF96 148
DDS 171
DF 96 147
Direktmischer 166
DK96 145
DREAM 141, 167
DRM 139, 166, 169

E
E86C 13
E88CC 12
E90CC 174
EBF89 148
ECC81 125
ECC82 74
ECC83 75, 112
ECC86 135
ECF80 138
ECH81 148
ECL86 55, 148
ECO 156
EF184 177
EF80 67
EF95 91, 141, 166
Einkreiser 117
Einschaltverzögerung 23
Eintakt 38, 64, 73
Einweggleichrichter 54
EL504 82
EL509 73
EL71 102
EL84 112
EL95 86, 139
Elko 73, 80
EM80 148
EM800 137, 194
EM84 56, 195
Enhanced Mode 74
Europafassung 188

F
Flachspule 127
Flip-Flop 179
Frequenzgang 200
Frequenzvariation 145

G
Gegenkopplung 67
Gegentakt 50, 82, 106
GI30 78
Gitarrenverstärker 94
Gittervorspannung 38, 46, 83
Gleichrichterröhre 54
GU50 64

H
Heptode 183

I
Induktivitt 73, 198
Isolationsmessung 195

K
Kaskodenschaltung 124
Keramikfilter 169
Klasse A 71, 74, 102
Klirrspektrum 94
Konstantstromquelle 85, 198
Kopfhörerverstärker 78
Koppelspule 135
KT66 11

L
Leerlaufgüte 147
Leithäuser-Schaltung 121
LM311 19
LT1086CT 26
Luftspalt 88, 197

M
Messbrücke 194
Mikrofonie 92
Mischstufe 154, 169
Mitkopplung 118
Mittelwellensender 141

Modulationsgrad 142
Modulationsverstärker 142

O
Oszillator 142, 145, 154, 167

P
PCC88 129
PCF801 129
PCL81 89
Pegelsteller 45
PL509 73
Push-Pull 44

Q
Quarz 170
Quarzoszillator 166

R
Rückkopplung 141
Resonanzmessung 198
Ringkern 19, 29
RS282 55
RS291 55
Ruhestrom 38, 64, 74, 84

S
Schirmgitter 74
Schmitt-Trigger 179
Schnell-Schaltung 122

Schwingkreis 118, 199
Selbstentladung 194
Siebdrossel 73
Siebung 67
Spannungswandler 191
SRPP 23, 36, 38, 47
SSB 128
Steckernetzteil 89
Steilheit 129
Sättigung 198
Superhet 144

T
Tiefpassfilter 133
Treiberstufe 55
Triode 11, 67, 71

U
UKW 153
Ultra-Linear 11

V
Verzerrungen 99

W
Wirkungsgrad 74

Z
ZF-Verstärker 147
ZM1040 174